New Product Development Inspired by Consumer Needs

# 신상품 마케팅 전략

### 신상품 마케팅 전략

개정판 1쇄 인쇄 2012년 10월 10일
개정판 1쇄 발행 2012년 10월 15일

지은이　김기석
발행인　박민규
발행처　인플로우그룹(주)
등　록　제2011-000008호
주　소　서울시 마포구 동교동 197-8 ANT빌딩 3층 359호
전　화　070-4324-0999　　팩스 : 02-821-0705
이메일　inflowgr@gmail.com
홈페이지　www.inflowgroup.com

디자인　d.purple (desnine@naver.com)
인　쇄　성신프린팅 (02-2635-6796)

ⓒ 김기석, 2012
ISBN : 978-89-966306-7-8  13320

잘못된 책은 교환해 드립니다.
이 책은 저작권법에 의해 보호를 받는 저작물이므로
무단 전재와 복제를 금합니다.

히트상품 개발에서 창업 아이템까지
# 신상품 마케팅 전략

김기석 지음

New Product Development Inspired by Consumer Needs

인플로우

## 머리말

"생존경쟁에서 살아 남는 것은 가장 강한 것도 아니며, 가장 똑똑한 것도 아니다. 변화에 가장 잘 적응하는 것만이 살아남게 된다." 찰스 다윈

"같은 일을 반복하면서 다른 결과가 나오기를 기다리는 것처럼 어리석은 일은 없다" 아인슈타인

"혁신은 기존에 존재하는 것들의 새로운 조합이다" 슘페터

본서는 기업에서 성공적인 신상품 개발 시스템을 도입하려는 기업이나 기업현장의 마케터, 창업 컨설팅이나 창업 아이템을 개발하고자 하는 창업가, 이러한 분야를 공부하는 학생들을 위한 것이다.

마케터는 신상품 개발시 소비자의 니즈를 충족하면서 동시에 효율적인 비용으로, 더 높은 매출을 올리는 것을 목표로 한다. 그러나 새로운 제품을 개발하기에는 위험부담이 너무 크며, 라인확대 제품은 출시 후 리스크는 적으나 제살 깍아먹기(cannibalization) 제품이 되거나 순증가 매출이 지나치게 적어진다. 신상품의 성공확률은 매우 낮으며, 신상품의 매출 부진 또는 실패에 따른 시장에 대한 피드백은 냉혹하다. 따라서 본서는 마케터들이 소비자의 니즈를 선제적으로 꿰뚫어 보고, 이에 부응하는 아이디어를 개발하고, 과학적으로 검증하여 성공적인 신상품을 개발하는데 도움이 되고자 한다.

또한 본서는 창업을 준비하거나 창업 컨설팅 관계자, 프랜차이즈 관계자에도 유용하게 이용되기를 바란다. 저자의 소상공인 관련 경험에 의하면, 창업 아이템을 준비할 경우 어떻게 시장기회를 파악했는지, 창업아이템의 컨셉, 즉 소비자 관점에서의 차별화 포인트 및 특장점은 무엇인지, 다른 아이템과 충분한 비교검토 후 선정된 것인지, 가격책정의 기준은 무엇인지 명확하지 않은 경우가 많았다. 또한 아이템을 선정하게 되면 타겟, 컨셉, 포지셔닝 등 신상품전략의 핵심설계를 명확히 하고, 이를 소비자관점에서 객관적으로 검증하지 않은채 곧바로 메뉴개발, 인테리어, 업무 매뉴얼 작성 등의 창업 프로세스에 들어가는 것을 흔히 보게 된다. 즉, 누가 가장 먼저 우리 상품을 구매하거나 방문할 것인지, 왜 고객이 우리 상품이나 서비스를 구매해야 하는지, 경쟁제품 대비 어떤 점을 차별되게 느낄 것인지 등에 대해 명확히 설명하지 못하는 경우가 많다.

따라서 본서에서 제안된 신상품개발 프로세스를 잘 활용하면 어떻게 창업아이템을 효과적으로 개발하고 성공가능성을 높일 수 있는지에 대해 알 수 있다.

본서의 또다른 독자는 대학에서 창업이나 마케팅에 관심을 갖고 공부하는 학생들이다. 이들은 학교에서 많은 지식을 연마하고 실제로 높은 수준의 마케팅이론을 알고 있다. 그러나 이들이 취업 후 기업현장에서 가장 먼저 느끼게 되는 애로사항은 마케팅이론과 마케팅 현장과의 차이가 많다는 것이다. 마케팅 용어에서 차이가 나거나 이론적으로 해야 할 일과 회사에서 해야 할 일이 다른 것에서 혼란을 느낀다. 실제로 기업의 마케팅 현장에서 무슨 일이 일어나고 있고, 학생들은 내가 지금 배우거나 배우려고 하는 지식이 어떻게 현실과 접목되는지에 대해 간접 경험을 하고 싶지만 여의치 않다.

본서는 이러한 예비 마케터들에게 좀 더 생생한 마케팅 현장을 간접 경험하게 해주고, 그 동안 배운 이론을 스스로 정리하게 해주며, 나아가 현장에서 각광받는 마케터가 될 수 있도록 돕고자 한다.

저자 **김 기 석**

# 이 책의 구성

이 책은 100년 장수기업이 되기 위해서 꼭 갖추어야 할 신상품개발 시스템과 실천 노하우에 대해 자세히 설명하고 있다.

먼저 1장과 2장에서는 신상품이 기업의 존속에 미치는 영향과 방향에 대해 설명하며, 갖추어야 할 신상품개발 시스템과 성공적 운영 노하우에 대해 논의한다.

3장에서는 소비자와 마케팅 인텔리전스 정보를 활용한 니즈분석 방법을 소개한다. 여기에서 니즈분석을 위해서는 소비자를 통해 니즈를 도출하는 탐색적 니즈개발법과 마케팅 인텔리전스 정보를 활용한 확인적 니즈개발법에 대해 소개한다. 특히 탐색적 니즈개발을 위한 MPTV법(마이너스 니즈분석법, 플러스니즈 분석법, 트렌드분석법, 밸류분석법)의 활용에 대해 자세한 예시와 함께 설명한다. 이를 통해 소비자가 중요하게 생각하면서도 미충족되어 있는 즉, 히트상품 기회가 되는 매력니즈를 도출하게 된다.

4장에서는 매력니즈를 실현하기 위한 기술 아이디어를 개발하는 과정에 대해 이론과 실전적으로 활용할 수 있는 NBI(Needs based Ideation)기법에 대해 소개하고 활용예를 알려준다. 그리고 개발된 아이디어를 소비자와 자사관점에서 시장성을 대력적으로 검토하고 상품화 가능성에 대해 검토하는 수렴과정에 대해 이론과 실전적 방법인 평가행렬법에 대해 소개하고 활용법에 대해 설명한다.

5장과 6장에서는 매력니즈와 매력니즈를 실현하기 위해 개발된 기술 아이디어를 합하여 소비자의 구매가능성이 높은 컨셉을 개발하는 과정을 설명한다. 이를 위해 핵심효익 컨셉(CBC: Core Benefit Concept)과 마케팅 실행전략을 감안한 포지셔닝 컨셉을 만드는 방법에 대해 설명한다.

7장에서는 컨셉과 시제품의 시장성을 평가하고 수정보완하는 방법에 대해 설명하며, 실제 업무에 활용할 수 있는 기법들을 소개한다.

8장~10장에서는 개발된 신상품을 출시하기 전에 최종적으로 상품성을 검증하고 보완할 수 있는 모의시험시장 평가법과 시험시장 평가법에 대해 자세히 소개하고 수요예측방법도 소개한다. 또한 실전적인 수요예측을 할 수 있는 ADTR(Awareness-Distribution-Trial-Repeat)모델에 대해 자세히 설명한다.

11장에서는 출시한 신상품이 시장에서 계획한 대로 성과를 잘 내고 있는지 평가하고 더 많은 자원을 투자할 것인지 아니면 철수할 것인지 등에 대한 전략적 판단을 할 수 있는 기준과 방법에 대해 설명한다. 특히 기존제품 수요예측을 통해 판단할 수 있는 TR(Trial-Repeat)모델에 대해 예를 들어 자세히 설명한다.

12장에서는 출시된 브랜드가 시장에서 지속적으로 성장하기 위해 필요한 주요 변수들과 자료의 축적, 분석, 활용법에 대해 설명하고 있다.

이상과 같은 니즈(needs) 기반 NPD(New Product Development) 모델과 이 책의 구성을 그림으로 표현하면 다음과 같다.

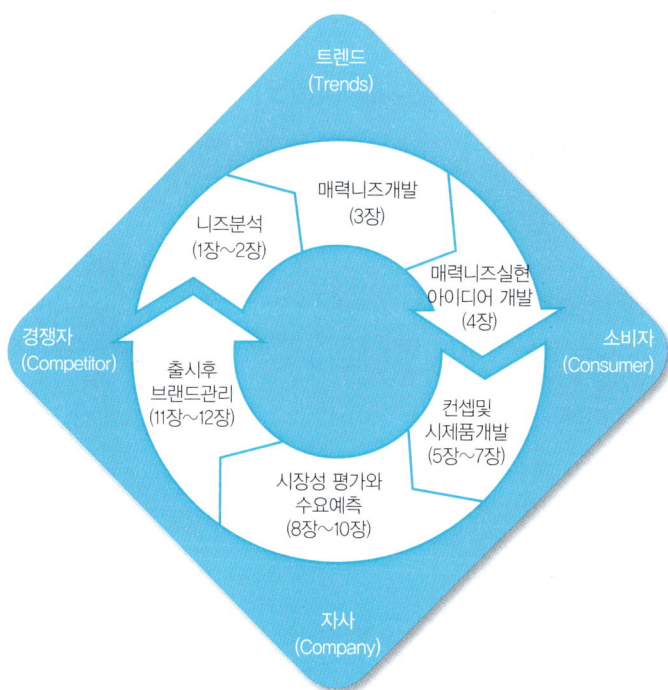

〈그림〉 니즈(needs) 기반 NPD와 이 책의 구성

 목차

머리말 04

이 책의 구성 06

## 1장. 100년 장수기업이 되기 위한 조건
1. 장수기업의 조건 12p • 2. 전략방향의 선택 16p • 3. 신상품 수명주기 관리 23p • 4. 신상품의 분류기준과 성공요인 29p • 5. 새로운 제품관리 시스템 32p • 6. 신상품의 유형 33p

## 2장. 히트상품 개발 방법
1. NPD 프로세스 38p • 2. NPD 프로세스별 평가목표 42p • 3. NPD를 위한 가설 47p • 4. 소비자 니즈 기반 NPD 49p • 5. 신상품 구매력에 대한 이해 51p • 6. 히트상품 개발을 위한 8계명 53p

## 3장. 소비자 니즈를 꿰뚫는 방법
1. 소비자 니즈 유형 56p • 2. 니즈의 수준과 측정 64p • 3. 매력니즈 찾기 68p • 4. 소비자 니즈 개발 조사유형 74p • 5. 소비자 니즈 개발을 위한 2가지 방법 77p • 6. 소비자 니즈의 전략적 분류 104p • 7. 매력니즈 도출 노하우 109p • 8. 매력니즈의 상품화 난이도 검증 112p

## 4장. 매력니즈 실현을 위한 아이디어 개발
1. 창의력과 아이디어 개발 117p • 2. 아이디어 개발방법 122p • 3. 아이디어 확산기법과 NBI법 125p • 4. 아이디어 수렴기법과 EM법 137p

## 5장. 히트상품 컨셉개발
1. 컨셉의 중요성 148p • 2. 컨셉개발을 위한 수단-목적사슬 모형 150p • 3. CB 컨셉의 개발과 평가 155p • 4. 포지셔닝 컨셉 개발 161p

## 6장. ABV 체인과 컨셉개발

1. 수단-목적 사슬이론과 래더링 기법 176p • 2. 속성(Attribute)의 종류 182p • 3. 효익(Benefit)의 종류 192p • 4. 가치(Value)의 종류 196p

## 7장. 컨셉과 시제품의 평가

1. 컨셉테스트 200p • 2. 컨셉테스트가 실패하는 이유 203p • 3. 구입의사의 모든 것 205p • 4. 추가적인 6가지 변수 210p • 5. 제품평가 214p

## 8장. 히트상품 가능성 파악(신상품 수요예측)

1. 모의시험시장 및 시험시장의 기초이론 226p • 2. 수요예측 모델의 종류 232p • 3. 잠재수요예측 모델 235p • 4. 현실적 수요예측 모델 243p

## 9장. 신상품의 모의시험시장 평가

1. 시장평가와 모의 시험시장 평가 252p • 2. 과거경험과 관리자 판단법 256p • 3. 시도구매 및 반복구매 측정법 260p • 4. 동적확률모형 265p • 5. 실험실 측정법 269p • 6. ADTR 모델을 통한 신상품 수요예측 노하우 272p

## 10장. 신상품의 시험시장 평가

1. 시험시장의 필요성 280p • 2. 시험시장의 접근법 281p • 3. 시험시장 수요예측 모델 283p

## 11장. 신상품의 출시와 관리

1. 제품수명주기 관리 290p • 2. 마케팅 의사결정지원 시스템(MDSS) 구축 294p • 3. PLC에 따른 MDSS 296p • 4. TR모델을 통한 기존상품 수요관리 노하우 298p

## 12장. 신상품을 스테디셀러로 만드는 노하우

1. 브랜드란? 306p • 2. 브랜드 자산이란? 308p • 3. 브랜드 자산모형의 종류 310p • 4. 스테디셀러 상품으로 만들기 위한 EPBM모델 313p

참고문헌 329

CHAPTER
01

# 100년 장수기업이 되기 위한 조건

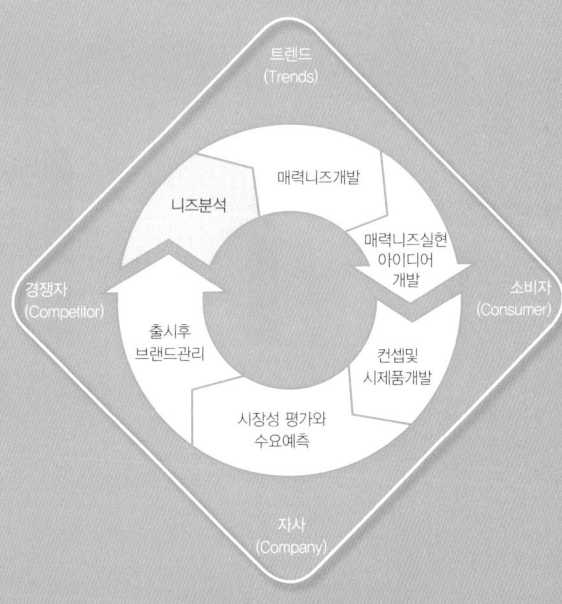

New Product Development Inspired by Consumer Needs

# 1. 장수기업의 조건

2000~2010년까지 10년동안 국내 100대 기업 중 41%는 그 지위를 유지하지 못하고 다른 기업들에게 자리를 내주었다. 1980~2010년까지 30년 동안에는 73%의 기업이 바뀌었다.

포춘의 발표에 따르면 미국기업의 경우에는 한국보다 그 비율이 더 큰 것으로 나타났다. 미국은 지난 10년 사이 47개, 20년 사이 74개, 30년 사이 81개 기업이 바뀐 것으로 나타났다.

〈그림 1-1〉 한국과 미국의 100대 기업 탈락 수

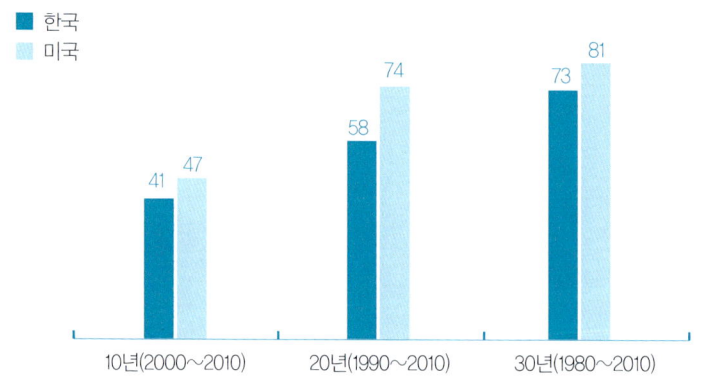

자료원: 대한상공회의소, 2011(한국은 시가총액, 미국은 매출액 기준)

30년 사이 100대 기업의 자리를 내 준 국내기업으로는 대한전선(3위), 쌍용양회공업(4위), 한일시멘트(15위) 등이 있으며, 이들을 대신해 LG디스플레이(12위), NHN(20위), OCI(34위) 등이 새롭게 진입했다.

〈표 1-1〉 30년간 신규진입과 탈락한 한국기업

| 탈락기업 | 1980년 순위 | 진입기업 | 2010년 순위 |
| --- | --- | --- | --- |
| 대한전선 | 3 | LG디스플레이 | 12 |
| 쌍용양회공업 | 4 | NHN | 20 |
| 한일시멘트 | 15 | OCI | 34 |
| 한국유리공업 | 19 | 미래에셋증권 | 76 |
| 태광산업 | 50 | 락앤락 | 98 |

미국의 경우에도 US스틸, 크라이슬러, 코닥, 제너럴푸즈가 1980년에는 100대 기업안에 들었으나 2010년 기준으로 볼 때 탈락했고, 새로이 AIG, 화이자제약, 애플, 아마존이 100대 기업에 진입하였다.

〈표 1-2〉 30년간 신규진입과 탈락한 미국기업

| 탈락기업 | 1980년 순위 | 진입기업 | 2010년 순위 |
| --- | --- | --- | --- |
| US스틸 | 14 | AIG | 16 |
| 크라이슬러 | 17 | 화이자제약 | 40 |
| 코닥 | 30 | 애플 | 56 |
| 제너럴푸즈 | 50 | 아마존 | 100 |

애플의 경우에는 기존 컴퓨터 사업에서 쌓아온 수준 높은 소프트웨어 기술과 소비자 니즈 지향을 토대로 아이팟을 만들어 공전의 히트상품을 만들었고, 여기에 모바일 전화기능을 추가한 아이폰을, 연이어 아이폰 화면을 키운 아이패드를 성공시켰다(게다가 화면을 좀 더 키운 TV도 출시할 것이라는 전망이 우세하다). 2010년 현재 애플의 현금 보유고는 762억 달러로 미국 정부의 540억 달러보다 현금 보유액이 더 많은 기업이 되었다. 그러나 애플도 스티브 잡스의 영면으로 미래가 불확실하다는 우려가 커지고 있다.

닌텐도는 1985년 '수퍼 마리오' 게임이 들어간 가정용 '패미콤'으로 큰 성공을 거뒀다. 닌텐도는 2009년 매출 1조 4,400억엔에 영업이익 5,300억엔을 올렸다. 직원 1인당 매출이 10억엔에 이르러 도요타의 다섯 배를 넘었다. 그러나 2011년에는 30년만에 처음으로 200억엔의 적자를 기록할 것으로 전망된다. 그 이유는 스마트폰이나 아이패드 등을 통한 저렴한 게임 이용이 급증하면서 한 대에 20만원 넘는 게임기를 외면하기 때문이다. 닌텐도(任天堂)는 '최선을 다하되, 운(運)은 하늘에 맡긴다'는 뜻이다. 닌텐도를 53년간 이끌었던 야마우치 사장은 "우리가 시장을 창조하는데 시장조사가 무슨 필요가 있느냐"고 했다고 한다. 철저한 장인정신과 내구성을 중시하고, 창조성으로 회사를 일구었지만 소비자니즈의 변화에 신상품으로 적절히 대응하지 못해 새로운 위기에 직면하고 있다.

이처럼 기업은 끊임없이 신규사업 진출이나 기존 사업의 경쟁력을 강화하지 못하면 견딜 수 없다는 것이 명백하게 나타나고 있다.

기업은 평균적으로 30년 정도 생존하고, 수명주기에 따라 도입

→ 성장 → 성숙 → 쇠퇴의 과정을 거치게 되며, 각 단계별로 7.5년이 소요된다고 한다. 기업의 수명을 연장시키기 위해서는 제품들이 수명주기 단계별로 잘 순환되도록 관리하는 것이 매우 중요하다. 즉, 기업은 기존의 상품을 잘 관리하고 성장시키되, 한편으로는 끊임없이 새로운 제품의 기회를 찾아내고 연구개발해서 신상품을 출시해야 한다. 그리고 애플이나 닌텐도에서 보이듯이 극소수의 천재성에 의존하는 것도 중요하지만, 시대상황에 따른 소비자의 니즈를 정확히 꿰뚫어 시장을 주도할 수 있는 신상품개발 시스템을 구축하고 운용하는 것이 꼭 필요하다.

## 2. 전략방향의 선택

우리회사의 신상품 매출 비중은 회사 전체 매출액 중 몇 %나 될까? 이는 매우 간단한 질문이지만 이 비율만으로도 그 회사의 성장 가능성, 지속가능성을 어느 정도 파악할 수 있는 좋은 척도이다.

다국적 컨설팅회사인 Booze, Allen, Hamilton의 자료에 따르면 글로벌 700대 기업(산업용 내구재 기업 60%, 소비성 내구재 기업 20%, 소비성 비내구재 기업 20%)의 출시 후 5년을 기준으로 신상품이 차지하는 비율은 평균 28%인 것으로 나타났다. 일반적으로 음식료품이나 생활용품 등 전형적인 소비재를 판매하는 소위 FMCG(Fast Moving Consumer Goods)기업들이 속해 있는 소비성 비내구재 기업들은 이 비율이 더 높겠지만 내구재 기업이 80% 임을 감안하면 신상품이 이들 기업의 매출에서 차지하는 비율은 높은 편이라 할 수 있다.

또다른 통계에 따르면 듀폰은 전체 294억 달러의 매출액 중 5년 내 출시 신상품의 비중이 36%였으며, 3M의 3년내 출시한 신상품의 매출액 대비 비율은 40%대인 것으로 알려져 있다. 이는 기업이 어떻게 생존 및 지속적 성장을 해야 하는지에 대해 많은 시사점을 주고 있다. 즉, 끊임없이 시장흐름을 파악하여 가능성 높은 기존 사업이나 브랜드에는 투자를 지속하고 가능성 없는 사업이나 브랜드는 과감히 퇴출시키며, 한편으로는 신상품을 개발하고 런칭하여 성공시키는 것이다.

기업의 전략은 크게 보면 성장전략과 경쟁전략 등 2가지로 나누어 볼 수 있다. 〈그림 1-2〉에서 처럼 경쟁전략은 사업부문을 철수한다든지 차별화 및 원가우위를 통해 경쟁자를 압도하는 것이다. 다른 하나는 성장전략인데 주력사업을 확대하거나 다각화 전략이 대표적이다.

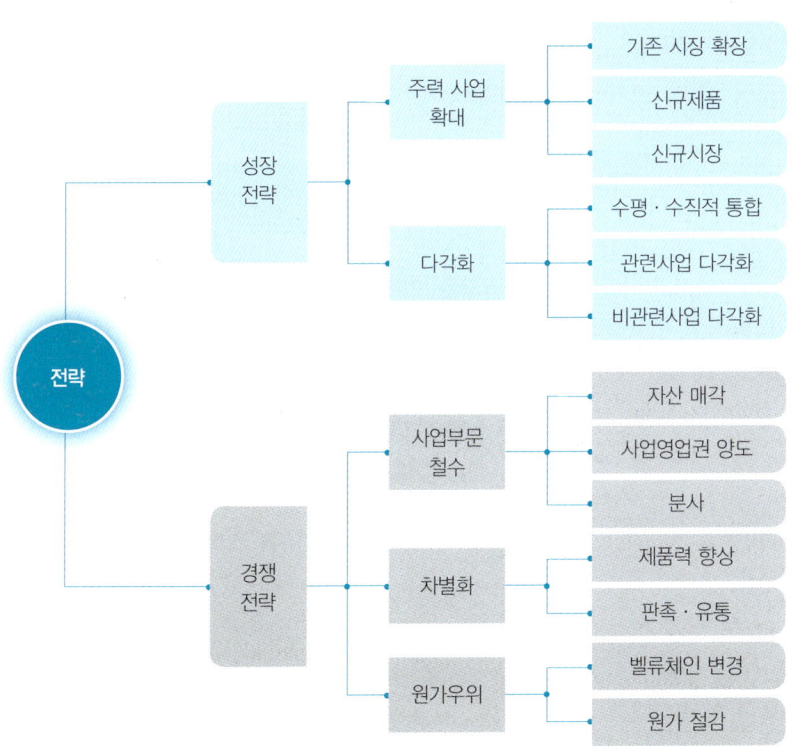

〈그림 1-2〉 기업의 전략대안

이러한 기업전략 중 기업이 오랫동안 장수하기 위해서는 앞서 한국 및 미국의 100대 기업의 동향에서 보이듯이 결국 성장전략을 구사할 수 밖에 없다. 왜냐하면 경쟁전략은 한 산업군이나 제품카테고리에서의 경쟁관점이기 때문에 광산업, 타자기, LP처럼 산업군이나 제품카테고리 자체가 쇠락하면 M/S(Market Share)는 유지할 수 있으나 성장률 하락으로 매출액은 지속적으로 감소할 것이기 때문이다.

기존 사업의 경쟁전략과 관련한 진단을 위한 매트릭스로는 세계적인 경영컨설팅사 BCG의 매트릭스가 있다.

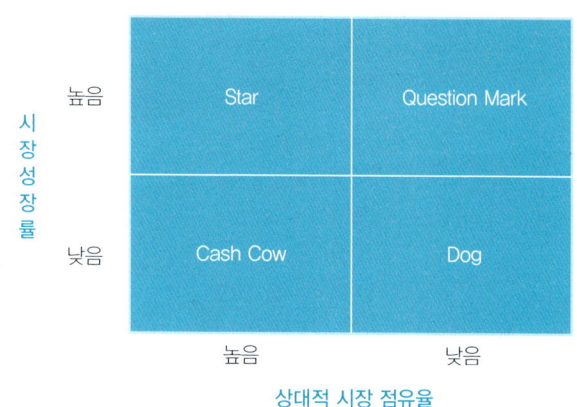

〈그림 1-3〉 BCG의 기존사업 전략 매트릭스

가로 축은 상대적인 시장점유율의 크기가, 세로축은 시장규모 성장률의 크기가 표시된다.

이 매트릭스는 기존 사업의 포트폴리오를 분석해서 적극 투자할 사업(Star), 이익을 확보할 사업(Cash cow), 육성할지 여부를 결정할 사업(Question mark), 철수할 사업(Dog)으로 분류하고 이에 맞는 전략적 의사결정을 하기 위한 것이다. 이는 기존 사업을 평가하는 것에는 매우 유용하지만 성장동력 확보를 위한 신규사업과 관련된 의사결정을 하기에는 적합하지 않다.

성장전략을 수립하기 위해서는 앤소프의 매트릭스를 활용하는 것이 유용하다. 이 이론은 1965년도에 나온 것이지만 지금도 여전히 유효한 전략이다.

〈그림 1-4〉 앤소프의 성장전략 매트릭스 (스타벅스 사례)

| | 기존제품 | 신제품 |
|---|---|---|
| 기존 시장 | 〈시장침투전략〉<br>• 신규점포 추가<br>• 방문빈도 증대<br>• 방문시 구매액증대 | 〈제품개발 전략〉<br>• 비커피 음용자용 음료<br>• 초콜릿 메뉴 추가<br>• 로스팅커피 수퍼유통 |
| 신 시장 | 〈시장개발 전략〉<br>• 중장년층 방문 유도<br>• 중소도시 공략<br>• 해외시장 개척 | 〈다각화 전략〉<br>• 매장내 미디어바 설치<br>• 영화공동제작 후 매장내 판매 |

자료원: H. Igor Ansoff, Corporate Strategy, 1965에서 수정.

이 매트릭스는 가로축을 현재 시장에 존재하는 제품, 새로운 제품으로, 세로축은 현재 시장, 새로운 시장으로 나누었다. 이렇게 하면 시장침투 전략, 제품개발 전략, 시장개발 전략, 다각화 전략 등의 4개 전략옵션이 생성된다.

예를 들어, 세계적 프랜차이즈점인 스타벅스의 향후 대응전략을 앤소프의 매트릭스 관점에서 살펴보자.

먼저 현존하는 시장에서 현재의 제품만으로 할 수 있는 전략은 시장의 침투율을 높이는 것이다. 이를 위해서 최선의 방법은 신규 점포를 추가로 개설하는 것이다. 우리나라의 경우를 볼 때, 현재 스타벅스 국내 매장수는 2010년 현재 351개(월간커피 2010년)에 달하고 있다. 선두 프랜차이즈 커피점인 카페베네의 경우에도 같은 기간 기준으로 415개가 개설되어 있다. 전체 브랜드 커피전문점은 총 2,144개로 계속 성장하고 있지만 곧 성장률이 둔화될 것이라는 우려가 있다.

두번째는 현존하는 시장에서 새로운 제품으로 대응하는 제품개발 전략이다. 이 전략은 비커피 음용자를 대상으로 초콜릿 음료를 개발하는 것이다.

**신상품 인사이트**

### 스타벅스 로고에 '커피'가 빠졌다는데…
### 19년만에 로고 교체…트렌드 맞춰 커피 외 사업영역 확장

스타벅스가 창립 40주년을 맞아 오는 3월부터 회사 로고에서 '스타벅스 커피(STARBUCKS COFFEE)'라는 글자를 없애고 바다님프 이미지를 확대 한다고 밝혔다.

스타벅스의 로고 교체는 지난 5일 (현지시간) 미국 시애틀 본사에서 새 로고를 공개하면서 알려졌다. 이날 스타벅스 최고경영자 하워드 슐츠는 "우리는 앞으로도 계속 커피숍이지만 커피가 들어있지 않은 자사 브랜드 제품도 취급하게 될 것이다"고 밝혔다. 이는 커

스타벅스 로고 변천사: 가장 오른쪽이 19년만에 교체되는 스타벅스 로고

피 이외의 외식 사업 등에 진출할 것임을 시사한 것으로 해석된다.
이번 로고 교체는 지난 1971년 스타벅스 설립 이후 1987년, 1992년에 이은 세 번째로 19년 만이다. 새로 바뀐 로고는 오는 3월부터 전 세계 스타벅스 매장에 적용된다.
스타벅스커피 코리아 관계자는 로고 교체에 대해 "우리(스타벅스) 로고는 이미 유명하다"면서 "굳이 (스타벅스 커피라는) 글자를 넣지 않아도 될 만큼 인지도가 높다"고 말했다.
이 관계자는 로고 교체가 스타벅스의 요식업 본격 진출 신호가 아닌가 하는 의문에 대해 "음식 등 요식업 사업에만 한정지어서 생각해서는 안 된다"며 "커피에만 한정짓지 않고 레스토랑이나 요식업이 아닌 다른 영역으로도 사업을 넓힐 수 있다"고 설명했다.
그는 이어 "현재는 샌드위치나 푸드의 매출이 높아지고 있는데 이 같은 트렌드에 맞춘 개발을 통해 브랜드가 진화되고 있다"면서 "미국 스타벅스 매장에서는 와인도 판매하고 있다"고 덧붙였다. 샌드위치, 샐러드 등은

국내매장에서도 판매되고 있다.

소비자들은 바뀌는 스타벅스 로고에 대해 "허전하다", "낯설다", "사업 확장은 반기지만 사업 확장에 따른 로고를 따로 만들면 어떨지", "아직 어색하지만 이쁘다" 등 다양한 반응을 보였다.

한편, 국내 스타벅스는 지난 1999년 이대앞 1호점 오픈을 시작해 커피전문점 매장수 1위를 차지한 바 있다. 지난해 무서운 속도로 성장하는 카페베네와 엔제리너스커피에 밀려 매장수 3위로 밀려났다.

경쟁업체들의 추격에 매장수 1위에서 밀려난 스타벅스의 이번 로고 교체가 2000년대 들어 적극 추진한 사업영역 확장에 불을 붙일 수 있을지 귀추가 주목된다.

자료원 : 프라임경제, 2011. 4.

세번째 전략은 새로운 시장에 기존제품의 판매를 확대하는 시장개발 전략이다. 기존의 젊은층 위주의 타겟을 중장년층으로 확대하거나 새로운 지역이나 나라로 확대하는 전략이다.

네번째는 기존 사업영역과 무관하게 새로운 시장과 새로운 제품으로 공략하는 다각화 전략이다. 이 전략에 따라 스타벅스는 기존 '스타벅스 커피'에서 '커피'라는 특정 카테고리명을 제외한 새로운 로고를 선보이며, 커피외에 와인, 영화티켓 판매등을 시작했다. 물론 이러한 다각화전략은 많은 리스크가 따르기 마련이다.

본서에서는 앤소프의 성장전략 중 제품개발 전략을 중심으로 어떻게 신상품 개발 기회를 잡고 성공적인 제품을 개발하고 시장에 도입할 것인가에 대해 논의하고자 한다. 또한 어떻게 이러한 목표를 효과적이고도 효율적으로 달성할 것인가에 논의하고자 한다.

# 3. 신상품 수명주기 관리

　마케팅전략은 크게 두가지로 나누어 볼 수 있다. 하나는 기업이 현재 보유하고 있는 제품들을 관리하는 기존상품 마케팅전략이고, 다른 하나는 신성장 동력이라 할 수 있는 신상품 개발을 위한 마케팅전략이다. 모든 기업의 마케팅활동은 결국 이 두가지 전략을 어떻게 수행하느냐에 기업의 운명이 달려있다고 할 수 있다.

〈그림 1-5〉 마케팅 전략의 유형

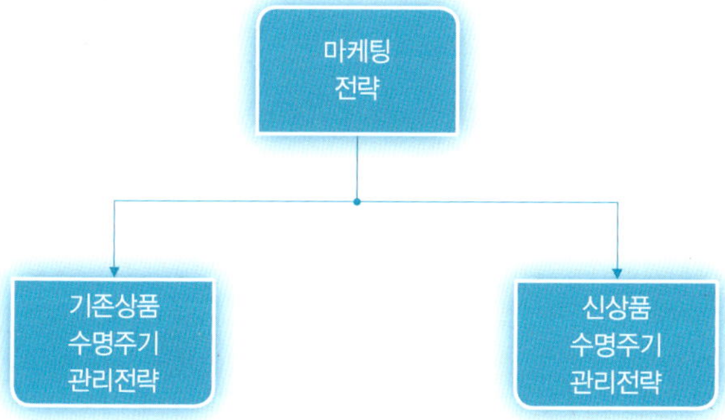

　이러한 두가지 전략의 핵심은 기존상품과 신상품의 수명주기를 관리하는 것이라 할 수 있다. 기존제품 수명주기이론에 따르면 제품은 유한한 수명주기를 가지고 있으며, 도입 → 성장 → 성숙 → 쇠퇴의 단계를 거치게 되고 제품의 이익은 성장기부터 점차 늘어나

다가 성숙기에서 최고조에 이르러 쇠퇴기에는 감소하게 되는데, 이러한 제품 수명주기 각 단계에 따라 마케팅, 인사, 재무, 제조, 구매 전략을 유기적으로 구사해야 한다는 것이 핵심이다.

일반적으로 제품이 시장에 출시되면 처음 제품을 구매하는 시도구매량이 늘면서 판매가 완만히 증가하는데, 이때 인지율 향상을 위한 광고비, 시도구매를 위한 판매비, 유통비용 등 많은 도입비용이 소요되므로 이익은 거의 나지 않는다. 성장기에서는 시장에서 시도구매와 재구매가 활발히 일어나면서 이익도 급격히 늘게 된다. 성숙기에서는 대다수의 목표시장에서의 고객들이 제품을 구매하게 되므로 판매성장이 둔화되며, 경쟁사와의 시장점유율 경쟁으로 가격이 하락하고, 제품 가짓수가 늘어나며, 판매촉진비가 늘어나 이익이 정체되거나 하락한다. 마지막으로 쇠퇴기에서는 판매와 이익이 급속하게 하락하므로 시장에서의 철수를 고려하게 된다.

〈그림 1-6〉 기존제품 수명주기 단계

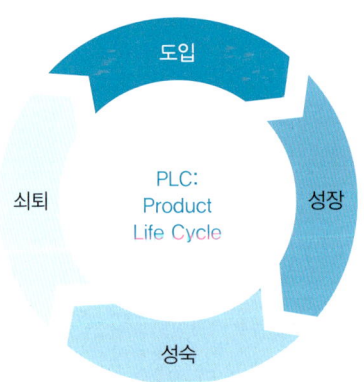

이렇게 모든 제품은 유한한 수명주기를 갖게 되고, 이 수명주기는 제품에 따라 몇 개월에서 수십년까지의 다양한 수명주기를 갖게 된다. 따라서 기업에서는 기존 제품의 수명주기를 지속적으로 관리하여 수명주기를 연장하고 각 단계별로 성공적인 대응전략을 구사함과 동시에 새로운 제품을 개발하여 시장에 도입해야 한다.

기존 상품수명주기와 달리 신상품의 수명주기는 〈그림 1-7〉에서처럼 목표시장에서의 니즈 개발 → 컨셉 개발 → 시제품 개발 → 시장성 검증 → 신상품 출시의 프로세스를 가진다.

〈그림 1-7〉 신상품 수명주기 단계

이러한 신상품 수명주기 단계에 따라 '신개념TV' 신상품을 개발한다고 가정해보자.

먼저, 시장기회 탐색단계에서는 회사의 기술이나 능력, 자원, 소비자의 불만점, 소비자의 미충족 니즈 등을 파악하여 시장기회를 찾아낸다. 예를 들어 소비자들이 공중파TV방송을 시청하고, PC처럼 동영상 및 다양한 컨텐츠의 다운로드 및 재생, 인터넷 서핑, 간단한 문서 작성 및 읽기를 원하고, 또한 전문오디오 시스템 수준의 스피커와 앰프성능에서 나오는 고음질 등을 원하며 이 모든 것을 하나의 제품에서 구현되기를 원하고 있다고 가정하자. 만일 이러한 니즈를 가지고 있는 소비자의 수가 일정 수준을 넘는다고 하면 시장기회가 존재한다고 할 수 있다. 실제로 어떤 소비자는 PC와 오디오의 하이파이 스테레오(Hi-Fi Stereo)를 결합하여 PC에서 고성능 음질을 구현하는 PCFI를 추구하고자 포털사이트 카페를 만들어 커뮤니티를 형성하고, 관련제품을 구매하기도 한다.

또 어떤 소비자는 아예 TV를 없애고, 대형모니터와 TV수신카드를 이용하여 고화질의 TV방송을 시청(애플 시네마 모니터는 30인치의 경우 TV의 200만 화소보다 약 2배인 400만 화소의 고화질을 구현할 수 있다고 한다)하면서 동시에 PC의 모든 기능을 사용하기도 한다.

또 어떤 소비자는 TV에 애플사의 애플TV를 구매하여 아이튠즈의 동영상, 음악, 사진 등의 컨텐츠를 결합하여 사용하기도 하고, 여기에 고성능 DAC(digital analogue converter)를 장착하여 고음질을 동시에 추구하면서 스마트폰의 리모콘 어플을 활용하여 원격으로 PC를 제어하는 소비자들도 있다. 여기에 각종 컨텐츠를 서버에 보관해주고 언제 어디서나 다운로드 받을 수 있는 클라우드 서비스가 가능한 제품을 소비자가 강하게 원한다면, 'TV+PC+HiFi+라디오+Game+클라우드 서비스' 등이 결합된 새로운 형태의 가칭 '엔터테인먼트 박스'라는 신상품의 기회가 있다고 할 수 있다.

컨셉개발 및 평가단계에서는 시장기회가 있다고 판단되는 '엔터테인먼트 박스'의 아이디어를 몇가지 기능으로 구체화하고 이를 달성할 수 있는 기술을 접목하여 소비자가 충분히 효익(benefit)을 느낄 수 있도록 몇 개의 문장과 사진·그림으로 문서화하여 몇가지의 컨셉보드를 만든다. 이렇게 개발한 컨셉보드는 잠재 소비자를 대상으로 시장성을 평가하고 수정보완한다.

시제품 개발 및 평가 단계에서는 확정된 컨셉을 가장 잘 구현할 수 있도록 시제품을 개발하게 되고, 개발된 시제품은 블라인드 평가(상표를 가린후 제품을 평가하므로써 제품의 순수품질을 평가하는 방법) 등을 통해 연구소에서 실험실 수준의 품질을 평가하고 잠재소비자를 통해 객관적인 인식품질을 평가 받는다.

신상품 시장성 평가 단계에서는 완성된 컨셉과 컨셉을 구현한 시제품에 디자인 등 완성도를 높여서 출시 직전의 신상품 수준으로 완성시킨다. 그런 다음 잠재 소비자를 대상으로 신상품을 평가받고, 수요를 예측하여 시장성을 평가하고 투입할 마케팅자원 수준 및 마케팅 프로그램을 확정한다.

출시 단계에서는 확정된 광고 및 판매촉진 일정, 유통 커버리지, 투입할 자원량 등 사전에 계획된 일정에 따라 실행한다. 이와 동시에 인지율, 시도구매, 반복구매, 제품만족도, 수정·보완사항을 정기적으로 점검하고 피드백하여 신상품 및 마케팅 프로그램을 수정·보완한다.

이와 같이 하나의 신상품을 개발하기 위해 신상품개발 수명주기에 따른 관리와 피드백을 한다면 성공가능성은 높이고 위험은 크게 줄일 수 있게 될 것이며, 이러한 전 과정을 시스템으로 구축한다면 기업은 특정인의 천재성에 의존하지 않고 안정적인 생존과 성장을 이룰 수 있을 것이다.

# 4. 신상품의 분류기준과 성공요인

일반적으로 신상품이라고 하면 새로운 브랜드의 제품이나 새로운 카테고리 제품을 생각하게 된다. 그러나 기업에서 신상품으로 나오는 형태의 대부분은 기존 브랜드의 품질을 약간 개선하거나 성능이나 성분을 추가하는 신상품 리뉴얼, 맛이나 용량 추가 등 제품의 라인을 추가하는 라인확장이 52%를 차지한다. 단순히 원가절감만 하는 경우도 11%에 달한다. 이처럼 햇반이나 아이패드와 같은 새로운 카테고리를 창출하는 신상품은 전체 신상품의 10%에 불과하며 신규 브랜드를 합해도 30% 수준이다. 따라서 신상품개발시 신상품의 유형에 따라 목표설정이나 관리를 세분하여야 한다.

〈그림 1-8〉 Booze, Allen, Hamilton의 신상품 분류기준

앞서 살펴본 바와 같이 기업이 성장하기 위해서는 신상품의 매출비중을 자사의 전체 매출비중 중 일정비율 이상이 될 수 있도록 관리해야 한다. 신상품 개발이 없으면 리스크는 없지만 신상품으로 인한 매출이나 이익도 없을 것이다. 신상품 개발은 흔히 위험이 따르고 성공 확률도 낮기 때문에 신상품 성공과 관련된 변수들을 잘 관리하여 리스크를 통제할 필요가 있다. 〈표 1-3〉은 기존 연구들을 통해 살펴본 신상품 성공관련 변수와 필요성에 관한 것이다.

〈표 1-3〉 신상품 성공관련 변수

| 성공관련 변수 | Booze등 | De Brentani | Cooper등 | Duerr |
|---|---|---|---|---|
| 고객니즈에 부합 | ○ | ○ | ○ | |
| 고객에게 고가치 제품 제공 | | ○ | ○ | |
| 혁신 | | | ○ | ○ |
| 기술적 우위 | ○ | | ○ | |
| 성장잠재력 | | ○ | ○ | ○ |
| 유리한 경쟁환경 | ○ | | | |
| 회사내부 능력에 부합 | ○ | ○ | ○ | ○ |
| 부서간 의사소통 | | ○ | ○ | |
| 최고경영자의 지원 | ○ | | ○ | ○ |
| 정열적 주창자 | | | | ○ |
| 신상품 조직 | ○ | | | ○ |
| 신상품 개발과정 이용 | ○ | | ○ | ○ |
| 불필요한 위험 회피 | | ○ | ○ | |

자료원 : Glen L. Urban & John R. Hauser, Design and Marketing of New Products, 1993.

상기 표에서처럼 3개 이상의 연구에서 공통적으로 강조한 성공 변수는 소비자 니즈에 부합, 성장잠재력, 회사내부 능력에 부합, 최고경영자의 지원, 신상품 개발과정의 이용이었다. 이 중에서 과학적으로 리스크가 통제되고 성공할 수 있도록 관리가 가능한 신상품개발 프로세스의 정립과 실행이 가장 중요한 변수라고 할 수 있다.

신상품개발 프로세스란 과학적 방법에 의한 '시장 및 소비자 니즈탐색 → 니즈기반의 컨셉의 개발 → 컨셉에 부합하는 시제품의 개발 → 시장에서의 경쟁력 검증 → 검증된 신상품 출시 → 출시 후 브랜드 건강진단 → 더 많은 투자, 유지 혹은 퇴출 결정 → 매출과 이익의 증대'로 이어지는 선순환을 말한다.

그러나 현실적으로는 기존 제품의 관리가 잘 되지 않아(그 동안 축적한 제품관련 자료가 별로 없거나, 자료의 해석이 잘 되지않아) 기존 제품이 PLC(Product Life Cycle)상, 도입기 · 성장기 · 성숙기 · 쇠퇴기 중 어느 단계에 속하는지를 판단하는데 어려움을 겪고 있는 것이 사실이다.

결국 회사가 지속적인 성장을 위해서는 제품수명주기 관리와 더불어 신상품의 수명주기(NLC : New Product Life Cycle)를 어떻게 통합적으로 잘 관리하느냐에 달려 있다고 볼 수 있다.

# 5. 새로운 제품관리 시스템

 지금까지 기존제품의 수명주기와 신상품 수명주기에 대해 살펴보았다. 기업의 지속적인 성장을 위해서는 기존제품의 관리는 물론 신상품의 수명주기관리도 병행해야 한다. 이를 위해서는 〈그림 1-9〉과 같이 PLC와 NLC를 결합한 새로운 통합 제품 수명관리 시스템을 구축하고 운용할 필요가 있다.

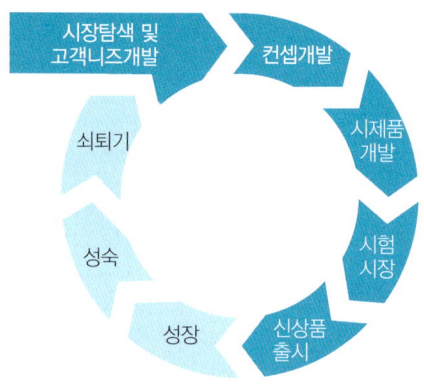

〈그림 1-9〉 새로운 형태의 8단계 통합 제품수명주기 관리

 그림에서 처럼 진한색 영역은 신상품 수명주기 관리 과정이며, 흐린색 영역은 신상품의 출시후 수명주기 관리과정을 의미한다. 본서에서는 특히 신상품 수명주기 관리를 중심으로 좀 더 자세히 살펴보고자 한다.

# 6. 신상품의 유형

신상품이 시장에 출시되면 시도구매(trial purchase)와 반복구매(repeat purchase)라는 과정을 거치면서 성공하거나 실패하게 된다. 먼저, 신상품이 시장에 출시되면 신상품의 광고나 포장의 메시지, 소문이나 주변사람들의 권유 등의 영향으로 시도구매가 일어나게 된다. 예를 들어 최근 시장에 출시된 '꼬꼬면'이 이러한 영향을 받아 소비자들이 시도구매를 하게 되는 것이다. 이러한 시도구매는 아직 제품을 사용해 보지 않은 상태에서 이루어 지기 때문에 (샘플 사용의 경우는 제외) 상품의 컨셉력 즉, '상품을 구매하고 싶게 하는 힘'이 크게 영향을 미친다. 여기서의 상품컨셉이란 고객의 니즈를 충족시키기 위한 제품의 특장점을 어필하기 위한 일관된 하나의 메시지라고 할 수 있다. 따라서 이 메시지의 전달이 약하거나 차별화되지 않거나 강하지 않을 때는 시도구매자 수(즉, 시장침투율)가 느리게 올라갈 것이다.

시도구매 후, 일정 시점이 지나면 시도구매자들 중 꼬꼬면의 맛이 좋다고 생각한 소비자들은 다음 라면구매시 또다시 꼬꼬면을 구매하게 된다. 이처럼 '상품을 다시 구매하고 싶게 하는 힘'을 반복 구매(repeat purchase)라고 한다. 이 단계에서는 상품의 컨셉력 보다는 상품의 품질력이 더 크게 영향을 미친다. 결과적으로 시도구매가 많아질수록 반복구매도 많아지며, 시도구매가 적으면 반복구매도 적을 수 밖에 없다. 일반적인 상품이나 서비스는 모두 이와 같은 유형을 따르게 되며, 상품의 구입주기가 빈번한 FMCG (Fast Moving Consumer Goods) 상품이나 서비스가 전형적인 사례이다.

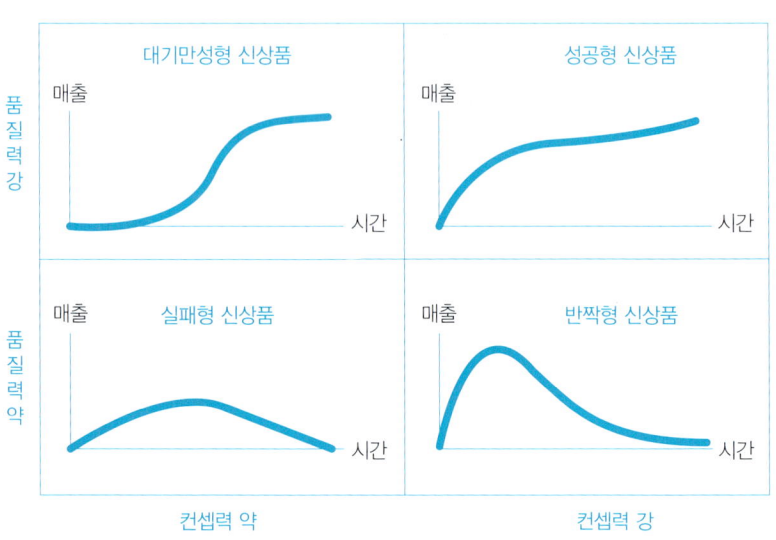

〈그림 1-10〉 신상품의 유형

이같은 신상품의 컨셉력과 제품력의 강약에 따라 크게 4가지로 분류할 수 있다.

첫번째 유형은 대기만성형 신상품으로 컨셉력은 약하지만 품질력이 좋은 경우이다. 이 유형의 신상품은 컨셉력 즉, '상품을 처음으로 구매하게 하는 힘'이 약해서 시도구매(trial purchase)가 매우 매우 천천히 일어나게 된다(즉, 시도구매의 누적개념인 시장침투율이 매우 천천히 높아진다). 하지만 품질력이 좋기 때문에 일단 시도구매만 이루어 진다면 높은 비율의 소비자들이 재구매를 하기 때문에 장기적으로는 제품의 매출이 증가하게 된다. 하지만 목표수준의 시장침투율까지 얼마나 빨리 도달하느냐가 이 신상품의 성패를 좌우하게 된다. 어떤 경우에는 안정적 매출에 이르기까지 몇 년이 소요될 수 있기 때문에 기업이 손익관점에서 과연 버틸 수 있느냐가 관건이 된다. 이런 유형의 신상품은 제품력에 걸맞게 컨셉력을 보완하고 인지율 향상에 집중해야 한다.

둘째, 성공형 신상품 유형이다. 이 유형의 신상품은 컨셉력이 좋아서 시도구매도 빠른 속도로 높아지고 품질력도 좋기 때문에 시도구매자 중 반복구매를 하는 소비자도 많아져서 매출이 지속적으로 증가하게 된다.

셋째, 실패형 신상품은 컨셉력도 제품품질력도 약하기 때문에 매출이 매우 적고 증가속도도 느리기 때문에 결과적으로 시장에 출시하지 말아야 하는 유형이다.

넷째, 반짝형 신상품은 컨셉력이 좋아서 시도구매는 빠르게 증가하지만 제품 품질력에 실망한 소비자들이 재구매를 하지 않기 때문에 매출이 빠르게 증가하다가 빠르게 감소하는 유형의 신상품이다. 이러한 신상품은 컨셉력에 걸맞는 품질의 개선이 시급하다고 할 수 있다.

이처럼 신상품의 설계시 컨셉력과 품질력을 높이되, 이들의 균형을 맞추는 것이 중요하다. 또한 신상품의 출시전이나 출시 직후에 어떤 유형에 속하는지를 미리 파악하여 대응하는 것이 매우 중요하다.

CHAPTER
02

# 히트상품 개발 방법

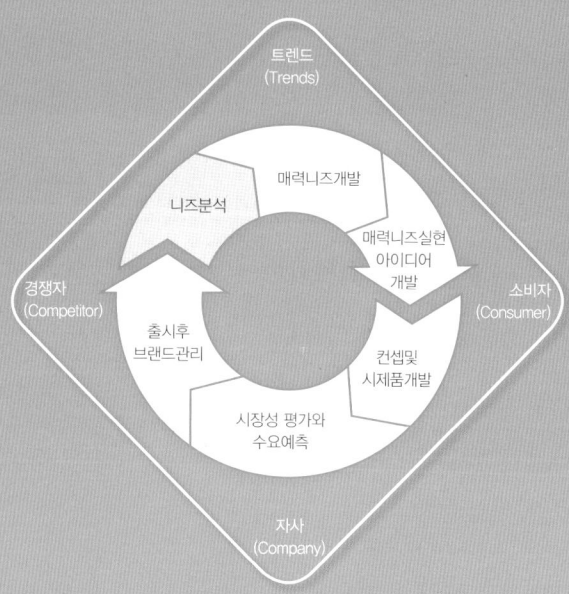

New Product Development Inspired by Consumer Needs

# 1. NPD 프로세스

　신상품 개발 프로세스는 일반화된 단계가 있다. 이는 FMCG제품이나 서비스에 기반한 것이지만 내구재나 산업재 상품에도 적용할 수 있다.

　대부분의 회사에서 이러한 모델을 가지고 있고 이러한 프로세스에 따라 상품화를 하고 있다. 하지만 NPD 프로세스의 다음 단계로 넘어갈 때 과연 몇 퍼센트 정도가 탈락 내지는 재검토가 이루어지고 있는가? 정상적인 NPD 시스템이라면 프로세스를 거치면서 신상품 아이템이 폐기되거나 수정되어야만 할 것이다. 이를 위해서는 각 단계별로 정확한 평가가 이루어지고 이에 근거한 의사결정이 이루어져야 한다. 즉, 각 단계별로 일정 기준(Huddle)을 정해놓고 이를 통과하지 못하면 출시를 철회하거나 수정·보완 결정을 과감히 해야 신상품의 성공확률을 높일 수 있다.

　NPD 프로세스의 모형은 연구가 있지만 대표적인 4가지 이론을 소개하면 다음과 같다. 이들 모형중 코틀러 등이 개발한 모형이 가장 정교하다. 그러나 이들 모형은 모두 제품과 서비스 산업을 고려할 때 제품산업에 더 적합하다고 할 수 있다.

〈표2-1〉 NPD 프로세스의 종류

| Kotler and Armstrong(1991) | Urban and Hauser(1993) |
|---|---|
| 아이디어 개발(idea generation)<br>아이디어 심사(Idea screening)<br>컨셉 개발(Concept development)<br>평가(Testing)<br>마케팅전략 개발<br>(Marketing strategy development)<br>사업성 분석(Business analysis)<br>제품개발(Product development)<br>시장평가(Test marketing)<br>상업화(Commercialization) | 전반적 전략 검토(Overall strategy)<br>기회 명확화(Opportunity identification)<br>디자인(Design)<br>평가(Testing)<br>출시(Introduction)<br>제품주기 관리(Life-cycle management) |
| MacFie(1994) | Fuller(1994) |
| 컨셉개발(Concept generation)<br>컨셉심사(Concept screening)<br>제품개발(Product development)<br>제품평가(Product testing)<br>패키지 개발(Package development)<br>1차 제품 출시(First product run)<br>출시(Launch) | 아이디어 심사(Idea screening)<br>아이디어 발굴(Screening of ideas)<br>개발(Development)<br>생산(Production)<br>소비자 시도구매(Consumer trials)<br>시장 평가(Test market) |

다음 그림은 이들 4개 모형을 좀더 축약하고 소비자 니즈를 감안한 프로세스를 정리해 본 것이다.

<그림 2-1> 신상품 개발 프로세스

다음은 Alam과 Perry(2002)의 서비스 신상품 개발(New Service Development) 프로세스 이다. NPD와 비교적 유사함을 알 수 있다.

본 책에서는 가장 보편적인 NPD프로세스를 기준으로 살펴보고자 한다.

〈그림 2-2〉 서비스 신상품 개발 프로세스

전략적 방향성 수립 (Strategic direction planning)
⬇
아이디어 도출 (Idea generation)
⬇
아이디어 검증 (Idea screening)
⬇
프로젝트 구성 (Project building)
⬇
비즈니스 분석 (Business Analysis)
⬇
서비스 전략 기획 (Service strategic planning)
⬇
서비스 설계 (Service design)
⬇
마케팅 기획 (Marketing planning)
⬇
운영 기획 (Operation planning)
⬇
서비스 시스템 개발 (Service system development)
⬇
테스트 및 시험운영 (Testing and pilot running)
⬇
시범 운영 (Test marketing)

## 2. NPD 프로세스별 평가목표

 다음은 앞서의 NPD 프로세스별로 해야 할 일과 기업에서 벌어지는 현실을 비교한 것이다. 신상품의 성공률이 30%를 넘기 힘든 현실에서 기업에서는 소비자의 니즈를 잘 파악해서 신상품 기회를 잡고 잘 검증하여 히트 상품을 출시할 것을 권하지만, 현실적으로는 위험을 감수하고 신상품 개발을 담당한 직원에게는 책임추궁이, 옆에서 비판을 가했던 사람들은 오히려 날카로운 관점을 가진 능력자로서 대우를 받는 일이 비일비재하다.

〈그림 2-3〉 신상품 개발의 현실과 이론

| 이론적 과정 | 현실적 과정 |
|---|---|
| 아이디어 창출 | 환희 |
| 스크리닝 | 매력 상실 |
| 시험시장 | 혼동 |
| 전국적 출시 | 책임추궁 |
|  | 참여자에 대한 문책 |
|  | 비참여자에 대한 칭찬 |

자료원: Glen L. Urban & John R. Hauser, Design and Marketing of New Products, 1993.

위와 같이 신상품 개발시 이론과 현실적 과정이 달라지는 이유 중의 하나는 신상품개발 시스템이 잘 갖추어지지 않았거나 구축된 시스템을 운영하는 과정에서 사실(fact)에 입각한 의사결정이 이뤄지지 않기 때문이다. 이러한 시행착오를 줄이기 위해서는 다음과 같이 신상품개발 프로세스별로 평가목표 및 방법을 명확히 해야 한다.

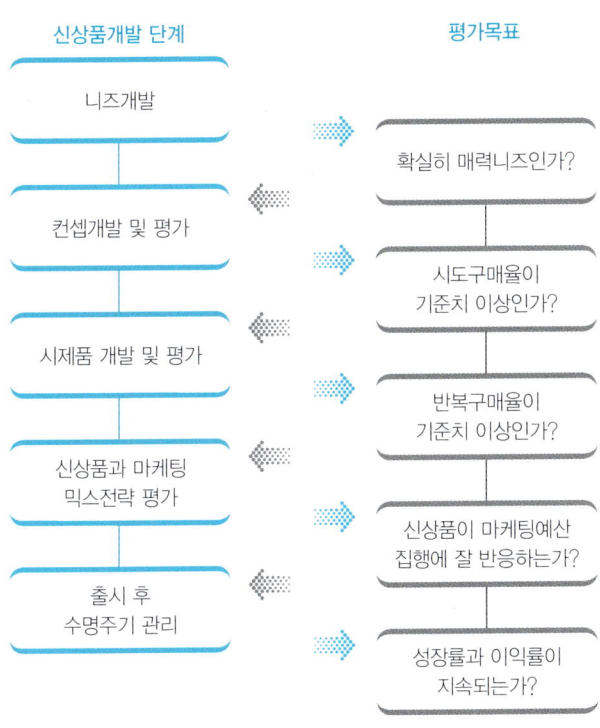

〈그림 2-4〉 신상품 개발단계와 평가목표

먼저 **시장기회 탐색 단계**에서는 소비자의 니즈가 존재하는지, 이 니즈가 중요하면서도 미충족되어 있는 차별화된 시장기회인지를 파악하는 것이 중요하다. 단, 여기서의 차별화는 경쟁 브랜드가 주지 못하는 효익을 주는 것만은 아니다. 경쟁사와 같은 효익이라도 이를 압도할 정도의 강한 효익을 제공하는 것도 차별화라 할 수 있다. 즉, 초콜릿시장에서 기존 초콜릿 상품보다 카카오 성분이 더욱 강화된 '카카오 분말 60% 함유의 드림카카오'를 출시하여 차별화한 것이 좋은 사례이다. 이는 시즈(seeds) 측면에서 경쟁 브랜드보다 더 니즈(needs)를 만족시킬 소재나 기술등을 갖고 있거나 아웃소싱이 가능할 때 유용한 방법이다. 차별화를 너무 중시하다 보면 니치(niche) 시장이 되어버릴 가능성이 높아지며, 차별화가 너무 적어지면 소비자관점에서는 신상품을 구매할 이유가 없어진다(기존에 잘 쓰던 제품·서비스가 있는데 별 차이가 느껴지지 않는 신상품을 굳이 위험을 무릅쓰고 잘 모르는 신상품을 구매할 이유가 있겠는가?).

둘째, **컨셉개발 단계**에서는 시장기회 탐색에서 찾아낸 소비자의 니즈(~하고 싶다!)를 자사가 소유한 기술이나 서비스 등으로 소비자에게 구매 이유(reason why)를 제시하여, 소비자의 니즈를 효익(~할 수 있구나!)으로 변환토록 하고, 궁극적으로 시도구매를 유도하는 컨셉을 개발하는 것이 핵심이다. 이 법칙은 모든 제품군에 해당된다. 또한 이 단계에서는 시제품·서비스를 만들기 전에 여러 가지 대안의 컨셉을 충분히 검토한 후, 이중에서 시장가능성이 높은 컨셉만을 선별하는 것이 중요하다. 아직 시제품을 만들지 않았기 때문에 상품개발자 입장에서는 어떤 컨셉을 선택하거나 포기하더라도 위험부담은 훨씬 적다. 또한 컨셉만으로 대략적인 수요예측을 하거나 예상 수요에 따라 마케팅예산도 정할 수 있다.

셋째, **시제품의 개발과 평가 단계**에서는 R&D부문에서 주도적으로 제품을 개발하게 되는데 이때 컨셉에서 확인된 미충족 욕구(unmet needs)를 해결해주는 것이 가장 중요하다. 전체적인 제품의 완성도를 높이는 것은 당연하지만 선택과 집중을 통해 컨셉에서 소구하는 소비자 혜택(즉, '~하고 싶다'를 '~할 수 있다'로 변환한 결과)이 반드시 최고 수준의 품질로 구현되어야 한다. 또한 이 단계에서의 품질은 소비자가 브랜드를 알지 못한 상태에서 느끼는 품질수준(blind quality)을 기준으로 품질완성도를 평가하는 것이 중요하다.

넷째, **컨셉 및 시제품의 시험시장(test market) 실시 단계**는 신상품의 출시전 마지막 단계이다. 이 단계에서는 최종적으로 컨셉의 경쟁력인 시도구매(trial purchase) 유발력, 제품의 경쟁력인 반복구매(repeat purchase) 유발력을 파악하게 되며, 동시에 컨셉력 및 제품력의 균형을 검증하게 된다. 컨셉력이 너무 높으면 제품력에 대한 만족도가 떨어질 가능성이 있으며, 제품력이 너무 높다는 것은 컨셉에서 이를 뒷받침하지 못한다는 뜻이다.

특히 이 단계에서는 마케팅 전략계획 즉, 핵심 효익, 유통의 범위, 광고비 및 판촉 예산 수준, 인지율 수준, 가격결정, 품질수준 등을 구체적으로 확정하는 단계이다. 이러한 마케팅 계획의 강도는 예상 매출량과 연동된다. 즉, 매출량이 일정 수준 이상이 된다면 생산단가의 하락 등 대량생산에 따른 비용절감 효과(scale merit)가 나타나게 되고 단기간에 흑자로 돌아설 수 있다. 반면에 수요가 일정 수준 이하로 떨어지게 되면 비용상승 효과와 함께 마케팅 예산의 운용이 제한받게 된다. 따라서 시험시장 테스트를 통해 운용 가능한 마케팅 비용을 공격적, 중도적, 소극적 등 시나리오에 따라 집행했을 경우 예상되는 수요를 추정하여 전략수립하기에 매우 유용한 방법이다. 출시전에 전략 시뮬레이션이 가능하므로 출시 후 실패에 따른 리스크도 당연히 적어지며 미비점을 보완할 기회도 얻게 된다. 효과와 효율(매출과 이익)을 중시하고, 빠르게 변화하는 요즘 기업환경에 특히 필요한 단계라 할 수 있다.

다섯째, **출시 단계**에서는 출시 신상품의 매출, 시장점유율 및 이익 수준에 따라 현상유지, 강화, 조기철수, 상품수정 등의 판단이 필요한 시기이다. 그러나 이러한 판단에 필요한 자료의 확보와 결과의 해석은 많은 경험과 기준이 없으면 판단하기 어려운 경우가 많다.

# 3. NPD를 위한 가설

컨셉개발 단계에서는 신상품의 4P와 관련된 다음과 같은 질문과 관련하여 가설을 설정해야 한다.

〈표 2-2〉 신상품에 대한 4P와 관련된 질문

| | |
|---|---|
| 제품 | • 핵심타겟 소비자는 누구인가?<br>• 대체관계에 있는 경쟁 상품은?<br>• 기업은 신상품에 어떤 특성과 기능을 첨부할 것인가?<br>• 신상품을 자체에서 제조할 것인가 또는 아웃소싱할 것인가?<br>• 브랜드 체계는 어떻게 할 것인가? |
| 가격 | • 가격을 높여야 하는가?<br>• 침투율 속도를 높이기 위해 가격을 더 낮추어야 하는가? |
| 유통경로 | • 그 제품은 자사의 자체 판매원을 통해서 판매되야 하는가?<br>• 대리인이나 유통분배업자 및 판매상에게 맡겨야 하는가?<br>• 초기에 하나의 경로로 시작해야 하는가 또는 복수 판매경로를 초기에 구축해야 하는가? |
| 커뮤니케이션 | • 핵심 커뮤니케이션 타겟은 누구인가?<br>• 그 신상품의 기본적인 이점과 특성을 전달할 수 있는 최상의 메시지는 무엇인가?<br>• 이 메시지를 전달하기 위한 최상의 매체는 무엇인가?<br>• 어떤 판매촉진 수단이 초기의 관심과 구매를 유발하는가? |

자료원: Jakki Mohr, Marketing of High-Technology Products and Innovations, 2nd ed. Prentice-Hall, 2005에서 수정.

신상품개발 단계의 마지막 단계인 시험시장과 수요예측이 종료

되면 이에 대한 가설이 검증되고 최종 4P전략이 확정되야 할 것이다.

# 4. 소비자 니즈 기반 NPD

소비자 니즈를 기반으로 하여 신상품을 도출하는 전형적인 과정은 다음과 같다.

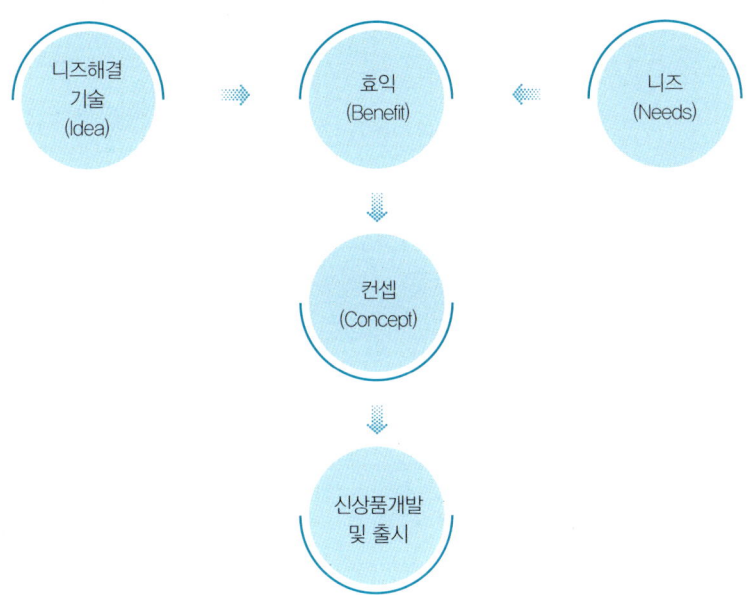

〈그림 2-5〉 소비자 니즈 기반 신상품개발 과정

이처럼 기업이 소비자의 니즈(needs, ~하고 싶다는 욕구)를 발굴하여 이를 충족시키기 위한 아이디어와 기술력을 동원하여 소비자에게 속성(attribute)을 제공함으로써, 소비자로 하여금 효익

(benefit, ~할 수 있다)을 느끼게 하는 컨셉을 개발하고 이를 실현하는 제품개발이 바로 소비자 니즈 기반 신상품 개발이다. 다시 말해 기업은 고객의 니즈에 기반한 속성의 덩어리(bundle of attribute)를 제공하는 것이며, 소비자는 이를 통해 효익의 덩어리(bundle of benefit)를 느끼게 되는 것이다. 따라서 앞으로는 소비자의 니즈를 개발하는 방법, 니즈를 충족하기 위한 속성을 개발하는 방법, 효익을 개발하는 방법, 이를 종합적으로 컨셉에 표현하여 구매력을 높이는 방법, 컨셉에 부합하는 신상품을 개발하고 런칭하는 방법에 대해 자세히 논의하고자 한다.

# 5. 신상품 구매력에 대한 이해

앞서 살펴본 바와 같이, 신상품 구매력은 시장에 출시되어 있는 어떤 브랜드를 최초로 구입하고 싶게 하는 시도구매력(컨셉구매력), 다시 구입하고 싶게 하는 반복구매력(제품구매력)으로 나눌 수 있으며 다음과 같이 식으로 표현할 수 있다.

〈그림2-6〉 신상품 구매력 공식

먼저, 시도구매력은 소비자가 제품이나 서비스를 최초로 구입하게 하는 힘으로 광고, 제품 설명서, 제품 레이블의 내용, 구전 등이 종합적으로 영향을 미친다. 그러나 중요한 것은 제품을 사용하기 전에 이루어지며, 평생 단 한번의 구매만이 여기에 해당된다. 구입주기가 매우 긴 자동차, 가구류 등이 아닌 구입이 빈번히 일어나는 제품군(FMCG : Fast Moving Consumer Goods)에서는 이 공식이 매우 중요한 역할을 한다.

이러한 FMCG는 최초의 1회 구입(Trial Purchase) 후 지속적인 반복구매(Repeat Purchase)가 있어야 제품의 매출이 유지 내지는 성장하게 된다. 이는 뒤집어 보면, 최초 구매가 없으면 반복구매도 없다는 뜻이 된다. 이것이 시도구매력(컨셉구매력)이 중요한 이유이다. 즉, 반복구매에 결정적 영향을 주는 제품의 품질력이 아무리 뛰어나도 최초 구매가 이루어지지 않으면 아무 소용이 없다. 품질력이 뛰어난 베타 방식의 비디오 테이프가 VHS 방식에 밀린 이유도, HD-DVD가 블루레이 DVD에 밀린 이유도, 최초 미과즙 음료인 'O2'가 '2%부족할때'에 밀린 이유도 이와 관련이 깊다.

둘째, 반복구매력은 시도구매력이 좋아서 최초 구매율이 높더라도 사용해본 제품이나 서비스가 마음에 들지 않으면 재구매율이 낮아지고 이는 결국 매출의 하락을 가져오게 되며, 이는 물리적 제품력(음료수의 맛, 패밀리 레스토랑의 음식맛 등)이 문제가 있다는 의미이다.

그러므로 신상품의 구매력의 원리에 대해 이해하고 이를 신상품 개발 과정에 접목하여 사전에 점검하고 피드백하고 실천하는 것이 중요하다.

# 6. 히트상품 개발을 위한 8계명

다음은 성공가능성이 높은 신상품을 개발하고 출시하기 위한 8가지 방법을 정리해 놓은 것이다.

〈표 2-3〉 성공적 신상품 개발을 위한 8계명

① 매출이나 이익을 순증시키는 신상품을 개발하라.
　　신상품을 아무리 많이 내놓아도 자사의 기존 브랜드나 제품라인을 지나치게 잠식(Cannibalization)하는 신상품 출시는 시간과 돈의 낭비, 소비자의 불만족으로 이어질 수 있다.

② 소비자가 중요하게 생각하되 미충족된 '매력니즈(Attractive Needs)'를 공략하라
　　소비자니즈를 찾았다 하더라도 소비자가 중요하다고 생각하지 않으면 니치브랜드가 될 가능성이 많으며, 소비자가 만족도가 비교적 높은 니즈라면 차별화가 되지 않아 시장성이 떨어진다.

③ 소비자의 매력니즈를 해결해주는 컨셉을 개발하라
　　컨셉의 존재이유는 소비자의 매력니즈를 해결해주는 것이며, 여기에서 멀어지는 순간 컨셉의 존재이유는 사라진다.

④ 컨셉을 구현하는 시제품·서비스를 개발하라
　　컨셉은 일종의 설계도 역할을 하므로 시제품은 컨셉을 물리적 제품이나 서비스로 구현되야 한다. 제품이 컨셉을 잘 구현하지 못한다면, 소비자는 기대보다 못한 품질에 실망할 것이다.

⑤ 신상품 컨셉 및 시제품·서비스가 시장에서 잘 팔릴지를 출시 전에 객관적 자료(Fact)로 검증하라.
　　성공확률을 모르는 신상품의 출시는 마치 운을 시험하는 것과 같으며, 출시 후 시장의 반응에 따라 전략 대응하는 것은 사후 처방전과 같다. 경쟁력이 약한 신상품 출시에 실망한 소비자들은 자사에 대해 기대수준을 낮추고 다음 신상품의 시도구매를 줄일 것이다.

⑥ 신상품 마케팅의 선순환으로 가자.
**선순환** : 고객 니즈 기반 신상품 기회 포착 → Fact로 성공가능성 확인 → 의사결정 용이 → 시장선점 → 가격프리미엄, 프로모션 리더십 확보 → 매출·이익률 향상.
**악순환** : 경영진 오더, 해외 제품 도입, 라인확장 위주 신상품 개발 → 사내 경험이나 사내 자료 위주로 검증 → 리스크 측정이 어려움 → 의사결정의 혼란 → 시장 선점기회 잃음 → 가격경쟁, 프로모션 경쟁 격화 → 매출·이익률 악화.

⑦ 출시 후에 전략을 수정하지 말고 출시 전에 검토하라.
출시전에 마케팅전략 시나리오(시설투자 규모, 연구개발 규모, 유통, 광고비 규모, 판촉비 규모 등을 믹스한)를 만들고 이를 시험시장 테스트 (STM: Simulated Test Market)를 통해 최적의 시나리오를 확정하라.

⑧ 브랜드진단 시스템을 만들어라.
완성도가 떨어지더라도 출시된 신상품의 브랜드 진단(Brand Health Check) 시스템을 구축하여 출시 후 신상품의 자원투입량, 조기철수 여부 등 전략적 결정에 활용하라.

# CHAPTER 03

# 소비자 니즈를 꿰뚫는 방법

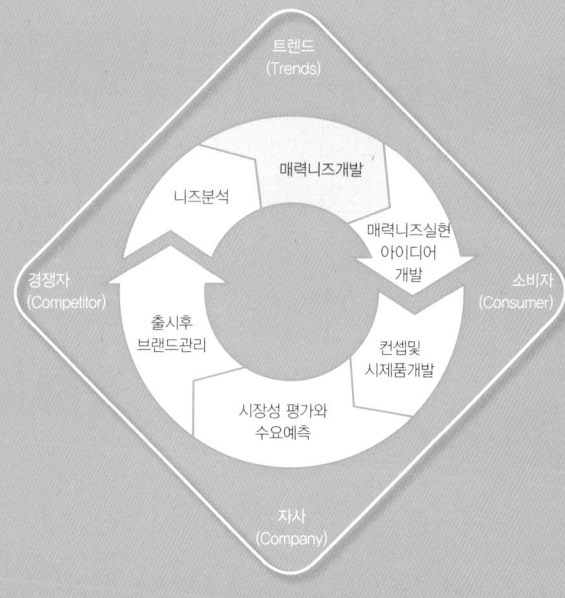

New Product Development Inspired by Consumer Needs

# 1. 소비자 니즈의 유형

일반적으로 니즈(needs)는 소비자의 현재 상태와 추구하는 바람직한 상태의 차이를 느끼는 것을 의미한다. 즉, 현실과 이상간의 괴리를 느끼는 순간 니즈가 발생(generation)하며, 이상을 실현하려는 과정에서 니즈가 발현(development)된다. 예를 들어, 소비자가 갈증이 난다고 느끼면 경험적으로 가장 적절하다고 생각되는 해결책으로 물을 마시고 싶다고 느끼거나, 스포츠음료를 마시고 싶다고 느끼게 된다. 이를 강하게 느끼게 되면 실현을 위해 특정 제품이나 브랜드를 원하게 되고(wants), 자신의 주머니 사정에 따라 최적의 제품이나 브랜드를 구매하게 된다.

이러한 니즈는 소비자 개인의 환경이나 소비경험, 교육, 성향 등 다양한 영향하에서 니즈가 생성된다. 이와 관련하여 수많은 연구들이 있는데, 개인의 생물학적 니즈, 심리학적 니즈, 사회문화적 니즈 등으로 분류하기도 하고, 유명한 매슬로우의 5단계 니즈 분류법도 있다.

니즈 분류에 대한 다양한 연구들 중 몇 가지를 정리해 보면 다음과 같다.

〈표 3-1〉 니즈분류에 대한 다양한 연구들

| 연구자 | 분류기준 | |
|---|---|---|
| 쉬프만(L.G.Shiffman)<br>카누크(L L Kanuk) | • 1차적 니즈(선천적 니즈)<br>• 2차적 니즈 (후천적 니즈) | |
| 매슬로우 | • 생리적 니즈<br>• 소속 니즈<br>• 존경의 니즈 | • 안전 니즈<br>• 자존의 니즈<br>• 자아실현의 니즈 |
| 프로이드 | • 의식적 수준  • 전(前)의식적 수준 | • 무의식적 수준 |
| 크랩스 | • 음식과 물질적 풍요<br>• 활동, 다양함 및 진기함에 대한 니즈<br>• 정신적 긴장에 대한 인식<br>• 존경받는 구성원으로서의 니즈<br>• 참여 | • 가정의 구성<br>• 성취 니즈<br>• 안전<br>• 개인재산 |
| 유통경제연구소(일본) | • 생리적 니즈<br>• 경제적 니즈<br>• 문화적 니즈 | • 생활적 니즈<br>• 사회적 니즈 |
| 홀트(Holt) | • 이성적 니즈   • 감성적 니즈 | |
| 카노(kano) | • 필수적 품질   • 일원적 품질   • 매력적 품질 | |

사람은 특정한 시점에서 니즈를 갖게 되는데, 예를 들어 점심때가 되면 배고픔을 느끼게 된다. 이 니즈가 강하고 충분한 수준으로 일어나면 동기(motive)가 되며 이는 사람으로 하여금 행동하도록 충동을 가하게 된다. 이렇게 사람으로 하여금 구매행동을 하도록 충동을 가하는 동기와 관련된 니즈로는 다음과 같은 매슬로우의 니즈계층(Maslow's Hierarchy of Needs) 이론이 있다.

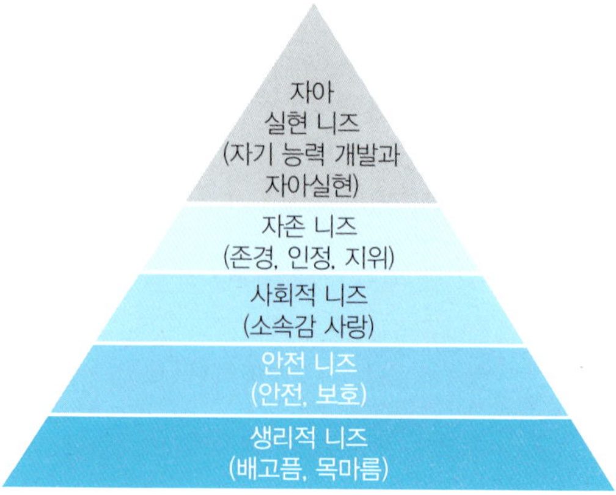

〈그림 3-1〉 매슬로우의 니즈계층

    매슬로우는 사람의 니즈가 가장 절박한 것에서부터 덜 절박한 니즈까지 계층적으로 나뉘어 있다고 주장한다. 이를 순서대로 나열하면 배고픔, 목마름 등과 관련된 생리적 니즈(physiological needs), 안전, 보호등과 관련된 안전 니즈(safety needs), 소속감, 사랑 등과 관련된 사회적 니즈(social needs), 존경, 인정, 지위 등과 관련된 자존 니즈(self-esteem needs), 자아계발, 자아실현 등과 관련된 자아실현 니즈(self-actualization needs)등 5가지이다. 이러한 니즈는 소비자 구매행동에 직접적인 영향을 주게 된다.

    Kano모델에서는 고객이 제품에 대해 필수적 니즈, 일원적 니즈, 매력적 니즈 등 3가지의 요구사항을 갖는다고 하였다.

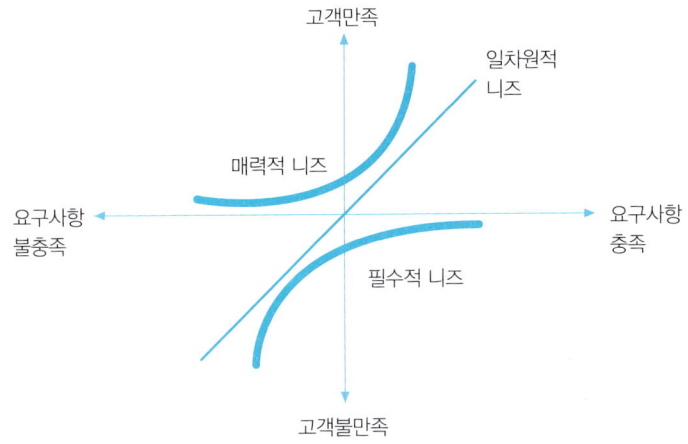

〈그림 3-2〉 Kano의 모형

　필수적 니즈(must-be needs)는 반드시 있어야만 만족하는 품질요소이다. 예를 들어 우리나라 소비자에게 자동차의 에어컨은 필수적인 옵션으로 인식되고 있어 만일 없다면 큰 불만을 갖게 될 것이다.
　일차원적 니즈(One-Dimensional needs)는 충족이 되면 만족하고 충족되지 않으면 고객들의 불만을 일으키는 품질요소이며, 가장 일반적인 니즈이다. 예를 들어 자동차에 좌석에 열선시트가 들어있다면 만족하고, 없다면 불만족하게 될 것이다.
　매력적 니즈(Attractive needs)는 충족되면 고객감동(Customer Delight)의 수준을 달성할 수 있게 한다. 반면에 이러한 요소의 존재는 고객들은 모르거나 기대하지 않았기 때문에, 충족이 되지 않더라도 불만을 느끼지 않는다. 예를 들어, 자동차의 졸음방지 기능 즉, 운전자의 눈동자 깜박임을 지속적으로 모니터링하여 졸음 운전 시 즉각 핸들진동과 경고음으로 알려주는 기능이 있다면 고객은 크게 감동할 것이다.

그러나 매력니즈를 충족하는 매력품질은 경쟁자들도 점차 이러한 품질을 충족시게 됨으로 일차원적 품질 → 당연적 품질로 변하는 과정을 거치게 된다.

성공적인 신상품 개발을 위해서는 이렇게 필수적 니즈, 일차원적 니즈 뿐만 아니라 매력니즈도 파악할 수 있어야 차별적이고 강력히 선호되는 신상품을 개발할 수 있다. 특히 매력니즈는 가공식품, 음료, 샴푸 등 일반적인 FMCG(fast moving consumer goods)처럼 소비자의 카테고리 지식수준이 높은 경우에도 잘 파악하기 어렵지만, 아파트 창문, 페인트, 스마트폰, 자동차, 보험, 프랜차이즈 서비스 등 소비자의 지식수준이 상대적으로 낮은 카테고리에서는 더욱 파악하기 힘들다. 즉, FGI나 심층인터뷰, 자연주의 기법 등을 활용하여도 소비자의 지식수준이 너무 낮은 경우가 많아서 매력니즈를 파악하기가 힘들게 된다. 이런 경우에는 소비자에게 일반적인 마케팅 조사기법을 이용하는 탐색적 니즈개발법 외에 잠재적인 수요가 존재할 것으로 판단되는 매력니즈 리스트를 사전에 작성하여 소비자의 검증을 받는 방법을 사용하는 것이 효과적이다.

예를 들어 국내 시장은 아이폰이 도입되기 전에는 와이파이도 잘 안되고, 쓰기도 어려운 초보적인 기능의 스마트폰 만이 존재하였으며, 피처폰이 대세를 이루고 있었다. 이 시절에는 아무리 소비자 조사를 잘하고 시장분석을 면밀히 해보아도 스마트폰이라는 새로운 카테고리의 시장성은 거의 없는 것으로 나타났을 것이다. 실제로 삼성도 '미츠(Mits)'라는 여러 종류의 스마트폰을 출시하였으나 거의 팔리지 않았다. 그러나 그 당시에 미국 등에서 선풍적 인기를 끌었던 아이폰3의 컨셉을(아직 대부분의 국내 소비자들은 존재를 모르고 있었던) 국내 소비자에게 제시하고 실제 제품으로 시연을 해보이는 형태로 아이폰3에 대한 니즈를 파악했다면(즉, 매력니즈를 확인하기 위한 '적절한 도구'를 활용했다면), 잠재해 있던 스마트폰에 대한 강한 니즈를 선제적으로 확인할 수 있었을 것이다.

신상품이 성공하기 위한 전제는 신상품이 목표로 하는 타겟시장에 소비자 니즈가 존재하는가의 여부이다. 여기서 소비자 니즈는 기존 시장에서 만족하지 못하는 상태인 미충족 니즈(unmet needs)이어야 한다. 예를 들어 어느 20대 후반의 미혼 여성이 다이어트의 필요성을 강하게 느끼고 있다고 가정할 때, 이 소비자는 밥을 세끼에서 한끼로 줄이는 다이어트를 하기로 마음먹었고 잠재시장의 소비자들이 모두 이러한 방식의 다이어트를 결심했다면 다이어트 시장의 니즈는 이미 충족된 니즈이므로 신상품의 기회는 없는 것이다. 반면에 '실크 팹타이드' 성분으로 식욕을 억제해 주는 'A'라는 상품을 구매하여 복용하고 있고 이 제품에 상당수가 불만족을 느끼고 있다면 신상품 기회는 존재하는 것이다. 따라서 목표시장에서의 소비자 니즈는 반드시 미충족 상태여야 신상품의 기회가 존재하는 것이다. 그런데 이 미충족 니즈(실크 팹타이드 성분으로 식욕을 억제하므로써 다이어트를 해주는)는 다이어트 제품 카테고리 내에서 중요도가 높아야 한다. 즉, 식욕억제 방식으로 다이어트를 하게 해주는 효익에 대한 니즈를 소비자가 중요하게 생각해야 시장기회가 있다. 만일 운동시 함께 섭취하므로써 칼로리 소비를 촉진시키는 효익을 더 중요하게 생각한다면 식욕억제 방식의 다이어트 상품은 시장에서 좋은 반응을 얻기 힘들 것이다.

### 소비자니즈 개발시 고려할 점

니즈를 개발하기 위해서 주의해야 할 점은

첫째, 니즈를 이해하는 것에 주력하되 니즈의 해결책을 찾으려고 해서는 안된다는 것이다. 예를 들어 '아이폰5에 레티나 액정을 사용하여 화질이 선명하다' 라는 문구에서 화질이 선명하다는 것이 바로 소비자의 니즈이며, 레티나 액정은 해결책이지 니즈가 아니다. 소비자니즈 기반의 성공적인 신상품 개발을 위해서는 잠재시장을 대상으로 해당 카테고리 관련 니즈들을 우선적으로 최대한 밝혀내야 한다.

둘째, 기업의 내부자료(직원들의 아이디어 제안목록, 고객모니터 그룹의 제안내용, 인터넷이나 전화들을 통해 들어오는 고객의 목소리, 직원들의 세미나 자료, 해외 전시회 방문보고서, 해외법인의 시장동향 보고서 등)를 먼저 검토할 필요가 있다.

셋째, 경쟁사와 시장상황에 관해 공개되어 있는 정보를 체계적으로 수집, 분석하는 마케팅 인텔리전스(marketing intelligence) 정보를 활용할 필요가 있다. 예를 들어 관심 카테고리와 관련된 기술정보를 R&D부서로부터 수집한다거나 경쟁사 제품의 벤치마킹이나 홈페이지 검색, 산업전시회 참석, 회사의 공급업자, 소매업자, 경쟁사 관찰 등을 통해 얻는 정보 등이다.

넷째, 마케팅 조사를 통해 소비자 니즈를 수집하는 것이다. 그런데 소비자 니즈는 이상과 같은 네가지 방법으로 손쉽게 얻어질 수도 있지만 그렇지 않은 경우도 많다. 소비자 조사를 하는 경우에도, 예를 들어 아이폰4를 개발하기 위해 소비자 조사를 했다고 해도 소비자가 '눈으로 화소가 구별되지 않을 정도의 선명한 액정이 필요하다', '와이파이를 통해 무료로 HD급 해상도의 화면으로 화상 채팅을 하고 싶다'는 식의 니즈를 표현하기란 매우 어렵다.

## 2. 니즈의 수준과 측정

앞서 설명한 바와 같이 니즈는 현재 상태와 이상적 상태의 차이가 있는지를 알아차리는 순간과 이를 해소하기 위해 이상적인 해결을 하려는 단계로 구분할 수 있다. 그런데 이때, 현재 상태와 이상적 상태의 차이(gap)를 모든 소비자들이 알아차리지 못하거나 암묵적으로 가지고 있거나 무의식적으로 가지고 있을 수 있다는 점이 중요하다. 따라서 어떤 니즈는 소비자 대상 인터뷰 정도로 파악할 수 있지만, 어떤 니즈는 뇌파 등 첨단 장비를 활용하여 잠재니즈를 파악해야 하는 경우도 있다. 예를 들어 몇 년 전까지만 해도 핸드폰으로 PC처럼 손쉽게 이메일을 확인하거나 보내고 싶다는 니즈는 거의 대부분의 평범한 소비자들에게는 암묵적이거나 잠재되어 있는 니즈였다고 볼 수 있다.

다음은 인지수준에 따른 소비자 니즈 수준과 측정법에 대해 정리한 것이다.

<그림 3-3> 소비자니즈 수준과 측정방법

명시적 니즈는 소비자가 표현할 수 있는 니즈로서 전통적인 소비자 조사기법인 질문지법이나 개인별 심층면접, 표적집단 심층면접법(Focus Group Interview, FGI)등으로 파악할 수 있다.

관찰 가능한 니즈는 소비자가 직접적인 언어로 표현하기 힘들거나 번거롭기는 하지만 체계적인 관찰을 통해 파악이 가능한 니즈이다. 예를 들어 냉장고를 사용하는 가정에 카메라를 설치하여 며칠간 소비자를 관찰한 결과, 주부가 야채실을 자주 이용하지만 야채실이 맨 마지막 칸에 있어 허리를 크게 구부리거나 쭈구리고 앉아서 이용한다는 사실을 알아낼 수 있을 것이다. 또는 여성들의 의류트렌드를 파악하기 위해서 강남역이나 뉴욕 맨하튼 5번가 등의 특정지역에서 지나가는 소비자, 상점, 진열상품 등을 관찰하는 거리관찰(Town Watching)법을 사용할 수 있다.

또한 참여관찰 기법의 하나인 감정이입 디자인(Empathic Design)은 소비자가 제품이나 서비스를 사용하는 현장에 들어가서 사용상황을 관찰하여 소비자가 인식하지 못하거나 전통적인 인터뷰 방식으로는 찾아내기 어려운 니즈를 찾아내는 방법도 있다.

암묵적 니즈는 소비자의 언어나 행동 등으로는 파악하기 힘든 니즈로 Zaltman(1995) 개발한 ZMET(Zaltman Mctaphor Elicition Technique)이라는 방법을 사용하기도 한다. 이 방법은 무의식중에 가지고있는 니즈를 비언어적이고 시각적인 자료를 통해 은유적으로 표현하도록 유도함으로써 암묵적 니즈에 접근하는 기법이다. ZMET는 참여자가 주제에 대해 생각할 시간을 가진 뒤 이에 대한 자신의 생각이나 느낌을 잘 표현해 줄 수 있는 이미지나 물건을 수집하게 한다. 이후 수집한 이미지나 물건을 가지고 참여자의 잠재된 생각이나 느낌을 끌어내기 위해 심층면접을 실시하는 방식으로 진행된다. Cultural Probes는 유럽에서 참여자 중심적 접근법으로 개발된 것이다. 예를들어 노인들의 지역 공동체 참여를 높이기 위한 상호작용 기법을 찾기 위해 노인들에게 지도, 엽서, 카메라, 책자, 보이스 레코더 등의 probe package를 제공하여, 생활속에서 정보를 수집하고 그 때의 느낌이나 생각을 기록하게 한 다음, 결과물을 우편으로 회수하여 연구자들이 분석하는 방법이다.

잠재니즈를 파악하는 방법중의 하나인 Generative Tools는 미국 오하이오 주립대의 Elizabeth Sanders가 개발한 방법(2001)으로 다양한 시각적, 촉각적 도구를 활용하여 일반 소비자들이 자신의 생각과 꿈을 자유롭게 표현할 수 있도록 촉진하는 도구를 통해 말로 설명하지 못하고 행동으로 드러나지 않는 소비자 잠재니즈를 표현하도록 하는 기법이다. 이 방법의 또 다른 특징은 소비자를 조사 대상자로 여기며 연구자가 주도적으로 조사하는 기존의 방법과는 달리 인간중심적 방법(human-centered method)이라는 점이다. 즉, 소비자를 연구대상이 아닌 공동연구자로 간주한다. 이 방법은 조사가 진행될 때 소비자가 주도적 역할을 하게 되어 소비자가 니즈를 표현할 때 연구자가 개입을 거의 하지 않기 때문에 소비자가 표현하고자 하는 니즈의 범위나 수준이 제한되지 않는다는 장점이 있다. 이 방법은 참여자들에게 제공된 도구(toolkit)로 몰입단계에 필요한 워크북(workbook)등의 도구를 만들고 며칠 동안 생활속에서 주제와 관련된 활동을 한 후 자신의 생각이나 감정, 아이디어를 표현하는 결과물을 제공된 단어, 심볼 등을 활용하여 콜라주(collage)를 만들어 낸다. 콜라주는 참여자들의 감정이나 기억, 꿈을 표현하기에 이상적인 기법으로 현재의 경험과 미래의 꿈을 모두 나타낼 수 있다는 장점이 있다.

# 3. 매력니즈 찾기

### 소비자 이노베이터를 찾아라

매력니즈는 평범한 소비자나 신상품 개발을 염두에 두고 있는 잠재 카테고리에 대해 관여도나 사전지식이 부족한 소비자를 대상으로 해서는 아무리 좋은 분석기법이나 모델 등의 툴을 이용한다고 해도 매력니즈를 얻기가 매우 힘들다. 따라서 해당 카테고리에 때로는 마케터 보다 더 많은 지식과 정보소스와 커뮤니티를 가지고 있는 소비자 이노베이터를 대상으로 인터뷰를 한다면 매력니즈를 개발할 확률이 높아진다.

### 직접 현장을 누비고, 심층 인터뷰하라

인류학에서 원주민들의 문화나 생활상을 파악하기 위해서 인류학자들은 원주민들과 같이 먹고, 잠자고, 생활하면서 원주민들과 같은 경험을 공유하고 관찰하였는데 이를 자연주의적 탐구(Naturallistic Inquiry)법이라고 한다. 소비자와 그들의 니즈를 이해하고 관심 카테고리에 대한 가설을 세우기 위해서는 이러한 자연주의적 탐구법을 활용하는 것이 좋다. 이를 위해서 타겟 소비자(여기서의 소비자는 이노베이터급 소비자일수록 좋다)와 같이 일정기간 생활을 같이하거나 관찰을 하는 것도 방법이다. 해외 시장조사의 경우에는 호텔에서 숙식하면서 많은 양의 현지 시장 보고서를 읽는 것 보다는 차라리 며칠간의 홈스테이가 소비자 니즈를 파악하는데 더 도움이 된다.

또한, 정식 인터뷰나 소비자 조사를 실행하기 이전에 마케터 본인이 상황을 컨트롤 할 수 있는 수준의 지식수준과 관여도를 끌어올릴 수 있도록 직접 현장을 방문하여 체감하고, 이노베이터를 찾아 몇 명이라도 심층인터뷰(In-depth interview)를 반드시 해야 한다. 본인이 상황을 파악하고 계획할 수 없으면 그만큼 실패할 확률이 높아진다. 아무리 좋은 자료와 분석결과와 좋은 제언을 듣는다 하여도 마케터가 이를 판단하고 옥석을 가릴 능력이 없다면 이 모든 것이 다 소용없게 된다.

### 기술자가 마케터가 되어라

매력니즈를 가장 잘 파악할 수 있는 위치에 있는 사람이 바로 연구소의 담당 연구원 즉, 기술자이다. 기술자는 신상품을 개발하려는 카테고리 내 R&D 중 Research 즉, 선진기술이나 최신기술이나 관련 기술에 대해 전세계의 거의 모든 정보를 가장 빨리 파악할 수 있고 이해할 수 있고 분석할 수 있다. 또한 Development 즉, 이러한 매력니즈 관련 기술을 상품으로 직접 개발하거나 아웃소싱 할 수 있는 능력을 가지고 있다. 따라서 신상품 개발 단계에서의 기술자의 역할은 절대적이라 할 수 있다. 그러나 기술자는 동시에 소비자 니즈를 이해하고 실천하려는 마케팅적 사고를 해야만 한다. 잘 만들 수 있는 제품, 크레임이 적은 제품, 원가가 낮은 제품, 생산설비 구축이 용이한 제품 위주의 신상품을 개발한다면 결코 소비자 니즈를 충분히 충족시키지 못할 것이다. 이는 최근 하버드나 MIT 와 견줄 정도의 명문 공과대학으로 급부상한 올린(Olin)공대가 공학도의 시장과의 소통능력 향상을 위해 공학과 경영학을 동시에 가르치는 커리큘럼을 강화한 이유이기도 하다.

반면에, 마케터도 신상품 관련 카테고리 분야의 기술관련 정보나 지식에 해박해야 한다. 일반적으로 기술집약적이고 고관여 카테고리 일수록 전문지식과 전문용어가 까다로와 마케터는 이를 이해하는 시간이 오래 걸릴 수 있다. 이처럼 기술자는 마케팅 및 신상품개발 업무에 약하고, 마케터는 기술관련 전문지식이 부족하기 마련인데, 신상품개발 초기 단계에서는(컨셉개발 이전 단계) 기술자가 신상품관련 마케팅지식을 배워서 신상품 개발에 임하는 것이 마케터가 기술지식을 배워서 신상품 개발을 하는 것 보다 더 용이할 수 있다. 따라서 컨셉개발 이전 단계에서는 기술자와 마케터의 상호 업무공유가 매우 중요하며, 특히 기술자가 신상품 마케팅을 습득하고 활용할수록 성공적 신상품을 출시할 확률이 높아진다. 일반적으로 기술자는 잘 만들 수 있는 신상품 아이디어를 내놓고, 마케터는 현존 기술로는 달성하기 힘들거나 많은 시간과 비용이 수반되는 신상품 아이디어를 내놓기 쉽다. 기술자는 스스로 이러한 약점을 극복하고 좀 더 도전적인 신상품 아이디어를 개발하고 상품화한다면 신상품 성공확률은 매우 극대화된다. 기술자야 말로 아무리 좋은 신상품 아이디어라도 결과적으로 출시여부에 대한 선택권을 가지고 있기 때문에 기술자의 신상품 개발에의 능동적 참여는 매우 중요하다.

### 신상품 인사이트

## 스티브 잡스의 교훈…'인문학과 IT의 결합'

"인문학과 기술의 교차로입니다. 애플은 언제나 이 둘이 만나는 곳에 존재해 왔지요." 〈출처: 스티브잡스 연설, 아이패드 출시 키노트에서〉

'첨단 IT 산업과 왠지 약간 고리타분하게 느껴지는 인문학은 어떤 관계가 있을까'
인문학적 소양의 중요성을 강조하며 전 세계 CEO(최고경영자)들에게 인문학 붐을 일으킨 스티브

잡스 애플 CEO가 사실상 은퇴를 선언하자 잡스의 부재가 애플에 미칠 영향에 전세계의 관심이 쏠리고 있다.

애플이 이미 세계 IT 시장에서 확고하고도 안정적인 반열에 올라선 상황임에도 불구하고 잡스의 은퇴를 애플의 불확실한 미래와 연결짓는 이유는 무엇 때문일까. 이는 잡스가 대다수 CEO들과 달리 인문학적 사고를 바탕으로 첨단 IT기술을 접목한 불세출의 CEO로 평가받기 때문이다. 그만이 할 수 있는 일이 너무 많기 때문에 잡스가 없는 애플이 지금과 같은 혁신적인 제품들을 지속적으로 내놓을 수 있을지 의문을 제기하는 것이다.

잡스는 대학을 한학기만에 중퇴한 뒤 철학과 인문학 강의를 도강했다. 특히 타이포 그래피 서체 수업에 관심을 보였다. 그는 글자들의 자간과 행간 등 여백의 다양함이 타이포그래피를 어떻게 위대하게 만드는지를 연구했다. 잡스는 타이포그래피가 과학적으로 설명하기 힘든 예술적인 아름다움을 가지고 있다고 회상했다. 이 때 배운 타이포그래피 지식은 훗날 애플 창조의 핵심 에너지로 작용. 그는 첫번째 매킨토시를 구상할 때 타이포그래피 지식을 활용해 자동자간조절(Kerning) 기능과 퀵(Quark Xpress) 기능을 집어넣을 수 있었다.

인문학과 IT 기술의 융합을 연구하는 인텔의 '상호작용 및 경험(Interaction & Experience Research)' 연구소장인 제네비브 벨 박사는 "기업 세계는 점점 더 복잡해지고 시장은 다양한 모습으로 변화하고 있어 성공을 위해서는 다양한 기술과 시각이 필요하게 됐다"며 "이런 면에서 잡스가 인문학을 강조한 것은 옳은 일로 판명났다"고 말했다.

잡스 뿐만 아니라 세계적인 IT 기업들은 한결같이 인문학의 중요성을 강조하고 있다. 페이스북의 CEO인 마크 저커버그는 하버드대에서 컴퓨터공학을 공부했지만 동시에 심리학을 복수 전공했다. 또 그는 어린 시절부터 그리스 로마신화를 탐독하고 고대역사와 문학 등 인문학 분야에 조예가 깊었다. 이러한 점이 구글의 성공에 크게 기여했다는 평가를 받고 있다.

잡스나 저커버그 스스로도 애플과 구글의 놀라운 성장 배경에 인문학 소양이 중요한 역할을 했음을 인정한다. 잡스는 "애플의 창의적인 IT제품은 기술과 인문학의 교차점에 서있기 때문에 가능했다"며 인문학의 중요성을 설명한 바 있다.

저크버그는 "우리는 기술회사인가"라는 질문을 통해 기술만으로 설명할 수 없는 인문학적 상상의 세계가 페이스북의 지향점임을 강조한다. 또 직원을 채용할 때 "당신은 세상을 어떻게 바꿀 수 있는가"라는 질문을 통해 직원들의 인문학적 상상력을 평가하고 있다.

세계 컴퓨터 CPU(중앙처리장치) 시장의 절대 강자인 인텔도 인문학을 활용, 미래 사회의 모습을 그리고 있다. 대다수 IT 기업들이 미래 세상에 대한 예측 없이 최첨단 제품과 기술개발에 몰입해 있는 모습과 비교된다.

인텔은 미래 컴퓨터, 인터넷 모바일 기술의 발전 방향 및 인간과의 소통 방식 등을 연구하기 위해 '상호작용 및 경험' 연구소를 운영하고 있다. 연구소는 2020년까지 '컴퓨터와 경험방식을 재창조 하자'는 목표를 실현하기 위해 사회적통찰, 경험디자인, 이머징 기술, 미래전망 등을 연구 대상으로 하고 있다. 연구소장인 벨 박사는 IT 기술과 직접적인 관련이 없는 문화인류학 전공자다. 연구팀에는 엔지니어, 소프트웨어전문가, 하드웨어 전문가 뿐만 아니라 디자이너, 인류학자, 심리학자, SF 소설 작가까지 다양한 인문학 분야의 전문 인력이 소속돼 있다. 연구분야만 놓고 보면 IT 기업의 산하 연구소라고 보기 어려울 정도다.

야후도 심리학, 문화인류학 등 인문학자들이 주축인 팀을 구성해 네티즌들이 어떤 광고에 반응하고 클릭하는지를 연구하고 있다. IBM도 미래 전망을 위해 자연과학자, 공학자 이외에도 인문학자들이 포함된 전담부서를 운영하고 있다. 이들 기업 모두 미래 IT 세상의 모습을 그리기 위해 인문학 전문가를 적극 활용하고 있는 셈이다.

제네비브 벨 박사는 "인문학은 새로운 생각의 촉매제로 작용해 사회의 발전에 엄청난 기회를 제공할 수 있다는 점 때문에 첨단 기술로 무장한 IT 기업들이 인문학을 접목하려는 시도가 증가하고 있다"며 "이런 현상은 앞으로도 지속될 것"이라고 강조했다.

자료원: 조선비즈, 2011.8, 일부수정.

## 4. 소비자 니즈 개발 조사유형

소비자의 니즈를 개발하는 조사유형은 크게 나누어 보면 정성적 방법, 정량적 방법, 구조적 방법, 자연주의 기법 등 크게 4가지가 있다.

첫째, 정성적 방법은 소비자의 니즈를 직접적으로 도출하는데 가장 유용한 방법으로 소비자와 직접 대면하면서 심층적으로 인터뷰하는 심층면접법(In-depth Interview)이 있다. 또한 관심 있는 특정 소비자를 대상으로 3~8그룹을(1개 그룹에는 보통 7~8명의 소비자로 구성됨) 대상으로 심층적으로 소비자를 파악하는 표적집단 심층면접법(FGI; focus group interview)을 이용하기도 한다.

둘째, 정량적 방법을 이용하기도 하는데 이 방법은 사전에 질문지를 작성한 다음 소비자에게 질문하는 1:1 개별방문 면접이나 인터넷 조사, 전화조사 등의 방법을 활용한다.

셋째, 구조적 방법으로 대표적인 기법을 간략히 소개하면 다음과 같다.

⊙ Kelly(1995)의 레퍼터리 그리드기법(repertory grid technique)은 소비자에게 머리속에 떠오르는 제품을 순서대로 3개를 상기하도록 한 후 유사한 2개 브랜드를 고르게 하고 이들 제품이 어떤 점에서 유사한 지를 말하도록 한다. 이후 다시 서로 다른 2개 제품을 고르게 한 후 어떤 점이 다른 지

를 말하게 하는 기법이다.
- 에코기법(echo technique)은 소비자가 고려하는 제품에 관하여 좋은 점, 나쁜 점, 유용한 점 등에 대해 더 이상 응답이 나오지 않을 때까지 질문하는 방법이다.
- 수단목표분석(means-ends analysis)은 소비자들이 말하는 니즈 보다 더 선행하는 니즈가 무엇인지를 파악하는 방법으로 니즈구조를 파악한다.
- 노박션(Novation)의 니즈구조(needs structure)법은 해당 카테고리내의 고려상표군(evoked brand set)을 추출한 후, 이들 제품 관련 속성들을 개발하여 소비자가 평가하게 한 다음, 요인분석을 통해 니즈의 종류와 중요도를 파악하는 방법이다.
- 소비자의 구두진술(verbal protocol)을 사용하는 방법은 Think Aloude(소리내어 생각하기)라는 심리치료 기법의 일종과 유사한 방법으로 소비자가 제품을 구매하거나 사용하는 과정에서 머리속에 떠오르는 것을 전부 크게 말하도록 한 후, 이를 분류하고 분석하여 소비자 니즈를 찾아내는 방법이다.
- AL(active listening)법은 소비자의 의견을 경청하면서 연관 질문을 반복적으로 이어나가면서 인터뷰를 하는 방법이다.

넷째, 자연주의적 탐구(Naturalistic Inquiry)법은 소비자를 심층적으로 이해하는데 적합한 조사 및 분석 방법이다. 소비자의 경험적 측면을 이해하기 위해서는 소비자가 제품을 소비하는 현장에서 직접 소비자를 관찰하고 면접하는 것이 가장 바람직한 방법일 것이다. 특히 소비문화, 소비욕구, 소비의 상징성, 소비 행위의 내재적 동기 등과 관련해서는 조사자의 지속적 참여와 반복적 관찰을 요하는 자연주의적 탐구가 유용하다고 할 수 있다.

# 5. 소비자 니즈 개발을 위한 2가지 방법

소비자 니즈 개발은 카테고리 특성에 따라 접근방법을 달리할 필요가 있다. 니즈개발법은 크게 2가지로 나눌 수 있는데, 탐색적 니즈(Exploratory Needs) 개발법과 확인적 니즈(Confirmatory Needs) 개발법이 그것이다.

탐색적 니즈 개발법은 일반적으로 많이 사용되는 방법으로, 소비자를 대상으로 소비자조사를 통해 만족점이나 불만족점, 추가하면 좋은 점 등을 파악하는 방식이다. 이 방법은 소비자의 상품 지식수준이 비교적 높고 기술지향성이 낮은 식품, 생활용품, 의류, 화장품 등의 카테고리의 경우에 적합하다. 특히 해당 카테고리에서 이노베이터나 얼리어답터의 경우 전문가 수준의 상품 지식수준을 가지고 있는 경우가 많아서 차별화된 니즈를 개발하기가 용이하다.

확인적 니즈 개발법은 앞서의 '아이폰3' 사례처럼 잘 알려지지 않은 제품, 기술 등을 사전에 파악하여 소비자 용어로 변환한 다음 이를 소비자에게 확인하는 방식으로 소비자 니즈를 개발하는 방법이다. 산업재나 IT분야 등 소비자 상품 지식수준이 낮고 기술지향성이 높은 카테고리의 경우에 적합하다. 이들 분야에서는 기술의 발전이 매우 빠르고, 소비자의 상품 지식수준이 상대적으로 낮아서 일반적인 방식의 소비자 조사를 통해서는 매력니즈를 파악하는데 한계가 있기 때문이다. 또한 차별화된 소비자 니즈를 개발하더라도 현재의 기술로 해결이 안되거나 너무 많은 규모의 R&D나 생산설비 투자가 수반된다면 상품화로 연결되는데 한계가 있기 마련이다.

〈그림 3-4〉 니즈 개발을 위한 2가지 접근방법

- 니즈 개발법
  - 탐색적 니즈개발 (EN법) — 소비자 상품 지식수준 높고 기술지향성이 낮은 카테고리에 적합
  - 확인적 니즈개발 (CN법) — 소비자 상품 지식수준 낮고 기술지향성이 높은 카테고리에 적합

### 탐색적 니즈 개발 방법

매력니즈를 개발하기 위해서는 앞서 언급한 FGI나 심층인터뷰, 자연주의 기법 등 다양한 방법들이 있다. 그러나 이들 방법은 하나의 자료를 수집하는 방법론일 뿐이며, 성공적인 결과를 도출하기 위해서는 어떤 모델을 가지고 접근하느냐가 훨씬 중요하다. 저자가 소개하는 MPTV(Minus-Plus-Trends-Value)법은 매력니즈를 개발하기 위해 인터뷰 대상자를 360도 관점에서 인터뷰하므로써 아주 작은 실마리도 놓치지 않으면서 많은 미충족 니즈(unmet needs)를 이끌어 내는데 유용한 방법이다. 이러한 방법을 사용하게 되면 한번에 최소 수백가지의 니즈를 발굴하게 된다. 이를 다시

중요도와 충족도로 분리하여 최종적으로 중요하면서도 카테고리 내에서 미충족된 매력적인 니즈를 발굴하게 된다.

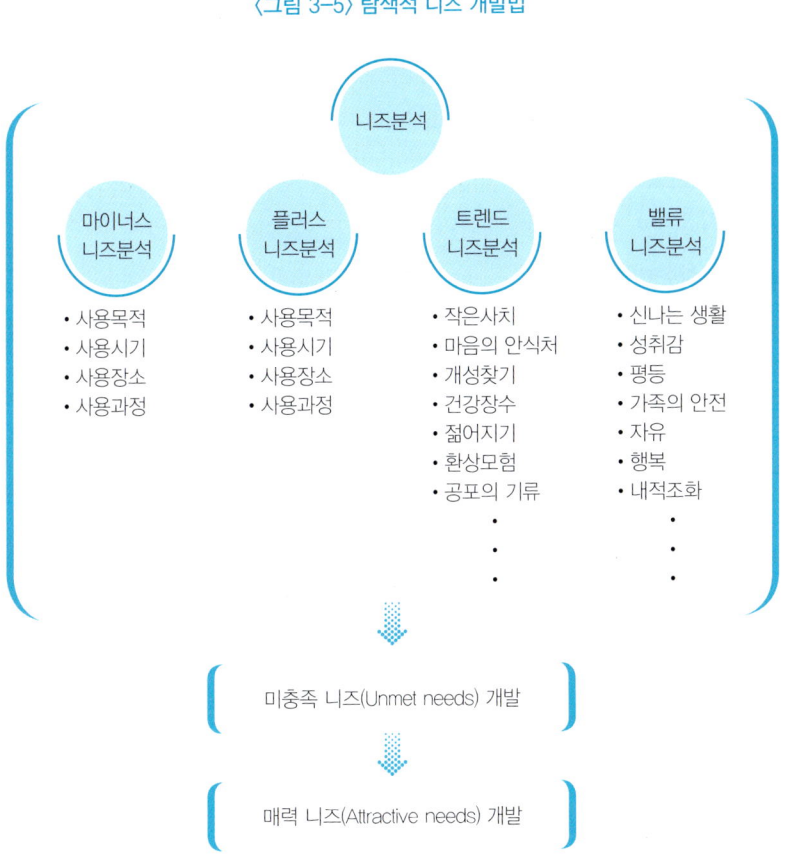

〈그림 3-5〉 탐색적 니즈 개발법

1) 마이너스 니즈 분석법

소비자에게 신상품 개발을 위한 아이디어를 얻기 위해서는 어떤 실마리를 제공해야 한다. 막연한 방법으로 아이디어를 얻으려고 하면 소비자도 좋은 아이디어를 내기가 매우 어렵다. 마이너스 니즈

분석은 고객이 현재 사용하는 제품이나 카테고리에서 느끼는 불만점이나 부족하다고 느끼는 점을 집중적으로 파악하는 방법이다. 일반 소비자 중 창의적이고 이노베이터 성향의 소비자를 대상으로 현 사용 제품에 불만족하여 니즈를 충족하기 보다는 오히려 반감하는 마이너스 니즈를 파악한 후, 이를 해결하려는 방식을 통해 니즈를 개발하는 방법이다. 이는 액티브 리스닝(AL : active listening) 기법을 적절히 활용하므로써 더 확실하게 파악할 수 있다. AL기법은 적극적 경청 또는 반복기법이라고 하는 방법으로 응답자가 이야기하는 것을 반복적으로 확인해 가면서 질문을 추가해 나가는 방법이다. 아파트에서 화재시 불길의 확산을 방지하는 방염유리에 대해 AL기법을 활용하여 니즈를 개발하는 방법에 대해 알아보자.

질문자: 현재 화재시 열에도 잘 터지지 않아 화재의 확산방지와 안전에 도움이 된다는 방염유리를 사용하고 계신데 그 제품에 대해 만족하십니까?

소비자: 지난번 뉴스에서 보았는데, 방염유리가 가격만 비싸고 실제 화재시에는 별 도움이 되지 않는 규격미달 제품이 많다고 합니다. 그래서 우리집 방염유리도 그런 제품이 아닌가 하고 걱정이 됩니다.

질문자: 구체적으로 어떤 점이 좋지 않은 것 같으세요?

소비자: 화재시 얼마나 견딜 수 있는 것인지, 유리 두께나 강도 등은 어떤 수준인 것인지가 궁금해요.

질문자: 그러면 그런 성능과 관련하여 시공업체에 문의는 해보셨어요?

소비자: 시공업체에서는 고기능의 제품을 썼으니 걱정말라고 하지

**질문자:** 만, 여전히 찜찜해요.
**질문자:** 그러면 어떤 점이 어떻게 개선이 되면 신뢰할 수 있다고 생각하세요?
**소비자:** 방염유리 제품에는 어떤 규정이 있고, 우리 제품은 어떤 수준이다라는 것이 수치나 표시 등으로 누구나 확인이 가능하면 좋겠어요.
**질문자:** 그러면 다른 제품에는 그런 표식 같은 것이 없나요?
**소비자:** 새로 이사할 아파트에도 방염유리를 사용하려고 하는데, 알아보니 특별히 믿음이 갈만한 정보나 표시가 있는 제품은 없었어요.
**질문자:** 그러면 방염기능에 신뢰가 갈만한 내용과 표식이 방염유리 제품 어딘가에 있기를 원하신다는 것이죠?
**소비자:** 예 그런 설명문이나 표식이 있으면 안심하고 구매할 수 있을 것 같아요.

이와 같이 AL기법은 소비자니즈 분석에 핵심적인 기법이면서 마이너스 니즈분석은 물론 플러스 니즈분석, 트렌드 니즈분석, 밸류 니즈분석 모두에 활용할 수 있는 기법이다.

이러한 AL기법을 응용하여 기존 제품에 대한 불만족한 점들을 도출하고 이를 개선하여 새로운 니즈를 도출하는 '마이너스 니즈분석' 과정이 다음 〈표 3-1〉에 제시되어 있다. 먼저 마이너스 니즈분석에 필요한 4개의 코드관련 질문(Why; 이용목적, When; 이용시기, Where; 이용장소, How; 이용과정) 중 이용목적에 대해 질문을 시작한다.

〈표 3-2〉 AL기법과 마이너스 니즈분석을 통한 미충족니즈 도출과정

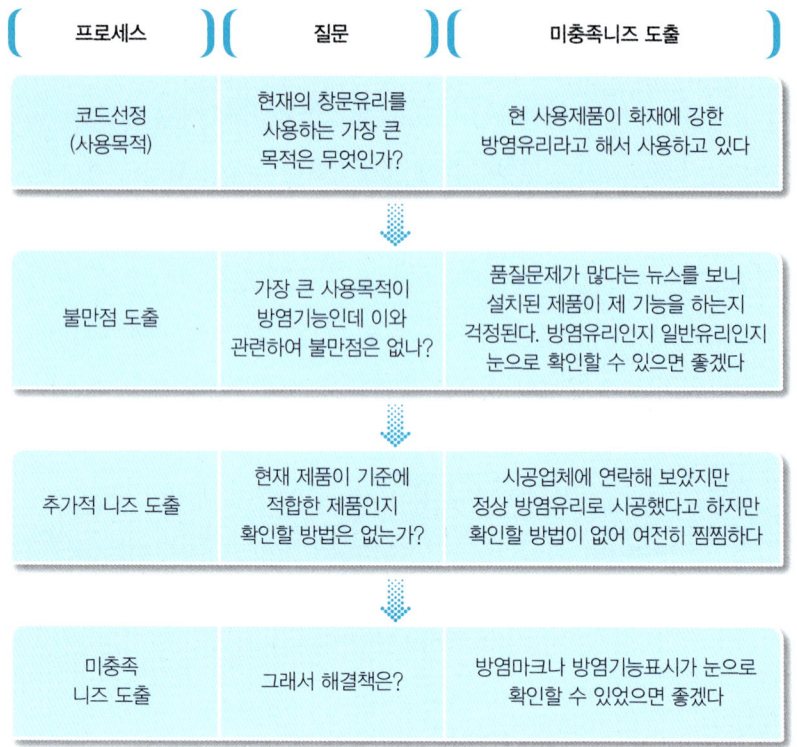

첫째, 현재 제품을 이용하는 가장 큰 목적이 무엇인지를 파악한다. 둘째, 가장 큰 사용목적인 방염유리 기능과 관련하여 불만점은 없는지 질문한다. 본 가상 사례에서는 품질에 확신이 없고, 품질을 확인할수도 없어 불만점이 있는 것으로 나타났다. 셋째, 해결되지 않은 추가적 니즈가 있는지를 확인한다. 이때 다른 제품이나 응답자 스스로 해결할 방법이 있다면 추가적 니즈라고 할 수 없다. 넷째, 추가적 니즈이면서 현재 다른 제품이나 응답자 스스로 해결할 방법이 없을 경우 미충족 니즈가 도출되는 것이다. 이렇게 1~4

까지의 프로세스를 다른 사용목적에 대해서 '사용시기 → 사용장소 → 사용과정'에 대해서 차례로 인터뷰를 반복하면 수십개의 미충족 니즈를 도출할 수 있게 된다.

### 2) 플러스 니즈 분석법

플러스니즈 분석도 마이너스니즈 분석법과 거의 유사하지만 현재 느끼는 효익에 대해 파악하고 그와 유사한 효익은 추가로 더 없는지에 대해 분석하는 방법이다. 이에 대한 분석과정은 다음과 같다.

〈표 3-3〉 AL기법과 플러스 니즈분석을 통한 미충족니즈 도출과정

| 프로세스 | 질문 | 미충족니즈 도출 |
|---|---|---|
| 코드선정 (사용목적) | 현재의 나무마루를 사용하는 가장 큰 목적은 무엇인가? | 나무마루로 자연의 느낌을 즐기기 위해서 사용한다 |
| 추가희망 | 가장 큰 사용목적인 자연느낌에 추가로 더 원하는 기능은? | 자연느낌이 나서 좋기는 한데 밤에 무엇을 떨어뜨리거나 아이들이 뛰면 소리가 커서 신경이 쓰인다 |
| 추가적 니즈 도출 | 그래서 어떻게 대처하는가? | 조심하거나 아이들이 밤에는 살살다니게 하고 있는데 나와 아이들 모두 스테레스를 받고 있다. 시중에서 이런 기능을 가진 다른 제품을 구할 수도 없다 |
| 미충족 니즈 도출 | 그래서 해결책은? | 밤에 아이들이 뛰어도 소음을 막아주는 나무마루 제품이 있었으면 좋겠다. |

### 3) 트렌드 니즈 분석법

기존 단어들을 활용한 니즈발굴은 개선과 관련되는 경우가 많지만 미래 단어를 활용한 니즈발굴은 혁신과 관련이 많다. 대표적인 미래 단어를 트렌드 코드라고 할 수 있는데 이러한 트렌드와 관련된 단어(trend code)를 활용한 니즈분석법이 바로 트렌드 분석법이다.

일반적인 인터뷰나 조사 기법으로는 밝혀내기 어렵지만 일단 밝혀내면 새로운 카테고리나 기존 카테고리 내에서 획기적인 신상품으로 이어질 가능성이 매우 높은 매력니즈는 이러한 트렌드 코드나 미래 단어를 찾아내고 활용할 때 성공적이고 획기적인 신상품 개발로 이어질 확률이 높아진다.

그러나 트렌드 코드를 찾아내고 이를 적용하는 것은 매우 어려운 일이다. 특히 트렌드는 비교적 쉽게 예측을 한다 해도 이러한 트렌드가 언제 올 것인지, 트렌드에 맞추어 신상품을 언제 개발하고 출시해야 하는지 타이밍을 맞추는 것은 매우 어려운 일이다. 예를 들어 일본의 소비 트렌드는 우리나라 보다 약 10~15년 정도 앞서있다고 한다. 즉 일본의 건강장수관련 소비행태, HMR(home meal replacement) 식품, 애완용품, 냉동식품 등의 소비는 이미 일본에서는 노령화, 핵가족화 추세가 두드러지던 1990년대부터 시작된 소비트렌드이다. 따라서 선진국의 현재의 트렌드 코드 보다는 과거의 트렌드 코드 중에서 현재 우리나라에 적용가능한 트렌드 코드를 찾아내는 것도 하나의 방법이다. 트렌드 니즈 분석은 잠재적 니즈 개발에 있어 가장 핵심적인 분석방법이다. 왜냐하면 플러스 니즈 분석이나 마이너스 니즈 분석은 기존에 사용하거나 구매 고려군에 속해 있는 제품들에 대해 추가적인 혜택이나 불만족점을 개선하므로써 주로 리뉴얼 신상품 개발에 유용한 반면, 트렌드 분석기법은 미래의 예측된 트렌드에 기반하여 매력니즈를 개발하는 것이므로 주로 새로운 카테고리나 좀 더 획기적인 신상품과 관련된 아이디어가 나올 가능성이 높기 때문이다.

### (1) 트렌드 코드

트렌드 니즈를 분석하기 위해서는 우선 카테고리에 가장 적합한 트렌드 코드를 찾아야 한다. 트렌드 코드는 직접 개발할 수도 있고, 기존에 공개된 트렌드 코드 중에서 골라도 된다.

기존 트렌드 코드는 '트렌드 코리아 2011' 등의 책자에 실린 내용이나 브레인리저브사의 '트렌드 100' 등과 같이 과거에 발표된 트렌드 코드를 활용하는 방법이 있다.

다음은 2011년 한국의 10가지 트렌드이다.

### 신상품 인사이트

## 2011년 소비 트렌드, 두 마리, 모순된 토끼를 잡아라

Tiny Makes Big(작은 차이가 큰 변화를 만든다)
"신(神)은 디테일 속에 있다"는 건축가 미즈 반 데 로어의 말처럼 2011년 대한민국 트렌드의 흐름을 결정할 가장 중요한 요소로 '작은 차이'에 주목하고자 한다. 새삼스럽게 디테일의 중요성을 강조하는 것은, 사회 전체를 아우르는 거대한 대세보다는 작고 미세한 흐름이 2011년 한 해를 구성해 갈 것이라고 보이기 때문이다.
기술이 평준화되고 생산 경쟁이 매우 치열해지면서, 작은 '차별화 요소'가 더욱 중요해졌다. 더구나 오늘날의 소비자들은 소비의 이해력(consumer literacy)도 높고, 다양한 사회적 매체를 통해 정보를 서로 공유하고 있기 때문에 그 어느 때보다도 까다롭다. 이제는 사소한 것까지 신경을 쓴 총체적인 서비스와 솔루션이 중요해질 것이다.
수직적으로 성능을 향상시키는 업그레이드 뿐만 아니라, 주변적이고 사소한 요소를 바꾸어 약간 다른 상품을 출시하는 '옆' 그레이드 현상이 중요해진다. 중후장대(重厚長大)한 사업에서도 사용자 친화적이고 직관적인 디자인의 역할이 강해지며, 산업마다 작은 니치(niche · 틈새)의 메인(main)화 현상이 가속화될 것으로 보인다. 이제 시장 전반에 고객의 사소한 불편도 놓치지 않는 '감동 경영'이 핵심 요소로 등장할 전망이다.

Weather ever Products(변하는 날씨, 변하는 시장)
기상 이변은 이제 예상하지 못한 '이변'이 아니라 정례화된 일상이 되고 있다. 단순히 지구 온난화(global warming)가 아니라 전 지구적 이상 기후(global weirding)의 양상마저 보인다. 이처럼 변덕스러운 날씨 변화에 얼마나 정확하고 신속하게 대응하느냐가 경영의 매우 중요한 요소가 될 것이다.
날씨에 즉각적인 영향을 받는 계절상품이나 의류 뿐만 아니라 다양한 상품군에서 날씨 관련 마케팅이 선보일 것으로 전망된다. 급변하는 날씨와 소비자의 취향을 반영할 수 있는 '반응 생산 시스템(Quick Response System)'의 개념이 시장 전반에 확산될 것으로 보인다. 특화된 날씨 정보 사업이 주목받고, 기후 변화로 인한 위험 요인을 회피할 수 있는 날씨 관련 보험이나 파생상품이 발달할 것이다.

### Open and Hide(개방하되 감춰라)

모든 것을 개방하고 공유하는 '텔올 제너레이션(Tell-all Generation)'의 시대가 왔다. 자신의 일상을 소셜미디어에 거리낌 없이 올리는 사람들을 '미포머(meformer)'라고 하는데, 이제 많은 사람들은 이전에는 감추고 드러내기를 원하지 않았던 사적인 일상까지 소셜미디어를 통해 활발하게 개방한다.

개방화의 추세는 산업계에도 불고 있다. 산업 간 경계가 허물어지면서 '프레너미(frenemy)' 현상이 일반화된다. 프레너미는 친구(friend)와 적(enemy)의 합성어로서 기업 간 협력과 적대 관계가 동시다발적으로 일어나는 현상을 잘 보여준다. 기업 간 협력이 확산되며, 산업의 융·복합화와 개방화가 가속화될 것으로 보인다.

반면 '정보 전염병(infodemics)'에 대한 염려도 함께 커질 것이다. 개방화의 흐름 속에서 정보 보안의 강화, 진실된 정보에의 갈증, 정보 윤리의 문제가 큰 사회 문제로 대두할 것으로 전망된다.

### Real Virtuality(실재 같은 가상, 가상 같은 실재)

가상이 현실의 경계를 넘어오고 있다. 3D, 4D, 증강현실 등 현실 재현 기술의 비약적인 발전에 힘입어 이제 현실이 가상적으로 느껴질 만큼 현실의 가상적 모사는 더욱 현실적이 된다. 스마트폰이나 태블릿 PC를 통해 이용 가능한 증강현실 서비스가 크게 증가하는 것은 물론, 패션이나 화장 등의 영역에서 자신을 시뮬레이션하는 것도 확산된다. 또한 소비자의 지각 능력과 정보력이 크게 향상되면서 인터넷 쇼핑은 '소셜 쇼핑'으로 진화할 것으로 보인다.

나아가 가상과 현실의 경계가 흐려지며, 현실 세계에 가상공간의 논리와 스타일이 덧대어진다. 대표적인 사례로 온라인의 미션 해결형 게임의 스타일과 논리가 적용된 TV의 리얼 버라이어티 예능 프로그램을 들 수 있다.

### Ad-hoc Economy(즉석경제의 시대)

경제와 트렌드 변화의 주기가 빨라지고 미래의 예측이 불가능해지면서 현재 지향적이고 즉각적인 소비 가치가 확산되고 있다. 이른바 '즉석경제'의 시대가 도래한 것이다. 불확실하고 불투명한 미래의 모습보다는 현실에 충실하고 당장에 집중하는 이른바 '카르페 디엠(Carpe Diem · 오늘을 잡아라)' 증후군을 보이는 임시(ad-hoc) 세대가 등장한다. 이들은 찰나족이라고 부를 만큼 순간에 강하고, 싫증도 쉽게 낸다.

임시 세대의 등장은 산업에도 많은 영향을 미친다. 제품의 순환 주기가 빨라지고 상품의 희소성과 한정성이 중요해진다. 마케팅의 추세도 점점 더 특별하고, 한정적이고, 즉흥적인 방향으로 바뀔 것이다. 즉석경제 시대에 적응하기 위해 '순간 경쟁력'이 중요해지고 있는 것이다.

### Busy Break(바쁜 여가)

"백수가 과로사했다"는 우스갯소리가 있다. 이제 한국의 여가는 양적으로 늘어났을 뿐만 아니라, 질적으로도 이전과는 다른 성숙의 변곡점을 지나고 있는 것으로 보인다. 소비자들은 단지 편안히 휴식하는 여가가 아니라, 자신의 역량과 경력을 더 높이기 위해 바쁜 여가를 준비한다. 이제 휴가 계획은 자격증 취득, 해외 연수, 성형, 자원 봉사 등보다 진화한 목적을 담게 된 것이다. 여유를 찾으면서도 동시에 시간을 의미있게 사용하려는 현대인들의 일상적 태도가 휴식에도 전이된 결과다.

### By Inspert, By Expert(직접 하거나, 전문가 맡기거나)

2011년에는 스스로 만들고 창조하며 능동적인 활동을 하는 DIY(Do-It-Yourself) 소비와 전문적이고 고급스러운 서비스를 누리려는 DIP(Do-

It-Professional) 소비가 동시에 늘어날 것으로 보인다.

먼저 DIY의 측면에서 소비자들은 도시에서도 텃밭을 가꾸어 자기가 먹을 채소를 직접 재배하거나, 스스로 스마트폰 애플리케이션을 만들어 내기도 하며, 능동적으로 '소셜 커머스(소셜 미디어와 온라인 미디어를 활용하는 전자상거래의 일종)'에 참여하기도 한다. 나아가 DIP에 대한 수요도 늘고 있다. 특히 미용·금융·건강 등 여러 서비스 영역에서 소비자의 모든 문제를 처음부터 끝까지 해결해주는 '토털 솔루션 서비스'가 주목된다. 이러한 소비 트렌드가 확산되는 이유는 현대의 소비자들이 점점 더 양가적인(ambivalent) 소비가치를 갖기 때문이다. 다시 말해서 과거처럼 가격에 대해 정규분포를 이루도록 소비를 하는 것이 아니라, 아주 극단적으로 저렴하게 스스로 하거나, 아주 비싸더라도 전문가에게 확실한 문제 해결을 기대하기 때문이라는 것이다.

Ironic Identity(내 안엔 내가 너무도 많아)

이제 소비자들은 성별·나이·개성에 따라 규정된 전통적인 스타일을 고집하지 않고, 상황과 기분에 따라 전혀 다른 사람처럼 변모한다. 소비를 할 때에는 마치 지킬과 하이드 같은 다중인격자로 변하는 것이다.

여성들 사이에 남성적인 밀리터리룩이 유행을 하고, 남성에게 미용패션 전문잡지의 스타일링 소재들이 히트하듯이, 성별이 뒤바뀐다. 삶의 방식도 모바일 오피스를 구현해야 할 만큼 바빠지면서도, 동시에 느린 삶의 모토가 사회적 트렌드가 된다. 장·노년층들도 자신의 인식 연령을 매우 젊게 가져가면서, 나이를 잊은 소비 행태를 보여준다.

이처럼 다중인격적 소비가 일반화되는 것은 현대의 소비자들이 마치 연극배우처럼 자기의 정체성을 다양하게 인식하기 때문이다. 따라서 소비자를 전통적인 인구학적 기준으로 분류하고 거기에 의거해 마케팅 활동을 펼치는 일은 더 이상 유효하지 않을지 모른다.

Tell Me, Celeb(스타에게 길을 묻다)

유명인을 따라하려는 사람들이 많아지고 있다. 대중문화계의 스타나 사회적 유명인(celebrity)의 영향력이 갈수록 커지면서 '셀렙 경제(celeb-economy)'라고 부를 만한 트렌드가 형성될 것이다. 스타나 유명인은 이제 먼 발치에서 바라만 봐야 하는 하늘의 별이 아니라, 라이프스타일의 새로운 기준을 보여주는 친구이자 삶의 모델이다.

SNS와 같은 개인 미디어의 발달로 유명인의 일거수일투족이 공개되고 사람들은 자신의 삶 위에 그들의 삶을 자연스레 중첩시킬 수 있게 됐다. 1990년대부터 시작된 1세대 아이돌(idol) 문화를 접하고 살아온 젊은 세대는 이제 트렌드 형성의 중추로 자라났다. 스타와 자신을 동일시하는 것이 낯설지 않은 세대인 것이다.

Searching for Trust(신뢰를 찾아서)
실로 불신(不信)의 시대다. 이제 소비자의 신뢰를 차지하는 자가 시장을 갖게 될 것이다. 소셜 미디어의 폭발적인 성장과 함께 대중은 검증되지 않은 정보들의 무분별한 확산을 한편에선 조장하면서, 다른 한편에선 음모론과 과장에 공포심을 느낀다. 실생활에서도 위생과 안전에 대한 소비자들의 불안이 그 어느 때보다도 커지면서 신뢰에 대한 요구를 더욱 키운다. 개인 경비 등 안전 관련 산업이 각광받고, 건강·위생·항균 관련 상품이 더욱 인기를 끌 것이다. 스트레스 완화 관련 시장도 성장할 것이다.

자료원: 트렌드 코리아, 2011.

이처럼 기사화된 자료 외에도 기존 자료에서 트렌드 코드를 찾는 방법도 있다. 예를 들어 브레인리저브사의 대표 페이스팝콘(http://www.faithpopcorn.com/)의 '클릭 이브속으로', '클릭 미래속으로', '미래 생활 사전' 등의 책을 보면 미래 트렌드에 대해 예측하고 있다. 특히 '미래 생활 사전'에는 약 1,200개의 트렌드 코드를 예측하고 있다. 이러한 트렌드 코드 중에서 관심있는 산업분야나 신상품의 대략적인 개발방향을 정한 후 트렌드 코드를 추출하여 사용하여도 된다.

'클릭 미래속으로'라는 책의 트렌드 코드를 일부 살펴보면 다음과 같다.

〈표 3-4〉 트렌드 코드

| 트렌드 코드 | 내용 |
|---|---|
| Cocooning | 누에고치처럼 보호막 안으로 칩거하려는 현상으로, 사람들은 위험하고 예측할 수 없는 외부의 현실 세계로부터 자신을 보호하기 위해서, 안전하고 포근한 가정같은 환경속으로 파고든다 |
| 유유상종 (clanning) | 사람들은 가치관과 신념이 같거나, 관심사가 일치하는 이들과 어울려 안락함과 든든함을 느끼고 싶어한다 |
| 환상모험 (Fantasy Adventure) | 사람들은 스트레스와 무료함으로부터 탈출하기 위해서, 본질적으로 큰 위험성이 없는 모험을 통한 흥분과 자극을 찾는다 |
| 반항적 쾌락 (Pleasure Revenge) | 이러저러한 것이 좋다는 소리를 듣기에 지친 나머지, 반항적인 사람들은 규칙과 규제를 무시한다. 그들은 제멋대로 살며 공공연히 금단의 열매를 즐긴다 |
| 작은 사치 (Small Indulgences) | 바쁘고 스트레스에 짓눌린 사람들은, 손쉬운 만족감을 얻기 위해서 자신의 능력 범위 안에서 사치를 누림으로써 자기 보상을 한다 |
| 마음의 안식처 (Anchoring) | 사람들은 자신의 정신적인 뿌리로 내려가서 과거에 안락했고 소중했으며 정신적 위안을 주었던 것을 통해 미래에 마음의 안정을 누리려 한다 |

| 트렌드 코드 | 내용 |
|---|---|
| 개성찾기<br>(Egonomics) | 몰개성적인 정보화 시대에 소외감을 느낀 사람들은 자신의 개성에 맞춘 제품과 서비스를 찾는다 |
| 여성적 사고<br>(Female Think) | 여성이 생각하고 행동하는 방식이 비즈니스에 큰 영향을 미침에 따라, 마케팅도 계급서열 모델로부터 인간관계 모델로 변하고 있다 |
| 남성해방<br>(Mancipation) | 남성들이 전통적인 역할을 거부하고, 새로 얻은 자유를 만끽하면서 무엇이든지 스스로 원하는 삶을 살고자 한다 |
| 99가지 생활<br>(99 Lives) | 갈수록 바빠지는 생활 속에서 시간의 압박에 대처하기 위해서, 사람들은 일인다역을 수행해야 한다. |
| 행복찾기 변신<br>(Cashing Out) | 스트레스에 지친 사람들은 보다 소박한 생활 속에서 진정한 행복을 찾는다 |
| 건강장수<br>(Being Alive) | 사람들은 건강의 중요성을 깨닫고, 단지 장수하는 것뿐만 아니라 전반적인 삶의 질 향상을 추구한다 |
| 젊어지기<br>(Down-Aging) | 사람들은 천진난만하던 어린 시절을 그리워하며, 성인으로서의 생활에 따르는 치열함을 상쇄시키기 위해 젊음의 상징을 추구한다. |
| 소비자 감시<br>(Vigilante Consumer) | 시장에서 좌절감을 느끼고, 종종 분노에 찬 소비자들은 압력, 항의, 정치를 통하여 시장에 영향을 미친다. 이제 그들을 만만하게 보아서는 안된다 |
| 우상파괴<br>(Icon Toppling) | 회의적으로 되어버린 사람들은 오랜 세월 인정받아 온 기업, 정부, 유명인사, 협회 등 기념비적인 존재들을 언제라도 무너뜨릴 수 있다. |
| SOS<br>(Save Our Society) | 지구의 운명을 걱정하는 사람들은 윤리적, 환경적, 교육적 측면과의 조화를 추구하며 사회적 양심을 보여주는 기업가에게 호응을 보낸다 |
| 공포의 기류<br>(AtmosFear) | 대기오염, 수질오염, 그리고 유해식품 때문에 사람들은 의심과 불안감의 회오리 속으로 쓸려 들어간다. 무엇 하나라도 안전한 것이 있는가? |

자료원: 페이스팝콘, 클릭 미래속으로, 2000.

(2) 트렌드 코드를 활용한 니즈 개발법

상기의 트렌드 코드 중 '공포의 기류'를 한번 살펴 보자. 최근 유럽에서 채소로 인한 원인 모를 바이러스 감염 공포라든지, 온 나라를 들썩이게 한 인플루엔자 공포 등은 발달된 커뮤니케이션으로 인해 소비자들의 소비 행태를 크게 변화시키고 있다. 이러한 '공포의 기류' 트렌드는 신상품 개발에 좋은 개발방향을 제시한다고 볼 수 있다.

예를 들어 떠먹는 요구르트 카테고리에서 '공포의 기류' 코드를 이용하여 매력니즈를 개발한다고 가정해 보자. 이를 위해서는 AL기법을 응용한 AL니즈분석법을 활용할 수 있는데 절차는 '트렌드 코드 선정 → 니즈 도출 → 미충족 니즈 도출 → 미충족 니즈 확인' 순이다.

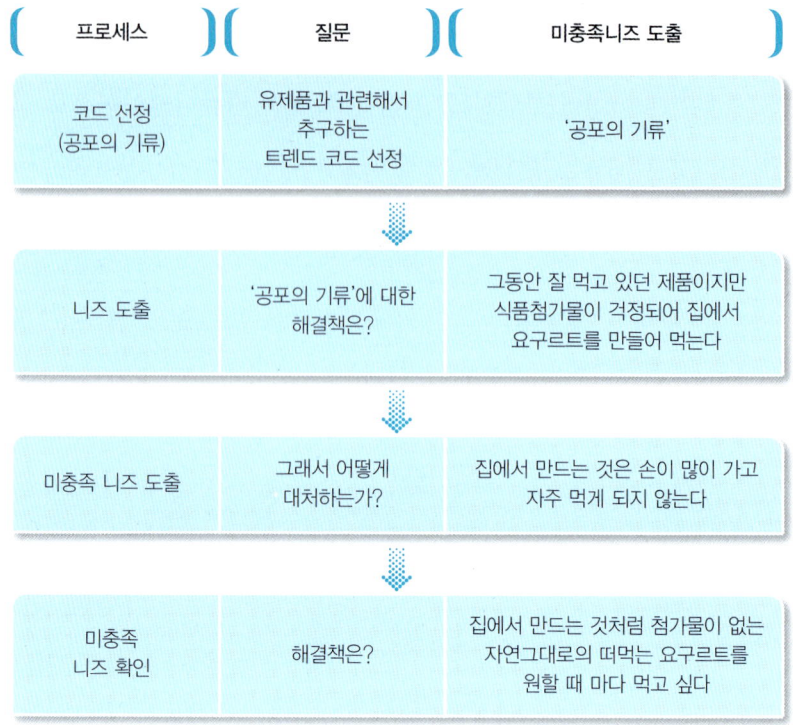

<표 3-5> 트렌드 코드를 활용한 미충족 니즈개발 (떠먹는 요구르트 사례)

〈표 3-4〉에 나타난 바와 같이 관심 카테고리에서 개발하고 싶은 신상품의 방향성을 준다고 판단되는 트렌드 코드를 수집해야 한다. 앞에서 언급한 바와 같이 기존에 출간된 도서, 잡지, 기사, 전문회사를 통해 개발된 트렌드 코드를 수년전의 과거 것을 포함하여 최근의 것까지 수집한 후, 관심 카테고리의 신상품 방향성에 어느 정도 부합되는 코드들로 리스트를 작성한다. 이 때 중요한 것은 신상품 관련 매력니즈의 방향성을 너무 좁게, 또는 너무 치우치게 예단하여 코드 리스트를 만들게 되면 매력니즈의 개발 가능성을 원천

봉쇄 당하는 것과 마찬가지이므로 충분히 넓게 작성하도록 한다. 트렌드 코드 리스트는 주어진 일정에 맞추어 적절한 수를 결정해야 한다. 트렌드 코드 리스트를 작성한 후 이를 바탕으로 트렌드 코드 하나 하나에 대해 4단계의 프로세스를 적용한다.

첫째 단계로, 트렌드 코드를 주제별로 그룹핑한 후 니즈개발 순서를 정하여 첫번째 트렌드 코드를 선정한다. 여기서 선정된 트렌드 코드는 '공포의 기류'이다. 요즘 시대에는 대기오염, 수질오염이 갈수록 증가하고 있으며, 각종 유해식품과 수많은 첨가물이 제품제조에 사용되고 있다. 특히 소비자 고발 프로그램이나 시사프로그램에서 끊임없이 새로운 분야와 익숙해진 제품들에 대해 충격적인 고발을 한다. 이러한 사회상 속에서 소비자들은 정말로 믿고 사용할 수 있는 것은 무엇인가 라고 하는 의구심을 갖기 마련이다. 따라서 이 코드와 관련하여 어떤 소비자의 니즈가 존재할 것이다.

둘째 단계로, 떠먹는 요구르트 소비자로서 '공포의 기류'에 대한 떠먹는 요구르트가 해결해야 할 해결책은 무엇인가를 질문한다. 여기의 가상사례에서는 응답자가 요구르트를 집에서 직접 만들어 먹고 있지만 이를 번거로워 하는 것으로 나타났다.

셋째 단계로, 응답자는 자가제조를 선호하지만 지속할 정도로 편의성을 느끼지 못하므로 결국 자주 만들지 못하게 되고 결과적으로 자주 먹지도 못하게 되었다. 이에 따라 응답자는 집에서 직접 만든 것과 같은 떠먹는 요구르트 상품을 원하지만 현재는 만족스런 상품이 없다고 생각하고 있다.

넷째 단계로, 사례의 응답자의 니즈(집에서 만든것과 같은 떠먹는 요구르트 상품을 구매하고 싶다)는 결국 미충족 니즈(unmet needs)로 남게 된다. 즉, '집에서 만든 떠먹는 요구르트를 먹고 싶다'라는 니즈에 대한 신상품 기회가 존재하는 것이다. 많은 사람들이 이러한 미충족 니즈를 강하게 갖고 있고, 이를 기반으로 신상품을 개발한다면 성공할 가능성이 매우 높게 된다.

〈표 3-6〉 트렌드 코드를 활용한 미충족 니즈개발 (아파트 바닥재 사례)

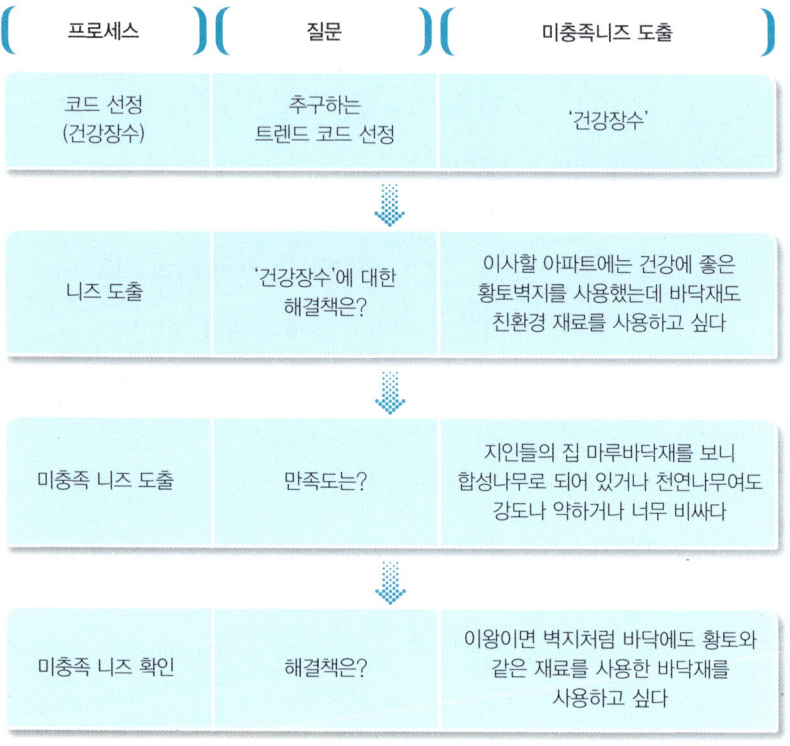

이번 사례는 아파트 바닥재 카테고리에서 응답자가 추구하는 삶의 코드 중의 하나인 '건강장수'를 이루기 위한 미충족 니즈를 도출

하는 과정을 살펴 보자. 미충족 니즈는 황토 재료를 활용한 바닥재를 사용하고 싶은 미충족 니즈가 있는 것으로 나타났다. 앞의 사례와 마찬가지로 응답자가 추구하는 '건강장수' 코드를 추구하기 위해서 아파트 바닥재에는 어떤 미충족 니즈를 가지고 있는지를 분석해본 결과 건강하게 오래살기 위해서는 아파트 실내를 친환경 자재를 사용하여 인테리어를 하기를 원하며, 실제로 벽지는 건강에 좋다는 황토재료가 들어간 황토벽지를 구매하여 사용하고 있다. 바닥재도 이와 마찬가지로 친환경 소재를 활용하고 싶지만 검토하였던 나무마루에는 불만족하여 다른 대안을 찾고 있으며 이왕이면 벽지처럼 바닥재도 황토 재료로 만들어 진 제품을 원하고 있는 것으로 분석되었다. 따라서 이러한 미충족 니즈가 얼마나 미충족되어 있고, 바닥재 카테고리에서 응답자가 추구하는 많은 니즈들 중 얼마나 중요하게 생각하는지가 증명된다면 매력적인 신상품 기회를 도출할 수 있을 것이다.

### 4) 밸류 니즈 분석법

가치(value)는 소비자의 제품을 인지하는 과정이나 구매행동에 강하고 포괄적으로 영향을 미친다. 서로 다른 가치를 갖는 소비자는 자신의 가치 달성을 위해서 동일한 제품을 서로 다른 가치에서 구매할 수도 있다. 이처럼 개인이 설정한 가치는 구매행동의 방향과 강도를 결정한다. 소비자는 자신의 가치를 달성하기 위해 구매행동을 하기 때문에 특정 제품의 소비나 구매가 가치에 반할 경우 이를 회피하기도 한다. 예를 들어 외국산 자동차의 경우 애국에 반한다는 무의식적인 죄책감이 외국산 자동차의 소비를 억제할 수 있다. 그러나 최근 외국산 자동차의 점유율이 5%를 넘자, 이러한 가치가 바뀌면서 외국산 자동차의 소비가 젊은층을 중심으로 크게 늘고 있다. 로키치(Rokeach)는 개인의 가치를 최종가치(terminal value)와 수단적 가치(instrumental value)로 구별하였다. 최종가치는 개인이 인생에서 도달하려고 노력하는 최종 존재상태(end-states of existence)를 나타내며, 수단적 가치는 최종가치에 도달하기 위해서 개인이 선호하는 행동양식이다. 이 중에서 '최종 가치'가 제품의 구매행동과 좀 더 밀접하다고 할 수 있다.

다음은 로키치의 최종적 가치의 구체적 항목들이다.

〈표 3-7〉 Rokeach & Munson, McQuarrie의 가치

| 최종적 가치 |
|---|
| 편안한 생활 |
| 신나는 생활 |
| 성취감 |
| 아름다운 세계 |
| 평등 |
| 가족의 안전 |
| 자유 |
| 행복 |
| 내적조화 |
| 즐거움 |
| 자존 |
| 사회적 인정 |
| 현명 |

밸류 니즈 분석법은 로키치의 밸류와 같은 밸류 코드를 활용하여 미충족 니즈를 도출하는 방법이다. 이에 대한 분석과정은 다음과 같다.

<표 3-8> 밸류 니즈분석을 통한 미충족니즈 도출과정 (치약 사례)

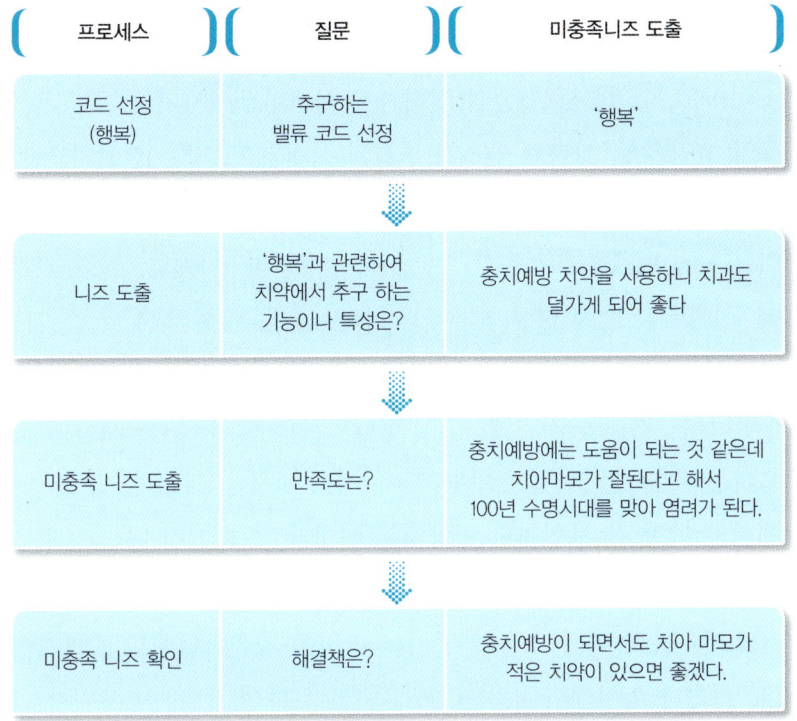

 이상과 같이 현재 사용하는 치약의 충치예방 기능에 만족하고 있지만 '행복'추구라는 코드를 실마리로 인터뷰한 결과 '충치예방+치아 마모방지'라는 미충족 니즈가 존재하는 것으로 나타났다. 이처럼 관심 카테고리와 관련되어 소비자들이 추구하는 밸류 코드를 확보한 다음, 이를 실마리로 삼아 소비자들의 미충족 니즈를 찾는다면 좀 더 근본적이고 다양하게 접근할 수 있을 것이다.

## 확인적 니즈 개발법

### 1) 확인적 니즈란?

아마도 '클라우딩 기술과 실시간 푸시서비스, PC기능, TV기능, 음악, e-book, 고출력 앰프가 결합된 신개념 TV'라는 컨셉의 제품은 일반적인 소비자니즈 조사만으로는 개발하기 어려울 것이다. 그러나 '공중파 TV를 시청할 수 있고, 일정관리, 이메일, 직접 찍거나 구매한 사진, 동영상, 음악의 사용은 물론, 당신의 PC나 스마트폰과 실시간으로 연동시켜주고, 웹서핑 기능 및 고급 하이파이 음향등 모든 기능을 거실에서 TV 하나로 이용할 수 있는 제품이 필요하십니까?, 라고 질문한다면 소비자의 반응은 어떨까? 또는 '안에서는 밖이 잘 보이지만 밖에서는 실내가 잘 보이지 않는 아파트 발코니 창문이 필요하십니까?'라고 질문한다면?

소비자를 통한 니즈를 개발하는 방법은 강력하면서도 효과적이다. 그러나 일반적인 소비자 조사를 통해 당연니즈나 일차원적 니즈는 파악하기가 비교적 용이하지만 매력니즈를 파악하기란 매우 어렵다. 왜냐하면 소비자 니즈를 기반으로 신상품을 개발하는 것도 중요하지만 아이폰이나 3D TV, 전기모터와 가솔린 엔진을 동시에 운용하여 연비를 획기적으로 높인 하이브리드 자동차 등을 소비자 니즈만을 기반으로 신상품 기회를 모색했다면 이러한 상품을 선도적으로 개발하여 출시하기란 매우 어려웠을 것이다.

이와 같이 성공적인 신상품 기회는 소비자 니즈와 함께 R&D에서 시장조사한 자료, 시장에 존재하지만 침투율이 매우 낮은 상품, 신기술 동향, 선진시장에서 도입된 신상품 등을 검토하여 시즈리스트를 만드는 것으로 시작될 수 있다. 일단 시즈리스트가 만들어 지면 이를 다시 소비자의 니즈를 확인하기 용이하도록 변환하는 것이 필요하다. 왜냐 하면 시즈리스트는 흔히 잠재소비자들에게 알려주어도 기술용어나 생경한 용어들 때문에 이해 하기 어려운 경우가 많기 때문이다. 예를 들어 터치스크린 방식의 핸드폰이 나오기 이전에 '정전압 방식의 터치 스크린을 이용한 편리한 조작'이라는 효익은 일반적인 니즈 파악기법으로는 도출하기 어려운 니즈라 할 수 있다. 그러나 소비자에게 이미 시장에서 개발된 기술인 이러한 시즈를 '손으로 화면을 터치하여 쉽게 입력이나 조작이 가능한 스마트폰'이라고 소비자 니즈 언어로 변환한 후, 소비자에게 이를 원하는지 질문한다면 훨씬 용이하게 매력니즈를 파악할 수 있을 것이다.

## 2) 시즈 리스트를 니즈 리스트로 변환

기업내부 정보나 제품관련 아이디어DB, 인텔리전스 정보를 수집한 제품자료를 시즈 리스트로 변환한다. 앞서 예시한 프라이버시 유리에 관한 시즈를 니즈로 변환하는 방법은 다음과 같다.

〈표 3-9〉 시즈를 니즈로 변환

| 시즈(seeds) 리스트 | 니즈(needs) 리스트 |
|---|---|
| switchable privacy glass(SPG)기술은 필요시 창을 투명에서 불투명으로 바꾸어 프라이버시 기능을 수행한다. | 밤에도 우리집 아파트 거실이 맞은편 집에서 들여다 보이지 않았으면 좋겠다. |

먼저 상품화에 관심 있는 시즈인 '프라이버시 유리'의 시즈는 'switchable privacy glass(SPG) 기술은 필요시 창을 투명에서 불투명으로 바꾸어 프라이버시 기능을 수행한다'인데 이를 관심 있는 타겟마켓인 아파트 거실유리창에 접목하고자 니즈로 변환해 본다. 니즈란 타겟마켓의 고객의 욕구를 나타내는 것이므로 '~하고 싶다'라는 형식으로 시즈를 니즈로 바꾸어 준다. 즉, '밤에도 우리집 아파트 거실이 맞은편 집에서 보이지 않았으면 좋겠다'라는 니즈 형식으로 변환한다. 이와 같이 수십에서 수백가지의 시즈리스트를 니즈리스트로 변환하면 최종 확인적 니즈리스트가 완성된다.

### 3) 확인적 니즈의 수집 방법

#### (1) 내부 자료의 활용

시즈리스트를 확보하기 위해 먼저, 관심 있는 사업분야나 카테고리와 관련된 내부정보를 모두 리뷰해 본다. 일반적으로 기업에서는 관심 분야 제품의 신상품 정보, 해외 기술 동향, 경쟁업체 정보, 내부 제품 아이디어 DB(이 자료는 몇년 전 것이라도 상관없다. 왜냐하면 이들 아이디어 중에는 진보적인 아이디어도 많은데 이들은 몇년 후에나 상품화가 가능한 것도 있으므로 몇년 전의 혁신적인 아이디어가 현재는 상용화가 가능한 아이디어일 수도 있다), 고객의 목소리를 통한 각종 제안DB 등이 있다.

#### (2) 마케팅 인텔리전스 정보의 활용

마케팅 인텔리전스(Marketing Intelligence)란 경쟁사와 시장의 전개상황에 대해 공개적으로 수집할 수 있는 정보를 체계적으로 수집하고 분석하는 것이다. 마케팅 인텔리전스의 수집자는 주로 회사 내부사람 즉, 임원진, 연구개발직원, 마케팅담당 직원, 에이전트, 판매사원 등을 통해 정보를 수입할 수 있다. 또한 공급업자나 도매상, 고객을 통해서도 정보를 얻을 수 있다. 또한 P&G사가 유니레버사의 쓰레기통을 뒤져서 정보를 얻었다는 사례도 있는 것처럼, 경쟁사의 거래처나 공개적인 정보의 수집, 특허정보 검토, 경쟁사 직원의 채용을 통해 정보를 입수할 수도 있다. 그밖에 기술정보, 해외에서는 상품화되었으나 국내에는 출시되지 않은 경쟁사 제품정보, 경쟁사 홈페이지 검색, 산업 박람회 참가, 각종 시장정보를 유료로 제공하는 온라인 사이트 (ProQuest, Marketsurvey.com, euromornitor.com, newproduct.com 등)를 통해서도 정보를 수집할 수 있다.

이와 같이 수집된 정보는 앞의 '프라이버시 유리' 처럼 시즈리스트로 만들고 계속해서 니즈리스트로 변환한다.

# 6. 소비자 니즈의 전략적 분류

### 소비자 니즈의 전략적 분류 기준

탐색적 니즈(exploratory needs) 개발법과 확인적 니즈(confirmatory needs) 개발법을 통해 작성된 니즈 리스트에는 보통 타겟 카테고리당 100~300여개의 소비자 니즈가 개발된다.

이러한 니즈 리스트는 종류도 방대하지만 니즈의 수준도 다르고 중복되는 경우도 많게 된다. 따라서 니즈를 전략적 니즈와 전술적 니즈로 구분하여 정리할 필요가 있다.

다음은 창문 카테고리와 관련한 니즈를 전략적 니즈와 전술적 니즈로 분류한 사례이다

〈표 3-10〉 확인적 니즈분석을 활용한 창문 카테고리에서의 소비자 니즈

| 전략적 니즈 | 전술적 니즈 |
| --- | --- |
| 방범 | 창문을 열어둔 채로도 문이 잠겨 외부에서 열 수 없어야 한다. |
| | 외부 소음으로부터 완벽히 차단되어 조용한 환경에서 살고 싶다. |
| | 집안의 소리가 밖으로 새어나가지 말아야 한다. |
| 방충 | 방충망이 시야를 가리거나 외관을 해치지 말아야 한다. |
| | 방충망 없이도 외부의 해충을 차단해주는 기능이 있어야 한다. |
| | 창문을 열어도 벌레가 들어올 수 없어야 한다. |
| | 방충망을 작동하기 편리해야 한다. |
| 사생활 보호 | 안에서는 밖이 보이고, 밖에서는 안이 보이지 않아야 한다. |
| 에너지 효율 | 에너지 효율을 높여 에너지를 절약할 수 있는 재료를 사용해야 한다. |
| | 태양 에너지를 생성하여 전기 에너지를 자체 공급해 줄 수 있어야 한다. |
| 자동 조절 | 날씨 변화에 따라 자동으로 문이 열리고 닫혔으면 좋겠다. |
| | 리모컨으로 언제 어디서건 창문을 조절하고 싶다. |
| | 문을 닫으면 자동으로 잠기는 기능이 있어야 한다. |
| | 음성인식으로 문이 열리고 닫혀야 한다. |
| | 발로도 열 수 있는 장치가 되어 있어야 한다. |

일반적으로는 전략적 니즈와 전술적 니즈로 계층화하는 것으로 충분하지만 엔지니어링 설계 등과 연결하기 위해서는 좀 더 깊이 있게 세분화할 필요도 있다. 다음은 자동차 도어에 대한 소비자 니즈를 전략적, 전술적, 조작적 니즈 등 3단계로 분류한 사례이다.

〈표 3-11〉 자동차 도어에 대한 소비자 니즈의 계층적 구조

| 전략적 니즈<br>(1차 수준) | 전술적 니즈<br>(2차 수준) | 조작적 니즈<br>(3차 수준) |
|---|---|---|
| 훌륭한 조작 및 사용 | 도어를 열고 닫는데 있어서의 용이성 | 외부로부터 닫기 쉬움<br>언덕위에서 열린 채로 유지<br>외부로부터 열기 쉬움<br>도어가 다시 튀어나오지 않음<br>내부로부터 닫기 쉬움<br>내부로부터 열기 쉬움 |
| | 차단성 | 비가 새지 않음<br>도로소음 완전 차단<br>세차 시 물이 새지 않음<br>바람소리 완전 차단<br>문이 열려 있을 때 물이나 눈이 떨어지지 않음<br>덜거덕거리지 않음 |
| | 팔걸이 | 부드럽고 안락함<br>적당한 위치 |
| 훌륭한 외관 | 내부장식 | 색깔이 바래지 않음<br>매력적인 외관 (플라스틱 같지 않은) |
| | 청결성 | 청소가 용이함<br>기름이 새지 않음 |
| | 적합성 | 연결 패널간의 균일한 차이 |

자료원: Urban & Hauser, Design and marketing of new products, 1993.

일반적으로 조작적 니즈는 100~300개가 개발되었다면, 전술적 니즈는 20~30개, 전략적 니즈는 2~8개 정도가 된다.

## 소비자 니즈의 계층적 분류법

### 1) 관리자의 판단법

100개 이상의 소비자 니즈를 분류하는 방법은 관리자의 판단법, 소비자 기준 분류법이 있다. 관리자 판단법은 신상품 개발을 위한 TF팀을 구성하여 하는 것이 좋다. 이 때 TF팀 구성은 마케터, 생산, 영업, R&D, 가능하다면 외부 전문가로 구성하는 것이 좋다. 각각의 구성원은 분류할 소비자 니즈를 기재한 카드를 만들어 무작위로 골라낸 다음, 그 카드와 유사한지 유사하지 않은지를 토론을 통해 결론을 낸다. 팀토론이 지속됨에 따라 새로운 묶음들이 계속 생성이 되고, 이 과정은 모든 소비자 니즈가 분류될 때까지 계속된다. 그런 후, 묶음에 대하여 토론하고, 어떻게 2차 니즈가 1차 니즈와 연계되는지를 고려해 계층을 부여한다. 마지막으로 앞서 설명한 계층적 분류 기준에 따라 전략적 니즈, 전술적 니즈로 분류한다.

### 2) 소비자 분류법

고객이 니즈 리스트를 보고 직접 평가하는 방법으로 니즈를 계층화 할 수도 있다. 이 방법은 매우 간단하다. 각각의 고객에게 소비자 니즈를 기재한 카드 묶음을 주고 서로 유사하다고 여겨지는 카드들을 묶어내도록 한다. 각 고객이 유사하다는 것에 대한 정의를 자기 나름대로 사용하도록 한다. 카드들을 분류한 후에 고객이 각 카드들을 훑어보고, 각 묶음들 중에서 그 묶음을 대표한다고 생각되는 카드를 뽑아낸다. 마지막으로 전략적 니즈와 전술적 니즈로 최종정리한다.

### 3) 계층적 군집분석

그러나 소비자 니즈가 100~300여개가 되면 흩어 보는 정도로는 분류하기가 쉽지 않다. 이러한 경우에는 계층적 군집분석이라는 통계적 기법을 활용하는 것이 좋다.

계층적 군집분석은 각각의 소비자 니즈에서 시작하여, 가장 유사한 두 가지를 합쳐나간다. 이 분석을 위해서는 일반적으로 SPSS라는 통계 패키지를 이용한다. 앞서 동시발생 매트릭스와 같은 사례에 대해 위계적 군집분석을 이용한 가상적 결과가 다음의 그림과 같이 나타났다면, '통화품질', '인터넷 속도'는 '통신품질'이라는 소비자 니즈로, '화면 해상도', '화면의 색감'은 '화면품질'이라는 소비자 니즈로 묶임을 알 수 있다.

〈그림 3-6〉 스마트폰 소비자 니즈의 가상 덴도그램(Dendogram)

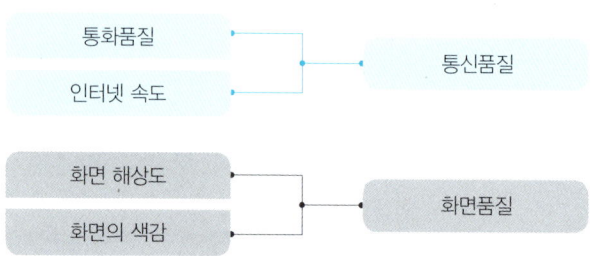

# 7. 매력니즈 도출 노하우

지금까지 미충족 니즈(unmet needs) 개발에 대해 알아보았다. 그러나 수십개의 미충족 니즈를 개발하여도 반드시 미충족도가 강하고 소비자들이 중요하게 생각하는 니즈(매력니즈) 인지 여부를 검증해야 한다. 검증하는 변수는 '니즈 중요도', '니즈 충족도' 등 2가지다.

〈그림 3-7〉 매력니즈 매트릭스

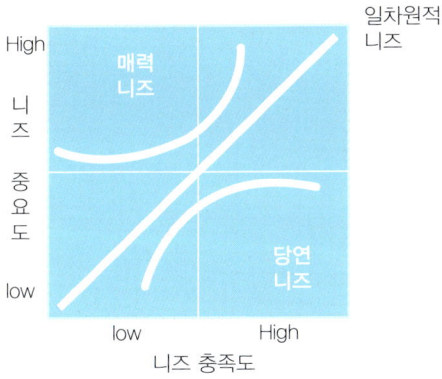

위의 그림은 도출된 니즈 중요도와 니즈 충족도를 이용하여 매력니즈를 도출하는 매력니즈 매트릭스이다. 그림처럼 니즈 중요도가 높으면서 니즈 충족도가 낮은, 영역인 2사분면에 위치한 니즈를 매

력니즈라고 한다. 이 매력니즈는 관심 카테고리 내에서 소비자가 강하게 원하면서도 대체재의 존재가 약한 상태이다. 만약 니즈 중요도가 낮고 충족도가 높은 상태의 니즈라면 당연니즈가 되며, 이를 기반으로 상품화가 된다면, 니치 브랜드나 기존 주요 브랜드의 마이너 리뉴얼 제품 정도의 시장지위를 갖을 가능성이 높아진다.

 니즈 중요도와 니즈 충족도는 일반적으로 5점척도로 측정하거나 소비자 인터뷰나 FGI(Focus Group Interview; 표적집단심층면접) 등을 통해 3점척도 등으로 확인할 수 있다. 특히 미충족 니즈 리스트가 20개 이상이 될 경우에는 3점척도로 간략히 평가하도록 해야 응답자의 응답피로를 줄여서 신뢰성을 확보할 수 있다. 이를 위한 평가시트는 다음과 같이 제시되어 있다.

〈표 3-12〉 매력니즈 도출을 위한 평가시트

| 니즈분석에서 도출된 니즈 | Needs 중요도 | | | Needs 미충족 | | | 매력니즈 여부 |
|---|---|---|---|---|---|---|---|
| | 강 | 중 | 약 | 강 | 중 | 약 | |
| 황토 같은 자연소재의 마루를 사용하고 싶다 | ○ | | | ○ | | | ○ |
| 밤에 아이들이 뛰어도 소리가 나지 않는 마루로 바꾸고 싶다 | ○ | | | | ○ | | ○ |
| ⋮ | | | | | | | |

*매력니즈 판정기준: 니즈 중요도와 니즈 충족도가 모두 최소 중간 이상인 경우에 한정함.

 먼저 니즈분석에서 도출된 니즈를 니즈 중요도와 니즈 충족도로 나누어 평가하도록 한다. 니즈 중요도나 니즈 충족도가 모두가 적어도 중간 이상의 점수를 얻은 경우에 한해 매력니즈로 평가한다. 니즈분석으로 도출되는 니즈리스트는 보통 수백개 정도가 도출되므로 매력니즈 판정기준을 너무 높게 잡으면 지나치게 많은 시간이 소비되며, 너무 적게 잡으면 나머지 검증 단계에서 배제되어 최종적인 신상품 컨셉 도출 기회가 원천 봉쇄될 수도 있기 때문이다. 물론 평가기준은 카테고리와 경쟁상황, 기업내부 상황 등에 따라 어느 정도 달라질 수 있다.

# 8. 매력니즈의 상품화 난이도 검증

매력니즈가 도출되면 다음으로 상품화 난이도를 검토해야 한다. 아무리 시장 가능성이 높은 매력니즈라 하여도 담당 연구진의 사전 검토를 통해 개발 시간과 비용 등을 감안하여 〈그림 3-7〉과 같이 상품화의 난이도가 어느 정도의 강도인지를 사전에 검토할 필요가 있다.

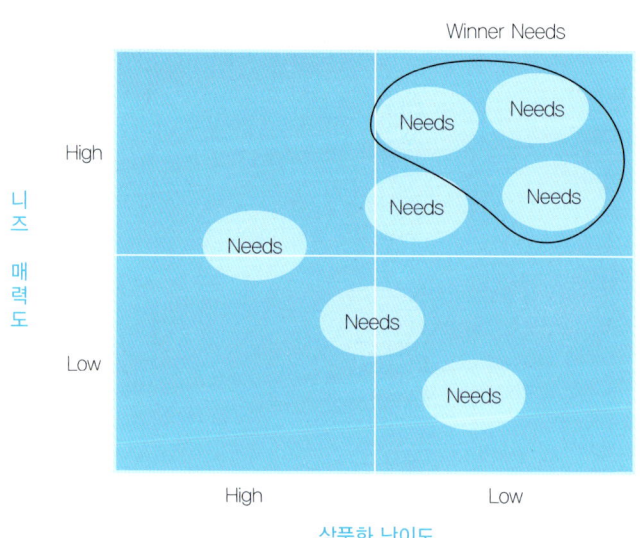

〈그림 3-8〉 상품화 니즈 스크리닝

이처럼 소비자가 원하고 경쟁강도가 약해서 매력적인 신상품 기회로 판단이 된다 하여도 상품화 검토단계에서 공장설비, 연구개발기간, 투자비 등의 문제로 부결되면 그간의 노력이 허사가 되기 때문에 정교한 상품화 검토 이전에 의사결정관련 주요 핵심요원(key man)과 연구진이 대략적으로 사전 검토를 해야 한다. 예를 들어 황토 재료를 이용한 바닥재의 경우 소재관련 연구진에서 미리 대략적으로 검토해 본 결과 황토의 지속적 수급이 어렵다든지, 설비가 국내에서 수급이 불가능하고 해외에서 도입된다 하여도 3년 이상의 시간이 소요된다고 한다면 1~2년 안에는 출시가 불가능하다는 결론이 나온다.

이상과 같이 실제 상품화할 때의 개발난이도를 점검하여, 〈표 3-11〉과 같이 상품화 가능성 평가 시트를 이용하여 평가하여 우선순위를 정한다.

〈표 3-13〉 매력니즈의 상품화 가능성 평가 시트

| 매력니즈 리스트 | 개발기간 | | | 개발비용 | | | 상품화 난이도 |
|---|---|---|---|---|---|---|---|
| | 단기 | 중기 | 장기 | 적음 | 중간 | 많음 | |
| 황토 같은 자연소재의 마루를 사용하고 싶다 | ○ | | | ○ | | | 낮음 |
| 밤에 아이들이 뛰어도 소리가 적은 마루로 바꾸고 싶다 | ○ | | | | ○ | | 낮음 |
| ⋮ | | | | | | | |

*상품화 난이도는 '낮음, 중간, 높음'으로 평가함.

이렇게 매력니즈의 상품화 난이도를 검토해 본 결과, 황토 소재 마루와 저소음 마루는 모두 개발기간은 단기이면서 개발비용도 적을 것으로 평가되어 다음 단계로 진행이 가능하게 되었다.

이들 매력니즈는 제품으로 잘 구현만 될 수 있다면 시장성이 비교적 높은 상품이 될 가능성이 높지만 이 매력니즈를 얼마나 잘 제품으로 구현할 지가 관건이 된다.

# CHAPTER 04

# 매력니즈 실현을 위한 아이디어 개발

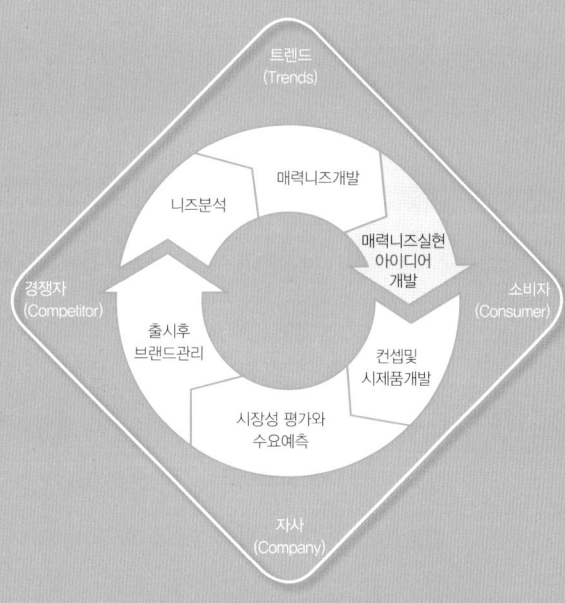

New Product Development Inspired by Consumer Needs

　매력니즈에 부합하는 상품화 방향은 매우 많을 수 있다. 예를 들어 소리가 작은 마루의 경우, 마루를 나무와 흡음소재로 합성하여 만들거나, 마루 자체를 흡음소재로 만들 수도 있으며, 마루패널에 고무소재를 부착하여 소음을 줄일 수도 있을 것이다.
　이렇게 매력니즈를 실현할 수 있는 상품화 기술에 대한 아이디어를 다양하게 도출하는 방법이 바로 '니즈해결 기술 아이디어 도출법'이다. 본 장에서는 이와 관련한 아이디어 개발에 대해 소개한다.

# 1. 창의력과 아이디어 개발

창의력(creativity)은 J.P. Guilford(1950)의 정의에 의하면 '새로운 것을 생성해 내는 확산적 사고'라고 하였다. 창의력의 구성요소는 창의력의 4P 즉, 4가지 요소가 있다. 이는 창의적인 과정(process), 창의적인 산출물(product), 창의적인 환경(press), 창의적인 사람(person)이다.

창의적인 과정(process)이란 어떠한 사고과정을 사용하는지를 말한다. 즉 창의적인 과정은 창의적인 아이디어가 일어나게 하는 방법 또는 사고과정을 말한다.

창의적인 산출물(product)이란 창의적인 사고과정이나 노력을 통하여 얻게 되는 결과를 말한다.

창의적인 환경(press)은 창의력이 일어나는 장면, 장소, 맥락 또는 분위기를 다루며, 특히 창의적 행동을 증진시키거나 제지시키는 요인들을 분석한다.

창의적인 사람(person)이란 창의적인 성격, 인성, 태도, 자세, 기질, 동기형성이 되어 있는 사람을 말한다. 창의적인 사람의 특징을 나열해 보면 다음과 같다.

〈표 4-1〉 창의적인 사람의 특성

- 창의적인 사람은 독립적으로 작업하기를 좋아한다
- '만약 ~라면, 어떻게 될까'라는 질문을 자주 한다
- 상상적이며 자신이 무엇인 것처럼 생각해 보기를 즐긴다
- 아이디어와 사고가 융통성이 있다
- 끈질기고, 인내심 있고, 포기하지 않으려 한다
- 만들고, 구성하고, 재구성 한다
- 한꺼번에 몇 개의 아이디어를 같이 다루고 처리한다
- 통상적이고 자명한 일을 싫어한다
- 주어진 과제 이상으로 더 하려고 한다
- 직접 실험해 보고 의도했던 것과는 다른 어떤 것이 나타나는지를 알아보고 싶어한다
- 자기가 발견 또는 발명한 것에 대해여 말하기를 즐긴다
- 새로운 어떤 것을 시도해 보는 것을 두려워 하지 않는다
- 관찰을 할 때 시각 뿐만 아니라 다른 감각들도 모두 사용한다
- 남들과 다르게 보이기 때문에 생길 수 있는 일에 개의치 않는다

*자료원: 창의력의 이론과 개발, 김영채, 2007.

1960년 캘리포니아 기술연구소(California Institute of Technology)의 실험 심리학자 Roger Sperry와 그의 동료 M.S.Gazzaniga는 나중에 노벨상을 받은 수술을 하였다. 이 수술은 바로 간질환자가 간질 발작을 일으키는 것은 2개의 대뇌 즉, 좌뇌와 우뇌 사이에 전기 전달이 잘못되기 때문일 거라고 생각하고 좌뇌와 우뇌를 연결하는 뇌량을 연결하였더니 환자의 발작이 사라졌다. 이 연구는 좌뇌와 우뇌는 각각 다른 기능을 하고 있음을 알게되는 계기가 되었고, 이후 다른 많은 연구들에서 좌뇌는 분석적이고 논리적인 기능을 주로 수행하는 반면, 우뇌는 형태를 인식하며 음악 등의 정서에 반응하고, 주로 시각적이고 상상적인 성질을 갖고 있음을 알게 되었다. 다음은 좌뇌와 우뇌의 역할을 정리한 것

이다.

<표 4-2> 좌뇌와 우뇌의 역할

| 좌뇌의 역할 | 우뇌의 역할 |
|---|---|
| • 논리적 · 분석적이다<br>• 계획을 세워서 일처리를 한다<br>• 세부사항에서 시작하여 전체를 본다<br>• 시간계획을 중시한다<br>• 새 물건을 쓰기전에 매뉴얼을 먼저 본다<br>• 말의 내용에 집중한다. | • 감각적 · 직관적이다.<br>• 한 번에 여러 가지 사고가 가능하다.<br>• 세부사항 보다는 전체를 먼저 본다<br>• 시간 개념이 없다<br>• 새 물건을 쓰기 전에 매뉴얼을 보지 않는다.<br>• 말하는 방식을 중요하게 생각한다. |

　광고의 선구자 Young(1962)은 아이디어라는 것은 어느날 갑자기 그럴 듯한 아이디어가 불쑥 나오는 것이 아니라 공장에서 제품을 만드는 것처럼 일련의 생산공정을 거쳐서 나오는 것이라고 하였다. 즉 그의 이론에 따르면 원재료를 수집하는 단계 → 원재료를 가공하는 단계 → 부화 시간을 갖는 단계 → 아이디어가 불쑥 나타나는 단계 → 아이디어를 잘 팔리도록 계획하는 단계 등 5단계가 있다고 한다.

### 창의성 방해 요소

　아이디어를 개발하기 위해서는 창의성이 전제되어야 한다. 창의적인 성향의 사람은 자발성, 독자성, 집착성, 호기심, 정직성을 가지고 있다고 한다.
　그러나 아무리 창의적인 성향을 가지고 있다 하더라도 아이디어 개발을 위한 워크숍이나 회의시 리더나 조직원 들의 창의력을 방해하는 성향이 두드러지면 결코 좋은 결과를 낳을 수 없다. 다음은 창의력을 방해하는 3가지 성향이다.

<표 4-3> 창의성을 방해하는 요소

**인식의 장애 (Perceptional Blocks)**
- 제멋대로 조건을 붙인다
- 주위 상황에 매몰되어 사물의 본질을 깨닫지 못한다
- 표면적으로 비슷하면 같다고 생각하고 직접 관련이 없으면 전혀 관계가 없다고 믿는다
- 감각, 지각을 과신한다
- 목적과 수단, 원인과 결과를 구별하지 못한다

**문화의 장애 (Cultural Blocks)**
- 틀이나 판에 매몰된다
- 흑백 논리
- 통계, 숫자, 데이터를 과신한다
- 논리성, 합리성을 중시하며 애매함을 인정하지 않는다

**감정의 장애 (Emotional Blocks)**
- 비판을 두려워한다
- 특정한 사람에게 감정적으로 대한다
- 주위사람의 의견, 분위기에 쉽게 동화된다
- 지나치게 방어적으로 대한다

## 창의적 사고를 위한 기본 능력

창의적인 사고를 잘 하기 위해서는 몇 가지의 기본적인 능력이 필요하다.

먼저 판단을 유보하고 통제하는 능력이 필요하다. 아이디어를 누군가가 내 놓았을 때 곧바로 옳고 그름을 판단해 버리면 더 이상

의 추가적인 아이디어가 나오기 힘들다. 유치한 아이디어라도 존중하면 이를 바탕으로 추가적인 아이디어나 다듬는 과정으로 이어질 수 있지만 곧바로 판단을 해버리면 추가적 기회를 상실하게 된다. Alex Osborn은 아이디어를 자동차의 가속패달, 판단을 브레이크 페달로 비유하면서 만약 가속패달과 브레이크 페달을 동시에 밟으면 차가 움직일 수 없거나 비효율적으로 움직일 수 밖에 없다고 하였다.

  그밖에 사고의 융통성, 질문할 줄 아는 능력, 시각을 바꿔서 볼 수 있는 능력, 문제의 범위를 확대할 수 있는 능력, 결합과 조합의 능력, 논리적 사고능력, 가치 창조 능력, 개념화 능력 등이 필요하다.

# 2. 아이디어 개발방법

  앞서 개발된 소비자의 매력니즈를 충족시키기 위해서는 제품의 기능이나 특성으로 이를 해결해야 한다. 이처럼 매력니즈를 해결하기 위한 아이디어를 기술 아이디어라고 한다. 하나의 매력니즈라 할지라도 이를 충족시키기 위한 기술 아이디어는 수십가지가 될 수도 있다. 예를 들어 자동차에 대한 '고연비 니즈'를 달성하기 위한 기술 아이디어는 '알루미늄 차체로 차량무게를 감소시킴', '전기와 휘발유 엔진을 겸용한 하이브리드 엔진 장착', '직분사 엔진', '정차시 엔진 자동 정지 기능' 등 다양한 기술적 아이디어로 '고연비 니즈'를 달성할 수 있으며, 매력니즈와 어떤 기술 아이디어의 조합을 선택하느냐에 따라 신상품의 매출결과는 달라질 것이다.

  본 절에서는 매력니즈를 달성하기 위한 기술 아이디어를 개발하는 방법에 대해 알아 보기로 한다. 다음 〈표 4-4〉는 성공적인 신상품 아이디어를 내기 위해서 기업들의 사례를 분석한 것이다. 이를 10가지로 분류한 결과는 다음과 같다.

〈표 4-4〉 신상품 아이디어 개발을 위한 10가지 방법

〈성공적 신상품 아이디어를 위한 10가지 방법〉

- 고객집단의 불만과 니즈를 논의하기 위해 기업의 엔지니어 및 디자이너, 마케터와 만나 잠재적 해결방법을 무작정 쏟아낸다 (브레인스토밍)
- 엔지니어는 자신이 맡은 프로젝트에 충분한 시간을 가지고 몰두한다. 3M은 업무 중 15%의 시간을 허용하며, 론앤하스(Rohn&Hass)는 10%의 시간을 제공한다.
- 고객의 브레인스토밍 회의를 공장 견학시 정식절차 중 하나로 만든다.
- 고객들이 자사 및 경쟁사의 제품에서 좋아하고 싫어하는 것을 파악하기 위해 조사를 실시한다.
- 몰래 사람을 감시하거나 고객과 함께 조사하기 위해 '캠핑생활'을 한다. 플루크(Fluke) 및 HP가 이 방법을 이용한다.
- 한 방의 고객집단에서는 문제를 확인, 규명하는데 집중한다. 옆방에서는 엔지니어들이 해결 방안을 모색하고 브레인스토밍을 한다. 이렇게 제시된 해결방안은 곧바로 고객이 평가하게 한다.
- 다양한 국가에서 발행하는 신상품 간행물을 일상적으로 조사하는 부서를 만든다.
- 일상적 정보수집 방법으로 업계 전시회에 참석한다. 전시회에서는 업계에서 새롭게 출시된 모든 것들을 볼 수 있다.
- 기술 및 마케팅 담당요원이 자사 공급자의 연구소를 방문하고, 공급업자의 기술요원과 함께 시간을 보내며 새로운 것을 발견한다.
- 아이디어 뱅크를 만들고, 이를 항상 개방하고 접근이 용이하게 한다. 구성원들이 그 아이디어를 검토하고, 추가적 아이디어를 낼 수 있도록 허용한다.

자료원: Robert Cooper, Product Leadership: Creating and Launching Superior New Products, 1998

    이처럼 아이디어를 개발하는 방법은 기업의 특성에 따라 매우 다양하지만 기본적으로 성공적인 신상품 아이디어를 개발하기 위해 '매력니즈 도출 → 기술 아이디어 개발 → 핵심 컨셉개발'의 과정을 거치는 것이 보다 소비자 니즈 기반의 상품화를 가능하게 한다.

    아이디어를 개발하는 방법은 〈그림 4-1〉과 같이 아이디어 확산기법과 아이디어 수렴기법 등 크게 2가지가 있다. 매력니즈를 달성

하기 위해 실현성 여부에 상관없이 아이디어의 수를 늘이기 위한 방법이 아이디어 확산기법이고, 많은 양의 아이디어를 일정한 기준에 의해 줄이고 정리하는 기법이 아이디어 수렴기법이다.

〈그림 4-1〉 니즈 해결을 위한 기술 아이디어 개발기법

아이디어 확산기법 중 NBI(Needs based Ideation)법은 개발된 매력니즈를 충족시키기 위한 아이디어를 확산하는 방법으로 아이디어를 주어진 체크리스트에 따라 다양하게 확산하면서 확산된 아이디어를 한눈에 파악할 수 있다는 장점이 있다. 아이디어 수렴기법으로는 소비자 관점과 기업내부 관점을 동시에 반영하는 평가행렬법이 유용하다.

# 3. 아이디어 확산 기법과 NBI법

아이디어란 많을수록 좋다. 좋은 사진을 얻기 위한 비결 중 하나로 내셔널 지오그래픽의 사진작가들이 공통적으로 하는 말은 '좋은 작품 사진을 찍으려면 많은 사진을 찍고 그 중에서 고르라'는 것이다. 마찬가지로 좋은 아이디어도 많은 양이 있고 그 중에서 고르는 것이 좋은 신상품으로 이어질 확률도 높아진다. 아이디어의 양을 늘이기 위해 개발된 기법들을 아이디어 확산기법이라고 한다.

아이디어 확산기법을 어떠한 상황에 이용할 것인가? 만약 개발하고자 하는 신상품이나 창업 아이템이 보다 혁신적인 것을 원하는지, 아니면 약간의 개선을 원하는지에 따라 용도를 달리 할 수 있다. 보다 혁신적인 결과를 원한다면 강제결부법을 이용하는 것이 좋고, 중간적인 결과를 원한다면 브레인스토밍, SCAMPER, 보수적인 결과를 원한다면 브레인라이팅, 형태분석법을 이용하는 것이 좋다.

앞서 언급한 바와 같이 확산적 기법을 사용할 때는 아이디어를 최대한 많이, 다양하고 자유롭게 발산하는 것이 중요하며 옳고 그름의 판단을 유보하여야 한다. 흔히 기업에서 아이디어 개발을 위한 워크숍을 많이 하는데 팀구성 멤버 중 상사, 경험이 많은 사람, 연장자 등이 섞여 있는 경우, 이들의 비판적 코멘트 한마디는 그날의 결과에 큰 영향을 미칠 수도 있으므로 특히 주의해야 한다. 가급적 워크숍 팀구성은 수평적 관계가 좋으며, 마케터, 영업, R&D, 생산, 물류 등의 다양한 부서원이 섞여 있는 것이 시너지 효과가 좋다.

### 브레인스토밍

브레인스토밍 기법은 1939년 실업가 Alex Osborn이 개발한 것으로 집단과 구성원들이 하나의 구체적인 문제를 놓고 해결하기 위한 가능한 많은 아이디어를 개발하기 위해 만든 기법이다. 독일이나 우리나라처럼 발표가 익숙하지 않거나 구성원들이 부자연스러워 한다고 판단되면 아이디어를 종이에 적어내도록 하는 방법도 있는데 이는 브레인라이팅(brainwriting) 기법이라고 한다. 또는 브레인스토밍 하려는 문제를 바로 제시하지 않고 보다 추상적인 형태로 문제를 제시하여 아이디어를 내도록 유도하면서 점차 원래 목표했던 과제로 좁혀가도록 하는 Gordon-Little 브레인스토밍 기법도 있다.

### 강제 결부법

강제 결부법(forced connection method)은 과제에다 과제와는 상관없어 보이는 대상이나 단어 등을 강제로 연결시켜 봄으로써 아이디어를 발산하도록 하는 기법이다. 시계와 라디오, 자동차와 스테레오, 핸드폰과 컴퓨터 등의 강제결합을 예로 들 수 있다.

## 시넥틱스

시넥틱스(synectics)는 희랍어로 별개의 요소를 함께 맞추어 넣는 것을 의미하며 Gordon이 개발하였다. 시넥틱스는 낯선 것을 친근한 것으로 만들어 봄으로써 사용자로 하여금 문제를 친근한 방식으로 잘 이해하도록 한다. 또한 친근한 것을 낯선 것으로 만들어 봄으로써 현 문제의 틀에서 벗어나 보다 창의적 해결책을 찾도록 하는 기법이다.

## 형태분석법

형태분석법에서 형태 또는 어형(morphological)이란 말의 모습이나 구조를 연구하는 형태학(morphology)에서 따온 것으로 해결될 것 같지 않은 문제를 해결해 보려고 할 때나, 여러 가지 대안적인 아이디어들을 생성해 내는데 도움이 될 수 있다. 예를 들어 스마트폰이라 하면 스마트폰의 차원 즉 모양과 재료 두 가지를 생각할 수 있다. 이렇게 차원을 정한 다음 모양이라는 차원의 여러 가지 속성을 나열한다. 삼각형, 사각형, 동그라미, 타원형, 피라미드형, 원통형 등으로 나열할 수 있다. 그런 다음 재료 차원에서 나무, 알루미늄, 티타늄, 플라스틱, 유리 등을 나열하고 이들의 다양한 조합을 통해 새로운 형태의 스마트폰 아이디어를 산출하는 것이다. 이를테면 타원형 나무소재의 스마트폰 디자인 아이디어를 산출할 수 있다.

### 속성열거법

속성열거법(attribute listing)은 Crawford(1954)가 개발한 것으로 새로운 제품 아이디어를 개발할 때 유용하다. 이 방법은 신상품을 개발하고 싶은 카테고리의 주요 속성을 하나 떠올리고, 무관해 보이는 카테고리의 속성을 떠올린 다음 각각의 속성을 개발하여 조합을 만들고 각 조합 중 흥미로운 조합에 동그라미를 치면서 새로운 아이디어를 개발하는 방법이다. 예를 들어 자동차 신상품을 개발한다고 할 때 자동차의 속성인 연비, 타이어, 문짝, 무게, 속도 등을 떠올리고, 자동차와 무관한 장난감을 떠올린 다음 장난감의 속성인 플라스틱, 앙증맞은 크기, 인체 무해, 내구성, 손쉬운 조작 등을 떠올린다. 그런 다음 이들을 조합해 보면서 가능성이 높아 보이는 새로운 아이디어를 찾아 낸다. 이러한 방식으로 '고강도 플라스틱 차체를 가진, 누구나 쉽게 다룰 수 있는 단순조작 인터페이스를 갖는 자동차'를 개발할 수 있을 것이다.

### 시퀀스-속성 수정법

시퀀스-속성 수정(sequence-attribute modification)법은 형태분석법과 속성열거법을 조합한 방법이다. 이 기법은 시퀀스의 단계와 수정 가능한 방법을 강제로 연결하여 아이디어를 확산한다. 예를 들어 소비자가 커피전문점에서 주문하는 일련의 과정을 분석하여 서비스의 개선을 도모하고자 할 때 적용할 수 있다.

예를 들어, '매장 방문 고객들에게 올해 신상품인 머핀의 판매가 부진하다'라는 과제를 해결하려 한다고 가정해 보자. A커피 전문점에 방문하여 떠날 때까지의 일련의 프로세스는 '매장 진입 → 좌석 확인 → 주문 카운터에서 메뉴 살펴보기 → 주문하기 → 대기후 주문품 수령 → 음용하기 → 매장 떠나기' 등으로 나누어 볼 수 있을 것이다. 이러한 각 프로세스 단계에 더하기, 제거하기, 대치하기, 재배열하기, 조합하기, 증가하기, 감소하기, 분리하기 등의 개선을 위한 키워드를 이용해 아이디어를 도출한다. 가령 '메뉴 살펴보기' 단계에서 '더하기' 키워드를 적용해 보면 '올해의 신상품 메뉴판(머핀)을 별도로 추가한다', '주문시 판매원이 "올해의 신상 머핀을 소개해 드릴까요?" 라고 추가 질문을 한다', ' "올해의 신상품 머핀 소개 팜플릿입니다" 라고 하면서 팜플릿을 나누어 준다', ' "올해의 신상품 머핀을 시식해 보시겠습니까?" 라며 권유한다' 등 기존에 없던 과정을 '더하기' 해보며 아이디어를 도출할 수 있다. 이러한 방식으로 각 단계별로 키워드를 적용해 보면 수백가지의 아이디어를 도출해 볼 수 있다. 그러나 이 방식은 프로세스가 존재하는 경우에만 활용할 수 있다.

### Osborn의 체크리스트

우리의 사고는 어떤 질문을 하느냐에 따라 사고의 내용이나 수준이 달라진다. 유명 컨설팅 회사인 맥킨지에서도 늘 'why'에서 사고를 시작한다. '만약 ~하게 하면 어떨까', '만일 ~하는 것을 추가해 보면 어떨까?' 등의 질문을 체계적으로 정리하여 아이디어를 확산한다면 보다 창의적인 아이디어가 많이 도출될 수 있을 것이다.

Osborn(1963)은 아이디어를 자극할 수 있는 75가지의 질문을 개발하고 이를 다시 9개 카테고리로 정리하였다. 이는 집단과 개인 모두에 사용할 수 있으나 오스본은 개인적으로 하는 것이 더 생산적이라고 하였다. 이를 소개하면 다음과 같다.

### Osborn의 체크리스트

⦿ 타용도: 다른 용도는 무엇인가?
- 현재의 것을 다른 데에 쓸 수 있는 방법은?
- 폐기물을 무엇에 이용할 수 있는가?

⦿ 적용: 적용할 수 있는 비슷한 것은?
- 다른 어떤 것을 여기에 적용할 수 있는가?
- 이것은 무엇을 암시하는가?
- 이것과 비슷한 것은 무엇인가?
- 기존의 아이디어와 유사한 점은?

⦿ 수정: 다르게 고치면?
- 이것을 약간 변화시키면 어떻게 될까?
- 어떤 방법으로 더 좋게 변화시킬 수 있을까?
- 새롭게 재구성하면?
- 의미, 색상, 동작, 음색, 냄새, 형식 또는 모양을 변화시키면?
- 이것을 어떻게 변화시키면 더 나아지겠는가?
- 옛 이야기들을 새롭게 혼합 구성할 수 있을까?

⦿ 대치: 다른 것으로 바꾸면?
- 이것을 저것과, 저것을 이것과 바꾸면 어떻게 되겠는가?
- 무엇으로 대치할 수 있는가?

- 확대: 더 크게 하면?
    - 엄청나게 크게 하면 어떨까?
    - 무엇을 붙여 볼까?
    - 더 강하게 하면?
    - 무슨 재료를 더 추가할 수 있을까?

- 축소: 더 줄이면?
    - 이것이 더 작아지면?
    - 빼 버릴 수 있는 것은 무엇인가?
    - 쪼개면 어떻게 될까?
    - 더 가볍게 만들면 어떨까?

- 재배열: 다르게 배치하면?
    - 순서를 바꾸면 어떻게 될까?
    - 구성요소들을 바꾸어 보면?
    - 다른 형식으로 바꾸어 보면?
    - 다른 순서로 바꾸면?

- 도치: 거꾸로 하면?
    - 긍정과 부정을 바꾸면?
    - 뒤집어 보면?
    - 역할을 반대로 하면?

- 결합: 서로 관련시키면?
    - 어떤 아이디어들을 연결시킬 수 있는가?
    - 단위들을 결합하면?
    - 용도를 합치면?
    - 모양을 합치면?

예를 들어 아이팟 후속 신상품 아이디어 개발을 위해 '결합'라는 질문을 활용하였다면 자연스럽게 'Palm'으로 대표되는 소형컴퓨터에 핸드폰 기능이 들어간 PDA폰처럼 아이팟에 폰기능을 결합한 아이폰이라는 아이디어가 떠오를 수 있는 것이다. 또한 아이폰 후속 신상품 아이디어 개발을 위해 '확대하면?' 이라는 질문을 했다면 '아이패드'의 아이디어가 도출될 수 있을 것이다. 만일 아이패드의 화면을 더 크게 확대한다면 지금의 스마트TV와는 또다른 형태의 '아이TV'가 나올 수도 있다.

또다른 예로, 체크리스트의 '빼기'를 선택한 다음, 피자메뉴를 개발할 때, 각종 토핑을 추가하거나 다양화 하는 추세에서 토핑을 모두 제거하고 까망베르 치즈만을 토핑하여 치즈의 참맛을 느낄 수 있는 피자를 개발할 수 있을 것이다. 자동차의 경우는 기능의 '더하기'를 선택한 다음 블루투스 전화기, 오디오, 비디오, 네비게이션, 아이폰 충전기를 모두 통합한 새로운 오디오장치를 개발할 수 있을 것이다.

### SCAMPER

Eberle(1971)는 오스본의 체크리스트를 새롭게 재배열하여 SCAMPER를 만들었다. SCAMPER는 대체(Substitute), 결합(Combine), 적용(Adapt), 수정(Modify), 다른용도(Put to another use), 제거(Eliminate), 반대(Reverse)의 첫글자를 모아 만든 단어이다. 이는 7가지 질문의 앞 첫 글자를 따서 만든 것으로 각 철자를 보고 아이디어의 자극을 보다 쉽게 하게 된다. 구체적인 용어와 사용법을 살펴보면 다음과 같다.

### SCAMPER

- S(Substitute)

형태·용도·방법 등을 '다른 것으로 대체할 수 있나?'

예) 할인점에서 매출향상을 위해 쇼핑백을 카트로 대체, 고연비 위해 차량을 알루미늄화

- C(Combine)

기존 사물·기능 등을 '다른 것과 결합해 보면 어떨까?'

예) 연필+지우개, 매직 홀라후프 (홀라후프+돌기), PDA폰, 립톤 아이스티 (과일향+티)

- A(Adapt)

기존의 원리·방법·형태를 변형시켜 '여기에 적용시키면 어떨까?'

예) 스노우 타이어, 비옷, 산악용 자전거, 자동차 모양의 어린이 침대

- M(Modify, Magnify, Minify)

기존의 크기·무게·색·냄새·기능·디자인을 '수정해 보면 어떨까?'

예) 향기나는 크레용, 빅맥, 대형TV, Ritz-bits, 미니 초코바

- P(Put to other use)

지금과는 '다른 용도로 사용하거나 재활용할 수 없을까?'

예) 용도 폐기된 배나 기차를 이용한 식당, 타이어 이용 놀이기구

- E(Eliminate)

물건의 특정 부분·성분·기능 등을 '없애면 어떨까?'

예) 디카페인 커피, 무선전화기, 무선인터넷
- R(Rearrange · Reverse)

일의 형식, 순서를 '재조정하거나 거꾸로 해보자'

예) 재택근무, 침대 아래 공간에 서랍만들기, 뒤집어 입는 옷, 유아용 옷의 겉면에 달린 레이블

발명왕 에디슨의 발명에는 완전히 새로운 발명 보다는 수정 보완한 발명도 많았는데, 음악을 재생하는 LP레코드의 발명을 그 예로 들 수 있다. LP 판은 당시 오르골이라는(요즘도 기념품 가게에서 파는 태엽으로 감은 후 둥그런 원통이 돌면서 소리를 내는 기계) 음악 재생기가 원통형이라 곡이 적게 들어가는 불편함을 해소하기 위해 원통형을 얇은 판 형태로 만들어 곡의 재생시간을 획기적으로 늘인 제품이었다. 이 또한 SCAMPER를 활용하였을 경우 나올 법한 아이디어였다.

### 자연의 유추법

자연의 유추(nature's analogies) 기법은 자연 속에서 문제해결에 힌트를 제공해 줄 수 있는 유추물(유사한 성질의 대상)을 찾아 이용한다. 예를 들어 자동차 알로이 휠은 몇 개의 스포크로 이루어지는데, 스포크의 수가 적당하면서도 자동차의 하중을 잘 견뎌야 하는데, 알로이 휠의 디자인은 가지를 뻗어 힘을 분산하고 견디는 '나무의 가지모양'을 유추하여 디자인하였다고 한다. 또한 월풀사

는 Gordo(1987)에 의뢰하여 쓰레기 압축기를 개발하였는데, 이는 염소의 똥은 수분이 매우 적으면서도 알약처럼 다루기 쉽다는 것에 착안하여 개발하였다고 한다.

### NBI 기법

앞서 살펴본 아이디어 확산기법들은 아이디어를 다양하고 대량으로 도출하는데 유용한 기법들이다. 그러나 아이디어를 확산하는 것도 중요하지만, '어떤 것을 과제로 선정할 것인가?', '선정되지 않은 과제 중 혹시 중요한 것이 빠진 것은 아닌가?', '선정된 과제는 정말로 고객이 원하는 것인가?'를 고려해야 한다. 아무리 좋은 기법과 아이디어 개발에 유능한 사람이라도 성공적인 신상품이나 신규사업 아이템에 도움이 되지 못한다면 기술적이고 기계적인 아이디어 확산에 그칠 것이다. 결국 'how'와 'what'의 균형이 중요한 것이다.

니즈 기반 아이디어(NBI : needs based ideation)개발법은 아이디어 확산 시 자칫 간과하기 쉬운 과제 선정의 중요성을 유지하면서도 대량의 아이디어를 도출할 수 있도록 고안되어 있다. 이를 사용하는 방법은 다음과 같다.

첫째, 앞서 개발된 매력니즈를 정 가운데 칸에 적는다.

둘째, (형태 · 용도 · 방법의)대체, (사물 · 기능의 )결합, (원리 · 방법 · 형태의)변형, (형태 · 기능 · 디자인의)수정, (용도 변경 · 재활용 등)다른 용도, (특정 부분 · 성분 · 기능의)제거, (형식 · 순서의)재조정, (기능 · 형태 · 방법의)추가  라는 8가지 체크리스트를 활용하여, 매력니즈를 해결할 기술 아이디어를 각 칸에 채운다.

셋째, 8개 체크리스트 중 아이디어가 더 많이 나오는 것이 있다면, 별도의 NBI 용지에 채워 넣는다.

넷째, 첫번째 매력니즈를 달성할 아이디어 발산이 모두 끝나면 다음 매력니즈를 가지고 같은 과정을 반복한다.

다음은 NBI법을 이용한 가상의 아이디어 확산 사례이다.

〈그림 4-2〉 NBI 기법을 활용한 아이디어 확산

| (대체) | (결합) | (적용) |
|---|---|---|
| 대리석 대신 황토판넬 사용 | 황토 + 나무판넬 | 황토질감/색 + 나무판넬 |
| (수정) | 〈매력니즈〉 | (다른 용도) |
| 비닐장판에 황토첨가 | 황토 느낌의 마루를 갖고싶다 | 거실전용 황토마루 |
| (제거) | (재조정) | (추가) |
| 황토색을 제거한 컬러황토 | 나무마루에 황토의 원적외선 적용 | 대리석황토 |

이러한 방식으로 이미 개발된 수십개의 매력니즈 별로 NBI를 적용하면 수백개 이상의 아이디어를 개발 할 수 있다.

만일 매력니즈가 30개 라면 1개 매력니즈당 NBI 8가지 체크리스트를 적용하여 아이디어 개발하면 최소 240개가 개발될 수 있는 것이다.

# 4. 아이디어 수렴기법과 EM법

앞서 살펴본 아이디어 발산 기법들은 아이디어 물량의 법칙에 따라 가능한 많은 아이디어를 생성하기 위한 기법들이었다. 많은 아이디어가 도출되었다면 그 중에서 상품화를 위한 질 좋은 아이디어를 골라내는 것이 중요하다. 이를 위해서는 수렴적(convergent) 사고 즉, 아이디어를 정리하고 분류하거나, 결정하거나, 우선순위를 매기거나, 추가적으로 아이디어를 발전시키는 것이 중요하다. 아이디어의 선택은 아이디어의 개발 만큼이나 중요하다고 할 수 있다. 따라서 목적에 따라 적절한 아이디어 수렴기법을 써야 한다. 아이디어를 압축하고 분류하기 위한 아이디어 조직화 방법론에는 하이라이팅법이 있다. 아이디어를 평가하는 방법에는 평가 행렬법이 있고, 다듬고 개발하기에는 ALU법, PMI법 등이 있다.

아이디어를 수렴할 때에는 비판적이고 단점을 발견하기 보다는 긍정적 판단(affirmative judgment)을 하는 것이 중요하다. 특히 아이디어 단계에서는 아주 약간의 긍정적 측면이 있다고 하더라도 이를 더 발전시키고 보완할 것인가에 초점을 맞춰야지 단점을 부각시키다 보면 대부분의 아이디어는 초기 수렴과정에서 사라져 버릴 것이다. 따라서 수렴적 사고를 위해서는 첫째, 긍정적인 판단을 할 것, 둘째, 신중할 것, 셋째, 새롭고 독특한 것은 적극적으로 고려할 것, 넷째, 소비자의 매력니즈를 충족시켜야 할 것이다. 다음은 아이디어 수렴 기법 중 중요한 몇가지를 중심으로 살펴본다.

### 하이라이팅 기법

이 방법은 아이디어를 평가하고 선택하는 데 매우 간편한 기법이다. 이용 단계 순서는 다음과 같다.

- 개발된 아이디어를 나열하고 임의로 번호를 부여한다. 아이디어가 흥미로운 것인지, 실천 가능한 것인지 등의 기준은 무시하고 단지 흥미로운 아이디어(즉, 히트 아이디어)에만 체크 표시를 한다.
- 히트 아이디어들만 골라낸 후, 서로 관련되어 보이는 히트 아이디어는 하나의 군집으로 묶은 다음 군집이름을 붙인다.
- 각 군집을 검토하여 의미하는 것이 무엇인지를 정리하여 적어 본다. 이때 각 군집에 속해 있는 히트 아이디어의 의미나 효과를 일일이 고려하면서 정리한다.
- 목적에 가장 잘 부합하는 군집 하나를 선택한다. 또한 여러 개의 군집을 조합하여 최종 결과를 도출 할 수도 있다.

이 하이라이팅 기법은 아이디어가 매우 많거나 히트 아이디어가 많은 경우, 이를 압축하는데 유용한 방법이다. 사용법도 쉬워서 개인별 또는 워크숍시에 편리하게 사용할 수 있다.

### 역 브레인스토밍 기법

역 브레인스토밍 기법(reverse brainstorming)은 개발된 아이디어의 단점을 모두 도출한 후 이를 실행하였을 때 예상되는 결과를 미리 예상해보기 위해 Hotpoint회사가 개발한 것이다. 이 방법은 아이디어 확산을 위한 브레인스토밍 기법과 유사하지만 역 브레인스토밍 기법은 아이디어를 생성하는 것이 아니라 이미 개발된 아이디어에 대한 비판을 생성하는 기법이다.

절차는 다음과 같다.

- 가급적 아이디어를 개발한 사람들이 모여서 아이디어 평가를 하도록 한다.
- 서로 공유할 수 있는 큰 용지에 아이디어와 달성 목표를 기록하여 벽에 붙인다.
- 첫번째 아이디어에 한 사람 또는 여러 사람이 그 아이디어에 대해 비판을 하고 그 내용을 아이디어 옆에 적는다. 같은 방법으로 다음 아이디어들에 동일하게 작업한다.
- 사전에 구성된 팀이 아이디어를 다시 리뷰하며 도출된 비판을 고려하고 더 나은 대안을 찾아 보면서 아이디어를 수정하여 해결책을 만든다.
- 단점이 가장 적고 문제해결이나 성공가능성이 높은 신상품 아이디어를 선택한다. 그 다음 실천계획을 세워본다.

이 방법은 개발된 아이디어의 수가 너무 많으면(10개 이상) 적용하기 쉽지 않다. 왜냐 하면 아이디어 하나 하나를 매우 심도 깊게 평가하는 방법이기 때문이다.

## ALU 기법

ALU(Advantage, Limitation and Unique Qualities, 강점, 제한점, 특특한 특성)법은 모든 개발된 아이디어에 대해 발전시킬 가능성은 없는지, 문제점은 무엇이고 이를 개선할 수 있는지, 독특한 점은 무엇인지를 평가하도록 하기 때문에 손쉽게 아이디어들을 스크리닝 할 수 없도록 하는 기법이다. 따라서 아이디어의 수가 수백개에 이르는 경우에는 적용하기 어렵다.

이 기법은 〈표 4-5〉와 같은 ALU 시트를 만들고 이를 채워나가는 과정을 거치게 된다.

〈표 4-5〉 ALU 기법을 활용한 아이디어 수렴과정

| | 평가할 아이디어 명 <br> ( ) |
|---|---|
| 강점 (Advantage) <br> (아이디어가 갖는 강점, <br> 긍정적인 점을 적는다) | • <br> • <br> • |
| 제한점 (Limitation) <br> (아이디어가 갖는 약점이나 <br> 제한점, 개선점을 적는다) | • <br> • <br> • |
| 독특한 점 (Uniqueness) <br> (아이디어가 갖는 독특한점, <br> 흥미로운점을 적는다) | • <br> • <br> • |

이렇게 아이디어의 강점, 제한점, 독특한 점을 평가하고 대안을 찾는 과정에서 자연스럽게 매력적인 아이디어를 선별하게 된다.

### PMI 기법

PMI(Plus, Minus, Interesting) 기법은 개발된 아이디어에 대해 강점, 좋은 점, 흥미로운 점을 평가하도록 함으로써, 좋고 나쁜 이분법적인 태도를 지양하도록 해주면서도 개선된 아이디어를 도출할 수 있도록 유도한다.

예를 들어 PMI법을 이용하여 소비자의 매력니즈인 '아파트에서 황토로 만든 전원주택을 느끼고 싶다'를 충족시키기 위한 기술 아이디어를 정리해 보면 다음과 같다.

〈표 4-6〉 PMI를 활용한 아이디어 수렴과정

| 아이디어명: (아파트 거실에 황토판넬을 시공하여 전원주택의 느낌을 살려준다) | |
|---|---|
| Plus | • 황토주택의 느낌이 날 것 같다<br>• 아토피 등에 좋을 것 같다<br>• 바닥이 쉽게 따뜻해 질 것 같다 |
| Minus | • 바닥이 쉽게 깨질 것 같다<br>• 색상이 황토색이라 인테리어 색상을 맞추기가 어려울 것 같다<br>• 가격이 비쌀 것 같다 |
| Interesting | • 시멘트 위주의 아파트에 황토가 이용된다니 재미있는 아이디어 같다<br>• 마루바닥에 나무와 대리석 이외의 재료도 활용할 수 있다니 재미있다<br>• 아파트에서도 얼마든지 전원주택처럼 건강기능을 접목할 수 있어 흥미롭다 |

이처럼 PMI 기법은 간단하고 개인별로 작성하여 공유하거나 집단이 의견을 교환하며 작성할 수 있고 추가적인 아이디어나 개선 아이디어가 자연스럽게 도출된다는 장점이 있다.

### 매력도 지수 활용법

이 매력도 지수법은 기본적으로 기대효과를 개발비용으로 나누는 것이다. 좋은 아이디어 일수록 기술개발 확률이나 상업적 성공확률, 수익이 높게 나타날 것이고 개발비용은 적게 들것이다.

$$I = \frac{T \times C \times P}{D}$$

여기에서,

I=매력도 지수
T=성공적 기술 개발 확률
C=상업적 성공확률
P=성공적일 경우의 수익
D=개발비용

이 모형을 기준으로 미국에서 실제비용과 예측된 비용을 조사하였는데 상관관계는 겨우 0.5밖에 되지 않았다고 한다. 다시 말해 아이디어 단계에서의 비용추정과 실제 집행된 비용간에는 차이가 많이 난다고 볼 수 있다. 이처럼 매력도 지수를 활용하되, 정성적 판단도 함께 하여 아이디어를 선별하는 것이 좋다.


### EM 기법(평가행렬법)

이 평가행렬법(evaluation matrix)은 개발된 아이디어의 수가 수십개 정도가 되어도 사용할 수 있으며 판단 기준에 따라 체계적인 평가를 할 때 사용할 수 있다. 또한 수명~수십명의 적은 샘플을 사용하지만 어느 정도 수치화가 가능함으로 좀 더 객관적인 기준으로 판단할 수 있다는 장점이 있다.

이에 대한 가상 사례는 다음과 같다.

〈표 4-7〉 평가행렬법에 의한 아이디어 평가시트 (소비자 관점)

| 아이디어 리스트 | 평가기준* (소비자 관점) | | | 합계 |
|---|---|---|---|---|
| | 구입가능성 | 차별성 | 필요성 | |
| 황토 대리석 마루 | 3 | 3 | 2 | 8 |
| | | | | |
| | | | | |
| | | | | |
| | | | | |

\* 평가는 3점척도 (3점=긍정, 2점=중간, 1=부정)


이와 동시에 아무리 최종 소비자 관점에서 좋은 아이디어라 하더라도 내부적인 여러가지 기준 즉, 회사 비전이나 미션, 투자비용과 기간, 신상품 개발력, 마케팅력, 영업력 등의 자사 능력 등도 감안하여 평가할 필요가 있다. 예를 들어 스마트폰에 대해 발굴된 매력니즈 중에 '오디오앰프를 내장하여 음질을 소형의 전문 오디오 품질수준으로 음악을 듣고 싶다'라는 매력니즈가 발굴되었고 이를 달성하기 위한 아이디어 중에 '소형 IC칩형 파워앰프 내장으로 소형 오디오 수준의 음질 확보'라는 아이디어가 나왔는데 현재 대략적으로 검토하더라도 전문기술과 인력이 전혀 없고 외부 부품을 구입하더라도 스마트폰 값의 3~5배 수준의 원가가 소요될 것으로 판단된다면 아무리 좋은 아이디어라도 상품화가 어려울 것이다. 따라서 초기 아이디어 단계에서부터 연구개발 관련자가 참여하는 것이 좋다.

다음은 기업내부의 관점에서 아이디어를 평가하는 시트이다.

〈표 4-8〉 평가행렬법에 의한 아이디어 평가시트 (기업 관점)

| 아이디어 리스트 | 평가기준* (기업관점) | | | | 합계 |
|---|---|---|---|---|---|
| | 개발기간 | 회사전략 적합도 | 개발비 | 상대가격 | |
| 황토 대리석 마루 | 2 | 3 | 3 | 2 | 10 |
| | | | | | |
| | | | | | |
| | | | | | |
| | | | | | |

* 평가는 3점척도 (3점=긍정, 2점=중간, 1=부정)

이러한 평가시트를 사용할 때 중요하게 고려할 점은 평가기준을 어떤 관점에서 만들 것인가 이다. 신상품이나 신규 사업아이템 등의 경우 최종 소비자(end user)가 누구인가를 고려해야 한다. 대개의 경우 최종소비자는 개인소비자인 경우가 많으므로 평가기준에서 소비자 관점을 늘 고려해야 하며, 평가행렬표를 소수의 타겟 고객이나 잠재 고객에게 직접 평가를 받아 보는 것도 좋다.

# CHAPTER 05

# 히트상품 컨셉 개발

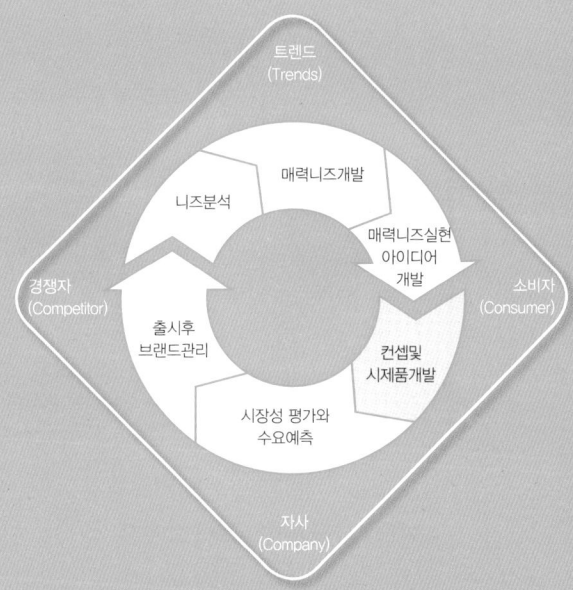

New Product Development Inspired by Consumer Needs

# 1. 컨셉의 중요성

컨셉(concept)이란 제품이나 서비스가 글이나 그림으로 묘사된 것을 말한다. 컨셉은 사전에 제품을 경험하지 못한 고객들에게 그 제품에 대한 이해를 돕고 어떤 효익(benefit)을 주는 지를 말해준다. 즉 제품이 시장에서 어떻게 포지셔닝할 지를 나타내며, 광고, 판촉, 포장, 가격, 유통 전략 등의 방향을 유도한다.

앞서 설명한 바와 같이 컨셉은 상품의 시도구매를 하는데 결정적인 역할을 하게 되는데 시도구매량이 적으면 아무리 제품의 품질력이 좋아서 재구매율이 높다 하더라도 판매량이 많아질 수가 없다. 다음의 총구매자 산출식을 살펴보자.

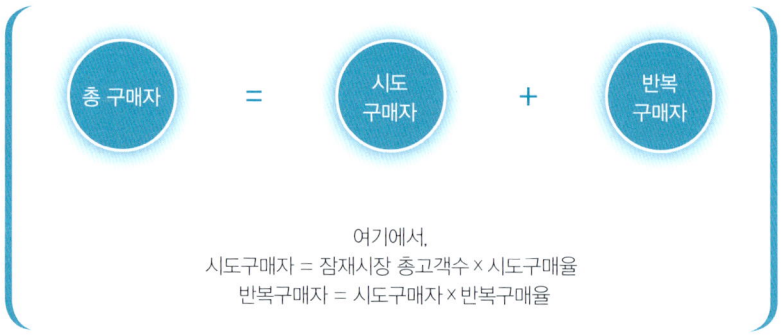

〈표 5-1〉 총구매자수 산출식

어떤 신상품이 출시되었을 때 그 신상품의 매출은 총구매자 수에 직접적인 영향을 받는다. 총구매자 수는 출시된 신상품을 최초로 구입한 사람(즉, 총 1회 구입자)과 반복구매한 사람(총 2회 이상 구입자)을 합한 수가 될 것이다.

시도구매자는 모의시험시장(STM : simulated test market) 이론상 제품을 사용해 보지 않은 상태에서(샘플링 제품 등을 제공받은 경우는 제외) 구매한 사람이다. 즉, 시도구매율에 결정적 영향을 미치는 변수는 제품의 컨셉이며, 반복구매율에 결정적 영향을 미치는 변수는 제품을 사용해 본 후의 인지품질(perceived quality)이다.

예를 들어 100명의 고객이 있는 시장에서 A라는 신상품을 판매하려 한다고 가정해 보자. 'A신상품'의 시도구매율이 20%이고 재구매율이 40%라면, 시도구매자는 20명일 것이다. 재구매자는(시도구매를 한 사람만이 재구매를 할 수 있으므로) 20명 × 40% = 8명일 것이다.

따라서 총구매자 수는 28명이 된다.

이 총구매자 산출식이 의미하는 것은 총구매자 수를 가장 많이 늘릴 수 있는 방법은 시도구매자를 늘리는 것이라는 점이다. 반복구매자 수는 반복구매율이 아무리 높더라도 시도구매자 수에 결정되기 때문이다. 중소기업 제품들이 판매에 고전하는 주된 이유는 아무리 실제 제품 품질이 좋더라도 제품컨셉에 노출되는 사람이 적어서(즉, 인지율이 낮아서) 시도구매자가 적기 때문이다.

결론적으로 컨셉은 신상품의 시도구매자를 결정하는 매우 중요한 요소이다. 왜 컨셉을 개발하고, 정교화하고 이를 토대로 시제품을 개발해야만 하는 지에 대한 답이 여기에 있다.

## 2. 컨셉개발을 위한 수단-목적사슬 모형

수단-목적 사슬 모델(Means-End Chain Model)은 소비자가 제품이나 서비스에 대해 가지고 있는 지식의 구조를 속성(Attribute), 결과(Consequences), 가치(Value)라는 3가지 단계로 파악하는 것을 말한다. 수단-목적 사슬 모델의 중요한 개념은 인지적 구조가 위계적으로 연결되어 있다는 것이다. 소비자는 치약구매시 '불소함유' 라는 속성(attribute)을 통해 '충치예방'이라는 기능적 결과(benefit)를 얻으며, 이는 '치아 건강'이라는 심리적 결과로 이어지고 궁극적으로는 '가족행복'이라는 가치(value)로 연결된다. 따라서 상품은 이러한 수단-목적 사슬로 연결될 때 강력한 차별화와 호감을 유발함으로써 상품성을 높일 수 있게 된다.

수단-목적 사슬은 다음과 같이 개념화 할 수 있다.

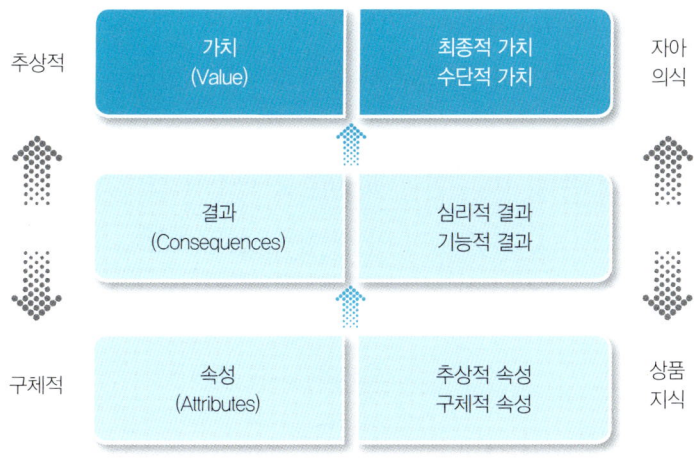

〈그림 5-1〉 수단목적 사슬 모형

가장 낮은 단계인 속성 중 구체적 속성(concrete attribute)은 스마트폰의 CPU 속도, 메모리크기, 자동차의 색상, 배기량, 7단 미션 등 명확하게 확인할 수 있는 것이다. 이와 달리 추상적 속성(abstract attribute)은 상품의 스타일이나 질(quality)과 같이 물리적 특징과 거리가 멀고 물리적 속성들을 하위 통합하려는 특징을 가진 속성을 의미한다. 기능적 결과는 상품을 사용함으로써 외연적으로 드러나는 결과로 연비향상, 절약, 매끄러운 변속 등을 들 수 있으며, 사회·심리적 결과는 상품사용을 통해 얻게 되는 만족감, 소속감, 좋은 느낌 등이 해당된다고 하겠다.

가장 높은 단계인 가치(values)는 소비자가 상품을 사용함으로써 소비자 스스로가 얻게 되는 것으로, 이러한 가치는 결과가 긍정적인가 아니면 부정적인가 판단하는 기준이 된다. 수단적 가치(instrumental values)는 내가 타인에게 어떻게 보일 것인가와 관련되는 것(예, 존경받음, 부러움)으로 외재적 성격을 띠며, 최종적 가치(terminal values)는 스스로가 자신을 어떻게 보느냐와 관계된 것(자긍심, 성취감 등)으로 내재적 성격을 포함하고 있다. 예를 들어, 할리데이비슨 오토바이를 타는 고객들은 'Ride to Live'라는 표현을 즐겨 쓴다. 이는 할리데이비슨을 단순히 몇가지 효익(엔진 소리, 세계 NO.1, 안전성)이 아닌 '행복, 삶의 보람, 가족'과 같은 가치와 연결되어 있음을 뜻한다.

### ABV체인

이와 같이 속성과 결과, 가치 사이의 결합 구조가 바로 사슬(chain)이며, 이는 제품의 물리적 특성으로부터 개인적 가치로 연결되며, 상위 단계로 갈수록 추상화 된다.

여기에서 속성은 기업이 기능과 기술 등으로 소비자에게 제공하는 것으로 기업이 제공하는 제품을 속성의 덩어리(bundle of attributes)라고도 한다. 결국 기업은 소비자에게 제품의 속성을 제공하는 것이다. 이러한 속성에 대해 소비자는 심리적, 기능적 결과를 얻게 되는데 이를 효익(benefit)이라고 한다. 즉, 소비자 관점에서 제품은 효익의 덩어리(bundle of benefit)라고 할 수 있다. 이러한 효익이 소비자 자신의 가치관과 일치하게 되면 그 상품을 자신의 자아를 실현하는 수단으로 여기게 되고 강한 브랜드 로열티를 형성하게 된다.

다음 그림은 수단-가치 사슬을 응용한 속성-효익-가치 사슬(Attribute-Benefit-Value)로 맥주시장을 분석한 가상의 결과이다.

<그림 5-2> 맥주시장에서의 ABV체인

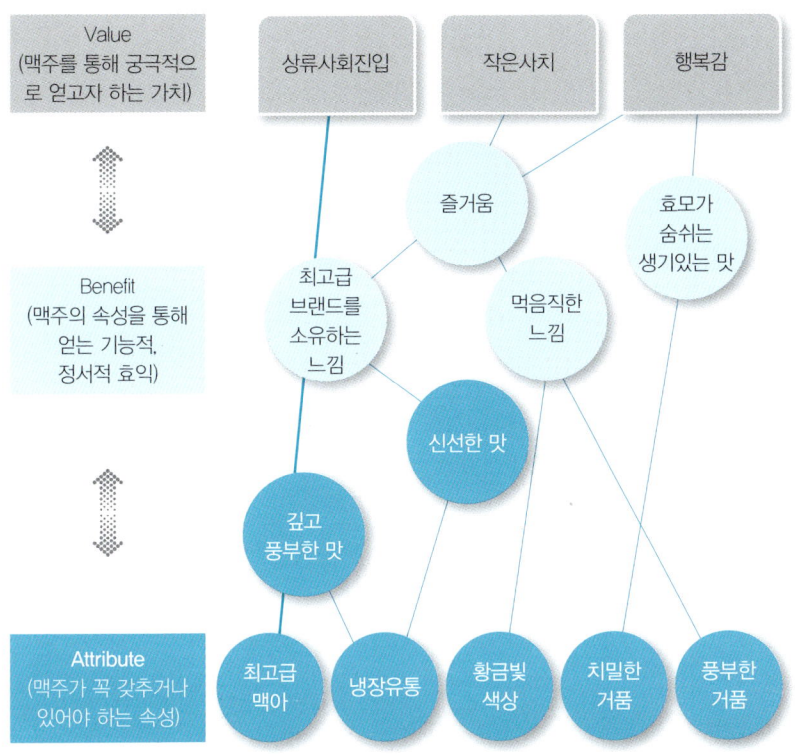

　소비자는 '최고급맥아 사용'이라는 구체적 속성을 통해 '깊고 풍부한 맛'이라는 기능적 효익을 느끼며, '최고급 브랜드를 소유하는 느낌'이라는 심리적 효익을 느끼게 되고, 결국 '상류사회 진입', '작은사치'등의 가치로 연결되는 것을 보여주고 있다.
　따라서 신상품의 컨셉 개발시 소비자가 자연스럽게 이러한 ABV 체인(Attribute-Benefit-Value Chain)을 이루도록 설계하여, 소비자는 기업이 속성제공으로 의도하는 효익을 얻고 이를 통해 자신의 가치를 실현하게 함으로써 그 브랜드에 강한 호의를 갖게 될 것이다.

따라서 컨셉을 개발할 때는 수단-가치 사슬모형을 응용하는 것이 보다 효과적이다.

# 3. CB 컨셉의 개발과 평가

### 제품 아이디어와 컨셉의 차이

흔히 제품 아이디어와 컨셉을 혼동하는 경우가 많다. 만일 '영국산 고순도 비타민C로 만든 제품'이라는 제품 아이디어를 가지고 실제로 상품화를 한다고 가정해 보자.

다음과 같이 타겟과 포지셔닝 방향에 따라 3가지의 다른 컨셉이 개발될 수 있다.

〈그림 5-3〉 아이디어와 신상품 컨셉

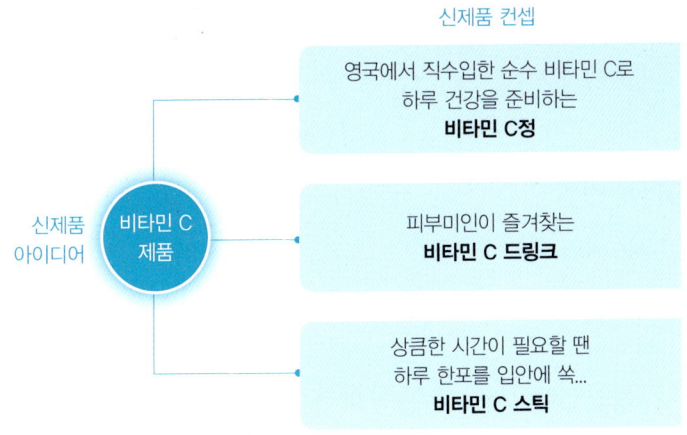

비타민C 제품은 알약 형태로 약국에서만 판매하는 '영국에서 직

수입한 원료로 만든 순수 비타민C 고려 비타민C 정'으로 판매될 수도 있고, 50ml 갈색병에 담아 '피부미인을 원한다면 비타500' 형태로 판매될 수도 있으며, '상큼한 시간이 필요할 때면 비타민C와 레몬으로 만든 레모나' 제품으로 판매될 수도 있다. 제품 아이디어를 비타민C 음료로 한정한다고 해도 20~30대를 위한 '비타민C 함유 에너지 음료'로 판매할 수도 있고, 40~50대를 위한 '건강 비타민 음료'로 판매할 수도 있다. 앞의 그림과 같이 '비타민C 제품'을 제품 아이디어라고 하며, '피부미인이 즐겨찾는 비타민C 드링크'를 핵심효익 컨셉(CBC; Core Benefit Concept)이라고 한다. 즉, CBC는 '소비자 매력니즈+달성 기술 아이디어'의 조합으로 이루어진다.

CBC는 잠재 구매자가 이 문구만으로도 어느 정도 선호나 구매의도를 판단할 수 있어야 하며, 마케터에게는 제품의 성분, 품질, 타겟 연령대, 팩키지 디자인, 가격대 등을 판단할 수 있어 향후 제품개발 방향을 유도하는 설계도면과 같다.

### CB컨셉 만들기

소비자 매력니즈에 니즈달성 기술을 합성하면 핵심효익 컨셉(CBC)이 완성된다.

$$\text{핵심효익 컨셉(CBC)} = \text{매력니즈} + \text{니즈달성 기술}$$

이는 '소비자 니즈 → 제품효익'의 변환과정이라 할 수 있다. 즉,

소비자의 니즈인 '~하고 싶다'를 어떤한 기술이나 성분, 재료, 서비스로 '~를 할 수 있다'로 변환해주는 과정이다. 핵심효익 컨셉은 박카스의 예를 들면 '타우린 1000mg가 함유되어 피로 회복에 좋은 피로회복 드링크', 비타 500의 경우 '비타민C 500mg이 함유되어 활기를 주는 비타민 음료'처럼 표현할 수 있다.

앞서의 개발된 '황토 같은 자연을 느낄 수 있는 마루가 있었으면 좋겠다'라는 매력니즈에 '황토를 대리석 느낌으로 만들자'라는 니즈 달성 기술을 결합하면 '대리석 같은 황토로 만들어 황토의 느낌과 대리석의 고급감을 느낄 수 있는 황토 대리석 마루'라는 핵심효익 컨셉(CBC)이 도출되는 것이다.

### CBC의 평가

CBC의 평가를 통해 시장성을 파악하고 이를 사전에 스크리닝하여 우열을 가려내는 것은 향후 기업의 성장성에 큰 영향을 줄 수 있기 때문에 매우 중요한 과정이다. CBC평가는 소비자 관점과 회사 관점에서 이루어진다.

⟨표 5-2⟩ CBC평가 시트

| CBC명<br>(매력니즈+제품아이디어) | 고객관점 | | | 회사관점 | | | 합계 |
|---|---|---|---|---|---|---|---|
| | 구입<br>의사 | 차별성 | 필요성 | 개발비 | 상대<br>가격 | 1년<br>예상<br>매출 | |
| 대리석 같은 황토로 만들어 황토의 느낌과 대리석의 고급감을 느낄 수 있는 황토 대리석 마루 | 3 | 3 | 2 | 2 | 3 | 3 | 16 |
| | | | | | | | |
| | | | | | | | |
| | | | | | | | |
| | | | | | | | |
| | | | | | | | |

*상대가격은 잠재 경쟁제품 대비 가격임. * 평가는 3점척도 (3점=긍정, 2점=중간, 1=부정)

    CBC 평가시트에서 처럼, CBC를 평가하는 데는 크게 소비자관점에서의 평가, 기업관점에서의 평가로 나눌 수 있다. 이에 대해 좀 더 살펴 보면 다음과 같다.

### 1) 소비자관점 평가

    소비자 관점에서의 대표적인 변수에는 구입의사, 차별성, 필요성이 있다.

    첫째, '구입의사'는 모든 제품의 최종 상품성을 대표적으로 포괄하며 궁극적으로 지향해야 할 변수이다. CBC 수준의 내용만으로 구입의사를 표명한다는 것은 사실 응답자 입장에서도 선뜻 판단하기가 어려울 것이다. 그러나 CBC 구입의사로 시도구매량을 측정하여 시장잠재력을 대략적으로 파악할 수 있다는 점에서 꼭 필요한 변수이다.

둘째, '차별성'은 소비자가 현재 만족하여 사용하고 있는 제품이나 최우선적으로 구매를 고려하는 제품 대비 차별점을 찾지 못하면 굳이 구매 실패의 위험성을 감수하면서까지 제품을 구매할 이유가 없다. 따라서 소비자의 구매고려군(evoked set) 대비 차별성을 검토하는 것은 매우 중요하다. 또한 구입의사가 다소 낮더라도 차별성이 높다면 좋은 신상품으로서의 잠재력이 높다고 볼 수 있다.

셋째, '필요성'은 CBC제품이 아무리 구입의사가 높고 차별성이 높더라도 소비자 스스로 강한 필요성(needs)을 느끼지 못하면 실제 구매로 이어질 확률이 적어진다. 따라서 정말 나에게 필요한 제품인지를 파악하는 것이 중요하다.

이상과 같은 소비자관점의 구입의사, 차별성, 필요성의 평가는 가급적 수십명 수준의 잠재고객을 대상으로 평가를 받는 것이 좋으나, 회사직원이나 워크숍 참가자들이 소비자를 가정하고 응답을 받는 것도 차선이다.

### 2) 회사관점 평가

회사관점에서의 '개발비'를 검토하는 것은 아무리 좋은 제품아이디어라도 개발비가 예상 대비 너무 높을 것으로 판단되면 실제 상품화로 이어질 가능성이 적으므로 사전에 이를 검토하여 스크리닝 하는 것이 효율적이다. 상대가격은 원가를 고려한 가격이 시장의 잠재 경쟁제품 보다 지나치게 비싸다면 경쟁력을 상실하게 되므로 이를 사전에 검토하는 것이 좋다. 여기서 중요한 것은 절대가격의 싸거나 비싸다는 관점이 아니라 경쟁제품 대비 싸거나 비싼지를 고려해야 한다는 점이다. 또한 여기에서의 경쟁제품은 현재 시장에서 상품화 되어 판매되는 제품이나 서비스 만이 아니다. 만일 다이어트 드링크 신상품을 고려하고 있다고 할 때, 극단적인 예로 '하루 식사량 줄이기'가 유일한 다이어트 대안이었다면 경쟁제품은 '하루 식사량 줄이기'가 되는 것이므로 이에 대한 값어치가 경쟁가격이 될 것이다. 비슷한 예로 국내 최초로 상품화된 '햇반'은 출시 당시 경쟁제품은 '집에서 만든 한 공기의 밥'이었다.

'1년 예상매출'은 매우 대략적인 수요관점에서 평가하고자 하는 것이다. 일반적으로 마케터나 영업담당자, 연구개발 담당자들은 정성적인 판단으로 어느 정도의 판단이 가능하다. 이를 통해 지나치게 비현실적인 아이디어가 선정되어 최종 상품화 개발 프로세스에서 배재될 가능성이 높은 제품에 시간을 빼앗기는 것을 방지할 수 있다.

# 4. 포지셔닝 컨셉 개발

포지셔닝 컨셉은 제품의 주요 효익(benefit)의 대부분을 기술한 것으로 핵심효익 컨셉(CBC) 보다 단락이 많다. 또한 마케팅 핵심 전략인 STP(segmentation, targeting, positioning) 전략이 포함된다. 즉, 핵심타겟이 명시되고 소비자 머리속에 위치하고자 하는 메시지가 명료하게 표현되어야 한다. 광고처럼 판매지향적인 메시지는 없지만 경쟁제품과 비교하여 장점을 포함하기도 한다. 완성도 높은 제품사진이나 일러스트가 포함되면 더욱 좋다. 포지셔닝 컨셉의 형태는 인쇄된 컨셉보드 형태일 수도 있고, 동영상 형태로 표현될 수도 있다. 일반적으로 포지셔닝 컨셉과 광고 컨셉간에는 다음과 같은 차이를 보인다.

〈표 5-3〉 광고컨셉과 포지셔닝컨셉의 차이

| 광고 컨셉 | 포지셔닝 컨셉 |
| --- | --- |
| • 주의력, 기억력, 설득력을 가진 정보를 전달<br>• 대부분 판매를 위해 제작됨 | • 사실적인 정보의 전달<br>• 설득보다는 분명하고 직접적인 커뮤니케이션에 초점이 맞춰짐<br>• 소비자들이 제품을 구매할 것인지 아닌지를 파악하는 것임<br>• 소비자에게 기억되기 위해서나 경쟁적 이점을 나타내기 위한 것이 아님<br>• 판매가능성을 진단하기 위해 제품의 특장점을 자세히 기술 |

포지셔닝 컨셉은 광고처럼 판매를 위한 것이 아니라 소비자에게 제품에 대한 특장점을 사실 그대로 전달하고 이에 대한 반응을 측정하여 제품의 판매가능성을 판단하기 위한 것이다. 따라서 메시지가 분명하고 사실적이어야 하며 제품 출시 후 제품 패키지, 광고, 팜플릿이나 인터넷 홈페이지 등에서 법적으로 표현할 수 없는 문구는 사용하지 않아야 한다. 만일 식품류의 광고에서는 '자연 그대로…', '천연 원료의…' 등의 문구는 법적으로 사용이 금지되어 있는데 이러한 문구를 이용하여 컨셉을 작성하여 소비자로부터 긍정적인 반응을 얻었다 하더라도 실제 제품 출시 후에는 이러한 표현을 사용할 수 없다면 소비자의 반응을 과도하게 이끌어낸 것이며, 실제 판매시에는 이보다 낮은 판매 반응을 보일 것이기 때문에 이를 기준으로 신상품 출시 전략을 수립하게 되면 실패할 가능성이 높아지게 된다.

포지셔닝 컨셉을 작성하기 위한 주의사항을 정리하면 다음과 같다

## 포지셔닝 컨셉작성 노하우

### 1) 현실적으로 접근하라

컨셉의 문구는 제품이나 서비스가 시장에 진출 시 접하게 될 실제 환경을 반드시 고려해야 한다. 고려하고 있는 신상품이 4가지의 주요 효익을 가지고 있지만 실제 TV광고 시에는 15초의 한계상 2개만의 효익을 전달할 수 밖에 없다면 컨셉에서 4개의 효익을 동일

하게 노출하지 말아야 한다. 2개의 컨셉을 분리하여 작성하거나 돌출수준을 조절해야 한다.

표현하려고 하는 효익(benefit)이나 표현 문구가 법적인 문제가 있는지를 사전에 검토하고 문제가 있다면 제외하여야 한다

컨셉개발과 평가단계에서는 잘 통제된 상황에서 소비자들이 주의력이 집중된 환경이지만, 제품출시 후에는 수많은 광고와 짧은 광고시간, 소비자들의 낮은 주의력 등의 환경이므로 단일 메시지를 명료하게 표현할수록 좋다.

### 2) 컨셉 바디를 길게 만들지 마라

전체적으로 긴 컨셉은 소비자를 지루하게 만들며, 헤드라인을 돋보이게 하는데 방해가 된다. 예를 들어 클라우딩 컴퓨팅 서비스로 사용자 PC를 실시간으로 동기화하는 서비스를 제공하는 컨셉을 만든다고 할 때, 클라우딩 컴퓨팅에 대해 어느 수준까지 설명할 것인지, 실시간 동기화가 무엇을 의미하는 것인지, 정보보안은 어떤 대비책이 있는지 등에 대해 어느 수준까지 표현할 것인지에 대해 대응해야 한다. 이에 대한 방법으로는 사전에 표현의 수준을 달리하여 사전에 반응조사를 하여 적합한 표현수준을 골라내는 것이 좋다. 또한 응답자가 지루해하거나 불평하는 내용들을 파악하여 제외시키는 것이 좋다.

### 3) 뻔한 내용의 언급을 삼가하라

예를 들어 냉동우동 컨셉에 '급속 냉동된 우동제품'이라는 표현을 넣는 것은 소비자들도 잘 알고 있는 내용이기 때문에 시간과 공

간을 낭비하는 표현이다. 이런 표현들은 가급적 지양해야 한다.

### 4) 감성적 또는 불분명한 표현

'맛이 정말 좋은', '최고의', '기술이 집약된' 등의 표현은 기준도 명확하지 않고 상투적인 표현으로 소비자들이 실제 효익을 느끼는 데 도움이 되지 않는 경우가 많다. 이러한 표현들 대신에 소비자들이 이해하고 실제 효익을 느낄 수 있도록 분명한 문구를 사용해야 한다.

### 5) 컨셉 헤드라인은 분명하고 정확하게 작성하라

컨셉의 헤드라인은 광고의 카피처럼 주의를 끌려고 만들 필요가 없다. 주의를 끌거나 흥미를 유발하기 위한 광고 카피를 만드는 것이 아니며 어차피 응답자는 모든 내용을 다 읽도록 하는 컨셉 평가에 사용될 것이기 때문이다. 가장 중요한 것은 분명하고 정확한 핵심효익을 전달하는 것이고 이것이 헤드라인에 잘 표현되어야 한다.

헤드라인 다음 문장에는 추가적인 효익, 사용방법, 구입방법, 판매되는 모든 제품의 종류와 단위·용량, SKU(stock keeping units) 등을 나타낸다.

헤드라인의 작성은 소비자 매력니즈와 이를 달성하기 위한 기술이 결합된 문장으로 표현하는 것이 좋다. 소비자에게 필요한 니즈를 해결해 줌과 동시에 왜 니즈가 해결되는 지에 대한 이유(reason why)를 제시함으로써 소비자에게 효익을 제공하고 호의 강도를 높여준다.

### 6) 비주얼 컨셉은 꼭 필요한가?

제품의 주요 효익이 그래픽, 사진, 동영상 등으로 표현해야만 충분히 설명이 된다면 이들을 사용해야 한다.

글만으로도 충분히 설명할 수 있다면 오히려 비주얼의 사용이 완성도 문제 등으로 역효과가 날 수도 있다.

시간과 비용, 효과 측면에서 고품질의 비주얼 요소를 다룰 수 있다면 사용해도 좋으나 그렇지 않다면 사용하지 않는 것이 좋다.

### 포지셔닝 컨셉보드 사례

다음 그림은 영화를 컨셉보드로 작성한 사례이다. 영화가 상영되기 전에 이를 컨셉화하여 사전에 타겟 소비자를 대상으로 평가해 봄으로써 사전에 시장반응을 예측하여 마케팅 비용을 어느 수준에서 집행할 것인지 등과 같이 선제적 대응이 가능해 진다.

〈그림 5-4〉 영화 컨셉보드

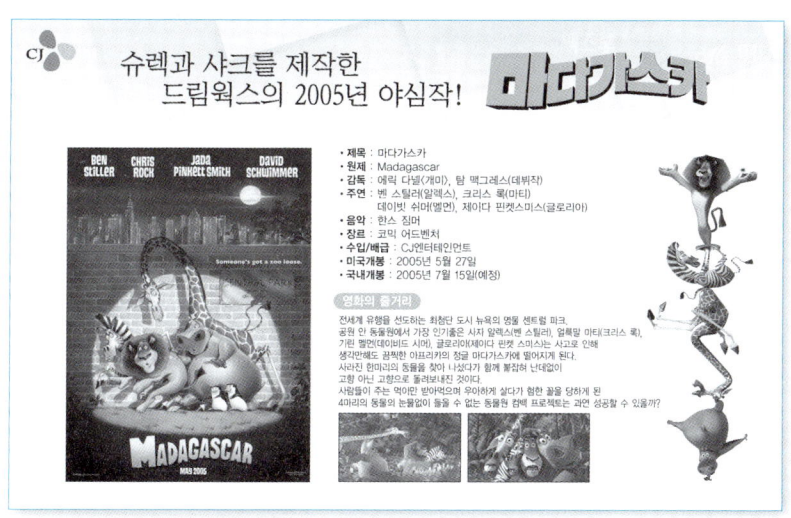

다음 그림은 아파트 발코니 창문의 컨셉이다. 이 컨셉에서는 내구성, 방음, 단열 성능과 이를 달성하기 위한 기술에 대해 소구하고 있다.

〈그림 5-5〉 아파트 발코니 창 컨셉보드

다음 그림은 푸딩 신상품에 대한 컨셉이다.

부드럽고 달콤한 영국 정통 푸딩의 맛을 재현했다는 핵심효익을 강조하고 있다. 이 신상품이 판매되는 모든 종류(stock keeping units)는 총 3가지임을 보여주고 있다. 컨셉에서는 이처럼 판매되는 모든 단위와 종류를 가격과 같이 노출하여 평가를 받는 것이 가장 현실적이기 때문에 이 같은 형식을 권한다.

<그림 5-6> 푸딩제품 컨셉보드

다음은 소상공인 창업업종중에서 가장 많은 비중을 차지하고 있는 음식점의 컨셉개발 사례이다.

앞서 살펴본 컨셉은 주로 서비스 제품이나 수퍼 등에서 판매되는 소비재에 대한 것이었지만, 음식점이나 카페 등 소상공인 아이템이나 프랜차이즈 본사를 설립할 경우에도 마찬가지로 컨셉을 활용하여 시장성을 검토할 수 있다. 특히 소상공인이나 중소기업의 경우 검토했던 아이템이 실패할 경우에는 존폐의 위협에 곧바로 직면할 수 있기 때문에 더욱 이러한 컨셉을 활용한 예비시험시장법을 통해 선제적 시장성 검토를 하는것이 꼭 필요하다.

음식점이나 카페같은 제품과 서비스의 컨셉을 개발할 때의 주의점은 핵심컨셉 헤드라인을 개발하는 것과 분위기 등을 표현할 수 있는 가장 유사한 이미지나 이를 표현한 그래픽, 개점위치, 메뉴, 메뉴의 특징, 가격대, 가구 특장점 등에 대해 비교적 구체적으로 제시하여 소비자가 구입이나 방문의사를 표시할 수 있도록 해야 한다.

음식점이나 카페등의 컨셉의 경우에는 핵심 효익 및 부가적 효익을 제시한 컨셉보드(concept board)와 점포 실내 분위기나 외관, 메뉴 등을 표현하는 팩드보드(fact board) 2가지를 활용하여 시장성을 검토하는것이 좋다.

그리고 컨셉은 인쇄광고 형식의 보드형태로 제작할 수도 있고, 동영상이나 그래픽을 활용할 수도 있다. 중요한 것은 이러한 컨셉을 핵심 효익이 여러 개일 경우 여러 개의 컨셉으로 나누어 시장성을 평가하면 더욱 성공 가능성을 높일 수 있다.

〈그림 5-7〉 음식점의 컨셉보드 I (main board)

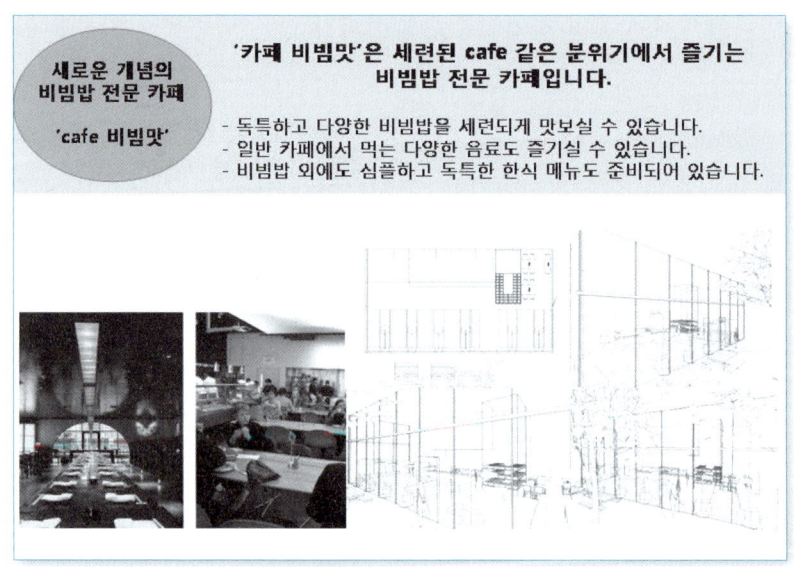

〈그림 5-8〉 음식점의 컨셉보드 Ⅱ (fact board)

〈그림 5-9〉 음식점의 컨셉보드 Ⅲ (fact board)

5장 히트상품 컨셉 개발 169

### 컨셉 구성요소

컨셉은 실제 출시 후 신상품의 청사진과 같은 것이다. 컨셉의 개발은 신상품의 시도구매율의 유발에 결정적 역할을 하기 때문에 기업이 실제로 시장에서 실현가능하면서도 현실적인 예산을 동시에 고려해야 한다. 따라서 컨셉보드에는 마케팅전략이 그대로 녹아있어야 한다. 또한 출시 후의 신상품과 컨셉개발시의 신상품 계획이 일치해야 한다. 그리고 소비자가 실제 출시 후 시장에서 보는 신상품과 컨셉을 보고 느끼는 강도가 유사해야 한다. 만일 컨셉에서 현실보다 과장되게 신상품에 대해 기술하면 과장된 소비자조사결과가 나올 것이기 때문에 실현 가능한 신상품설계와 마케팅계획이 필수적이다.

다음은 컨셉보드 작성시 포함되어야 할 주요 항목이다.

〈표 5-4〉 컨셉보드 구성 요소

1) 카테고리명(Category Name)
2) 핵심타겟(Core Target)
3) 브랜드 체계
4) 컨셉 헤드라인
5) ABV (Attribute - Benefit - Value) 체인
6) 부가적 효익(Sub Benefit)
7) 예상 TPO(Time, Plalce, Occasion)
8) SKU (stock keeping units)
9) 가격

### 1) 카테고리명

먼저 컨셉보드에는 소비자가 컨셉보드를 보고 어떤 카테고리의 제품인지를 명확히 알 수 있게 해야 한다. 범주화(categorization)

이론에 의하면, 소비자는 알로에 음료 신상품이 출시되면 이 제품에 대한 레이블의 설명, 용기형태, 외관 등으로 판단할 때, 기존에 이용하던 주스음료와 유사하다고 느끼게 되면 범주적 평가과정(categorical processing)을 거쳐 주스 카테고리의 니즈축 즉, 신선도, 성분, 청량감, 가격대 등을 기준으로 평가하게 된다. 그러나 알로에 음료가 기존 주스 카테고리와 다르다고 느끼게 되면 '분석적 평가과정(piecemeal processing)'을 거치게 되어 기존 카테고리의 지식을 활용하지 않고 개별적 특성을 감안하여 건강드링크로 분류하여 평가하게 되므로 주스 카테고리에 포지셔닝할 전략이 어긋나게 될 수도 있다. 따라서 반드시 카테고리명을 명시하거나 용기나 용도, 특성 등으로 자연스럽게 소속되기를 원하는 카테고리로 인식할 수 있도록 컨셉을 개발해야 한다.

### 2) 핵심타겟

신상품의 핵심 타겟을 명시하거나 알 수 있도록 해야 한다. 예를 들어 알로에음료 타겟이 20대 남녀라는 가설을 세웠다면 이들이 호감을 느낄 수 있는 디자인이나 속성이 포함되어야 할 것이다.

### 3) 브랜드 체계

브랜드 체계가 포함되어야 한다. 신상품의 경우 새로운 독립 브랜드를 사용하는 경우 보다는 브랜드자산이 높은 기존 모브랜드의 확장 브랜드를 사용하는 경우는 인지도와 신뢰성 측면에서 유리한 결과를 야기할 것이다. 그러나 확장브랜드가 모브랜드의 자신을 잘 전이하지 못한다면 오히려 역효과(브랜드 희석효과)가 날 수도 있기 때문에 사전 소비자 조사 등을 충분히 하여 독립브랜드로 할 것인지, 브랜드 확장을 할 것인지를 정하고 이를 컨셉에 반영해야 한다. 이에 따라 시도구매가 자사의 모브랜드를 잠식할 수도 있고 (cannibalization), 경쟁브랜드로부터 신규 수요를 창출할 수도 있다. 또한 브랜드명은 컨셉을 가장 잘 이해할 수 있어야 하고 선호를 유발할 수 있어야 한다. 또한 브랜드 네임을 컨셉에 포함시킴으로써 브랜드 네임의 리스크를 사전에 걸러내는 역할도 하게 된다.

### 4) 컨셉 헤드라인

핵심코어 컨셉 즉, 헤드라인 명이 반드시 포함되어야 한다. 실제 출시후 시장에서 상당수의 소비자들은 제품의 모든 특성과 설명에 대해 꼼꼼히 확인지하지도, 숙지하지도 않는다. 컨셉 헤드라인은 신상품을 한마디로 표현할 수 있는 핵심문장으로 표현되야 한다.

### 5) ABV체인

컨셉에는 수단-가치사슬 모형처럼 속성-효익-가치가 서로 연결되고 상위개념으로 상승할 수 있도록 해야 한다.

### 6) 부가적 효익

헤드라인 만으로 표현할 수 없는 추가적 효익이나 헤드라인을 잘 설명하여 구매이유(reason why)를 제공할 수 있는 추가적 효익을 제시해야 한다.

### 7) 예상 TPO

필요시 신상품의 TPO (Time, Place, Occasion) 즉, 이용시기, 이용장소, 이용상황 등에 대해 설명해야 한다. 햇반의 경우 런칭초기에는 '집에 갑자기 밥이 떨어졌을 때 상비용으로 준비하라'는 메시지로 시도구매율을 향상하였다.

### 8) SKU

컨셉보드에는 출시할 모든 제품의 종류를 제시해야 한다. 예를 들어 너구리라면의 경우 매운맛과 순한맛 두종류가 있는데 이럴 경우 SKU수는 2가지이며, 만일 봉지면 및 컵라면 형태로도 두가지 맛이 출시된다면 총 SKU수는 4개가 될 것이다. 그런데 컨셉에서 순한맛이 제외된다면 순한맛 때문에 구입을 고려하는 소비자를 제외한 채 평가를 받게 되는 문제가 생긴다.

### 9) 가격

가격이 명시되어야 한다. 만일 가격이 정해지지 않았거나 사전에 몇가지 대안 중에서 골라야 한다면, 가격을 달리한 별도의 컨셉보드를 제작하거나 사전에 가격조사 등을 통해 한가지로 정한 다음 제시하면 된다. 가격은 소비자의 구입의사에 상당한 역할을 미치게 되므로 가격을 제시하는 것이 컨셉의 시장성을 더 정확히 파악할 수 있다. 또한 제시되는 가격은 권장소비자가격이 아니라 시장에서 실제로 소비자가 접하는 가격대를 제시하는 것이 보다 현실적이다.

### 컨셉개발시 고려해야 할 마케팅플랜

컨셉작성 단계에서는 사실상 출시 후와 유사한 마케팅계획이 세워져 있어야 한다. 예를 들어 대략적인 투자비, 광고비, 제품개발비, 생산비, 프로모션 계획 및 비용, 유통커버리지, 원가계산 후 가격책정 등의 계획이 세워져 있어야 한다. 그렇지 않으면, 아무리 시장경쟁력이 있는 컨셉이 개발되고 좋은 소비자평가를 받았다 하더라도 실제 출시시에는 위와 같은 비용의 가감으로 계획이 변경된다면 시장을 잘못 판단할 것이기 때문이다.

〈표 5-5〉 컨셉보드 개발시 고려해야 할 마케팅플랜

- Potential Market의 크기
- Core Target Market의 크기
- 1년간 예상매출, 3년간 예상매출
- 신상품 출시까지의 소요기간
- Promotion 예산 및 Plan (ATL / BTL)
- 예상 인지율
- Distribution Plan
- 경쟁제품 대비 Relative Price

마케팅플랜으로는 먼저, 잠재시장의 크기(즉, 소비자수나 가구수)가 정해져야 한다. 잠재시장을 어디까지 보느냐에 따라 예상 매출, 가격, 유통 등이 크게 달라질 수 있다. 이러한 맥락에서 핵심타겟의 수에 대한 계획도 필요하다. 또한 정교한 수요예측이 아니더라도 자사의 과거 실적이나 경험치 등을 활용하여 대략적인 예상매출을 산출해야 한다. 또한 광고, 판촉, 인지율, 유통커버리지, 경쟁사 가격을 고려한 가격책정 등에 관한 계획이 세워져 있어야 한다. 이러한 계획은 컨셉보드 마다 각각 별도로 세워져야 한다.

# CHAPTER 06

# ABV 체인과 컨셉개발

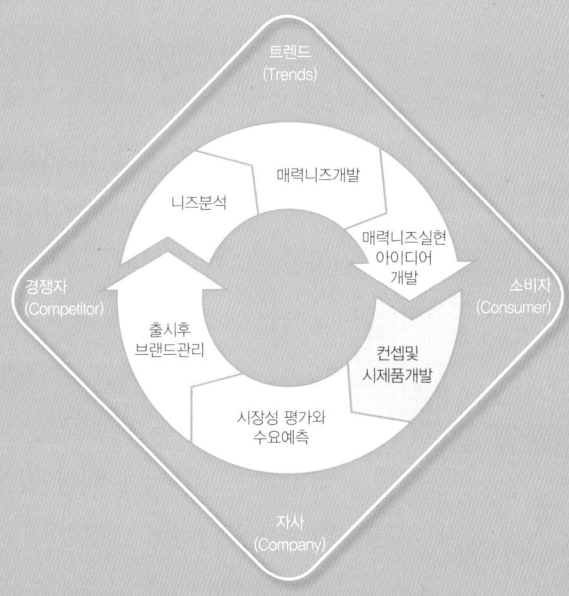

New Product Development Inspired by Consumer Needs

# 1. 수단-목적 사슬이론과 래더링 기법

 수단-목적 사슬이론(means-end chain)이론은 소비자 의사결정의 선택결과를 평가 및 예측하기 보다는, 소비자 의사결정을 이해하는 것에 초점을 두고, 즉 어떤 선택 기준들이 소비자에게 중요한가를 확인하고, 왜 이러한 요소들이 의사결정권자인 소비자에게 중요한가를 좀더 깊이 설명할 수 있도록 조사하는데 관심을 가지는 것이다. 왜냐하면 소비자들은 제품과 그 속성을 하나의 결과에 대한 수단으로 보기 때문이다. 따라서 이 이론은 주로 광고 소구 방향을 설정하거나 신상품 컨셉 개발 등에 많이 활용되고 있다.

 Reynolds & Jamieson(1985)에 따르면, 소비자는 제품과 관계하여 세 가지 단계(level)의 지식을 가진다. 즉 제품 속성, 제품 사용의 결과, 그리고 제품의 사용을 통해 만족되는 가치이다. 여기서 속성이란 제품의 특성이나 질적 내용을 말한다. 그리고 결과는 기능적 결과와 심리적 결과로 나누어진다. 기능적 결과는 제품을 사용하고 소비함으로써 야기되는 개인적 결과를 말한다. 이 기능적 결과는 비교적 즉각적이고, 구체적이고 물리적인 경험을 의미하는 것이다. 반면에 심리적 결과는 감정적이고 사회적이며 좀더 상징적인 개인적 혜택을 말하는 것으로, 소비자가 다른 사람과 상호작용하면서 어떻게 느끼는가에 대한 것이라 할 수 있다. 마지막으로 가치는 사람들이 자신들에 대해 가지고 있는 믿음이다. 즉, 가치는 삶의 목적이자 최종 목적 상태를 말한다.

이 수단-목적 이론의 개념을 활용하여 실무나 연구 등에 실제로 응용하고 적용할 수 있도록 이 모델을 구성하는 속성, 결과, 가치 간의 연결 상태를 파악, 분석, 측정하는 방법론이 바로 래더링(laddering) 기법이다.

래더링은 기본적으로 속성(A : Attribute), 결과(C : Consequence), 그리고 가치(V : Value)의 영역에서 "그것이 당신에게 왜 중요한 것입니까?" 라는 직접적인 질문을 연속적으로 수행하는 면접기법이다. 즉, 개방화된 응답으로 소비자 자신들의 언어로 질문에 답하고, 그 답한 내용을 중심으로 의미를 해석함으로써 조사 대상에 대한 소비자의 수단-목적관계를 알아내는 방법이다. 래더링 조사는 소비자가 선택을 고려하는 제품들간의 인식과 구별하는 기준을 찾아내고 이들의 연관성을 도출하는 것이 매우 중요하다. 이를 위해서는 다음과 같은 몇가지 방법들이 제시되어 있다.

### (1) 주요 선택 기준 구별요소 추출법

직접도출법(direct dlicitation)

이 방법은 가장 일반적이고 쉬운 방법으로 소비자가 제품 및 상표를 평가하고, 선택할 때 무엇을 가장 중요하게 생각하는지 직접적으로 묻는 방법이다. 즉, 소비자가 고려하는 제품속성이나 결과를 자유롭게 말하도록 하는 것이다.

### 자유분류법(Free Sorting)

이 방법은 면접자가 대표적인 제품 및 상표를 색인카드(Index card)에 기록하여 소비자에게 제시한 후, 소비자는 자신이 들어보지 못했거나 사용해보지 않은 제품 및 상표를 제거하고 남은 제품 및 상표를 자신이 중요하다고 생각하는 개념(concept) 또는 의미(meaning)를 사용하며 분류하는 것이다.

### 삼조분류법(Triad Sorting)

이것은 Kelly(1955)에 의해 만들어진 분류방법으로, 어떤 제품군의 상표들을 3개 1조로 묶어 응답자에게 제시하고, 각각 그 차이점을 말하게 하는 것이다. 예를 들어 아반떼, SM3, 벤츠C클래스 등 3종류의 차가 제시된다면, 응답자들이 제조국(국산차, 외제차)으로 분류하거나, 가격(경제성, 사치성), 스타일(평범, 세련)등으로 분류하는 것을 말한다.

### 선호-소비 차이점(Preference-Consumption Differences)

이 방법은 상표들에 대한 선호순서를 정하게 하고, 왜 두 번째로 선호한다고 한 상표에 비해 첫번째라고 답한 것이 선호되는지에 대한 이유를 말하게 한다. 혹은 간단하게 왜 한 가지 특별한 상표가 가장 선호되는 상표인가를 설명하도록 하는 것이다. 때로는 사용량의 차이나 빈도수를 가지고 상표에 대한 차이점을 추출하기도 한다.

### 상황차이점

이 방법은 차이점을 만드는데 있어 개인적인 맥락을 중요시하는 방법이다. 즉, 구별요소를 추출함에 있어 개인적으로 의미있는 상황을 제시하여 알아보는 것이다. 이 방법은 소비자들은 아무 때나 제품이나 상표를 사용하거나 소비하지 않고, 각각의 상황에 따라 소비하거나 사용한다는 점에 주목하여 조사하는 것이다.

### (2) 래더링의 진행

일단 차이점들이 추출되어지면 래더링을 진행하여 소비자들의 인지구조 측면에서 좀더 높은 수준의 추상화의 사다리로 올라갈 수 있게 해야만 한다. 이를 위해서 면접자가 "왜 그것이 당신에게 중요합니까?" 등의 질문을 한다. 이들 질문은 그밖에도 "당신은 그것을 왜 원하게 되지요?", "그 결과로 당신에게 무엇이 일어나지요?" 등의 긍정적인 질문으로 속성-결과-가치의 사다리를 찾아 갈 수 있다. 또한 "그것은 왜 당신에게 부정적입니까?"는 식의 부정적 질문을 활용할 수도 있다. 이를 정리해 보면 다음과 같다.

〈표 6-1〉 래더링을 위한 질문법

| • 긍정적 질문 | • 부정적 질문 |
|---|---|
| • 그것은 왜 당신에게 중요합니까?<br>• 그것은 어떻게 당신에게 도움이 되지요?<br>• 당신은 그것으로부터 무엇을 얻게 되나요?<br>• 당신은 왜 그것을 원하게 되지요?<br>• 그 결과로써 당신에게 무엇이 일어나지요?<br>• 그것은 당신이 어떻게 느끼게 합니까? | • 그것은 왜 당신에게 부정적입니까?<br>• 그것은 당신이 하고 있는 것을 어떻게 방해하나요?<br>• 그것은 무엇이 문제가 됩니까? |

### (3) 래더링 분석과 결과

응답자가 언급한 모든 내용은 수단-목적 사슬 이론의 속성(A), 결과(C), 가치(V) 수준으로 분류한다. 다음은 와인쿨러(와인에 주스나 청량음료를 섞어 만든 칵테일의 일종)에 대해 소비자들이 언급한 내용을 코드화 한 것으로 이를 속성, 결과, 가치로 분류한 것이다.

〈표 6-2〉 래더링 분석후 도출된 내용코드(와인쿨러 사례)

| 속성(Attributes) | 결과(Consequenses) | 가치(Value) |
|---|---|---|
| (1) 탄산성 | (8) 품질 | (20) 성취감 |
| (2) 신선함 | (9) 풍부한 맛 | (21) 가족관계 |
| (3) 고가격 | (10) 상쾌감 | (22) 소속감 |
| (4) 상표 | (11) 적게 소비 | (23) 자존심 |
| (5) 병 모양 | (12) 갈증해소 | |
| (6) 저 알콜 | (13) 좀더 여성스러움 | |
| (7) 작은 크기 | (14) 알콜의 부정적인 면 회피 | |
| | (15) 만취 방지 | |
| | (16) 보상 | |
| | (17) 세련된 이미지 | |
| | (18) 좋은 인상 주기 | |
| | (19) 사교적 | |

자료원 : Reynolds & Gulyman(1988)

이렇게 정리된 응답자의 내용 코드는 응답자의 인터뷰시 언급한 내용이나 강조, 연관성 등을 기준으로 분류하기도 하고, 설문조사를 한 경우에는 응답한 빈도수 등을 활용하여 다음과 같은 가치 체계도를 작성한다. 또한 소비자를 추구하는 가치에 따라 세분화하여 선정된 세분시장에서의 속성, 결과, 가치의 연관성을 활용하여 신상품의 컨셉을 개발하거나 광고에 활용할 수 있다. 예를 들어 소속감을 중시하는 소비자가 '적은알콜함량 - 알코올의 부정적인면 회피(과음 안함) - 사교적(대화가 쉽다) - 가족생활(더 좋은 가족애)'의 래더링을 중시한다면, '적은 알코올로 부담없이 사교활동을 하면서도 뒤끝이 깨끗해서 귀가 후에는 자녀와 즐길 수 있다'는 신상품 컨셉을 도출 할 수 있을 것이다.

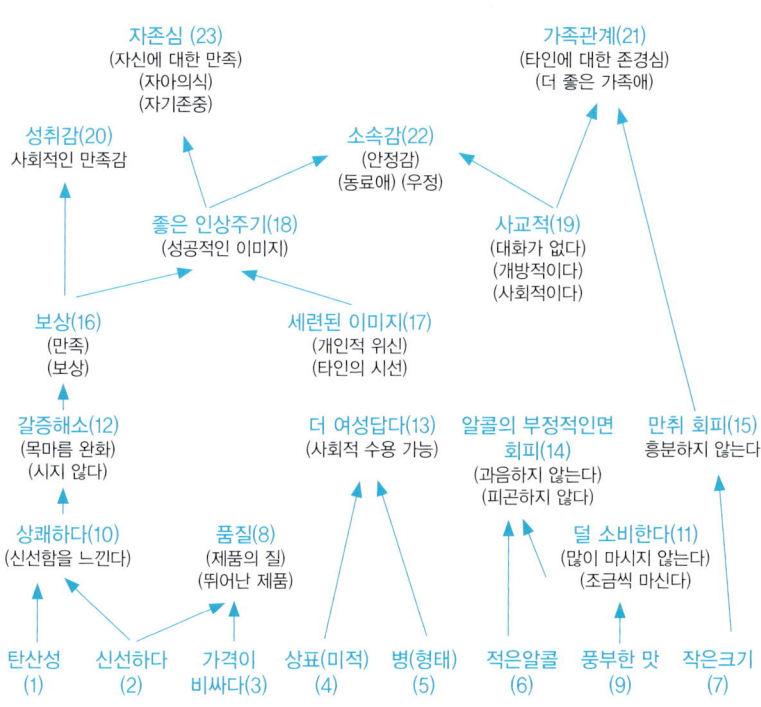

〈그림 6-1〉 와인쿨러의 가치체계도

자료원 : Reynolds & Gulyman(1988)

이상과 같이 수단-목적 사슬이론을 활용한 래더링 기법을 살펴보았다. 다음에는 속성, 결과(또는 효익), 가치의 세부적인 내용과 분류기준 등에 대해 살펴보고자 한다.

## 2. 속성(Attribute)의 종류

제품 속성(product attribute)이란 어떤 제품이 가질 수도 있고 가지지 않을 수도 있는 특성을 말한다. 이러한 속성은 어떤 신상품이 새로운 속성을 제공하여 성공한다면(즉, 라면시장에서 닭고기 베이스의 국물 색상이 연한 꼬꼬면이 출시된다든지, 자동차에서 네비게이션을 기본으로 장착하여 출시되는 경우) 그 후 여러 경쟁사들이 곧 이 속성을 따라서 제공하게 된다. 이렇게 되면 이들 속성은 당연속성이 되어 더 이상 소비자들에게는 제품 선택기준이 되지 못하게 된다. 또다시 소비자가 새롭게 여기고 중요하게 생각할 것으로 예측되는 속성을 개발하여야 한다.

만일 신상품이 경쟁사가 추격하지 못할 정도의 차별화되고 중요도 높은 속성을 유지한다면 이는 바로 경쟁적 이점을 창조하게 되는 것이며 결과적으로 높은 매출과 시장점유율, 제품 로열티를 갖게 할 것이다. 따라서 기업에서는 소비자들이 중요시 하거나 중요시 할 것으로 예상되는 속성을 지속적으로 관찰하고 발견하여 속성을 해결할 수 있는 기술개발을 끊임없이 해야 한다.

한편으로는 기존 관심 카테고리에서 어떤 속성들이 존재하고 이들 속성에 대한 소비자의 평가기준과 만족도는 어떤 수준인지를 파악하여 기존 속성에는 어떻게 대응할 것인지를 파악해야 한다. 따라서 속성의 종류와 그 내용을 이해하고 분석하는 것이 매우 중요하다. 그러면 소비자 구입의사결정에 속성이 어떠한 영향을 미치는가를 구체적으로 알아보자.

첫째, 속성은 수단-목적 사슬 이론에 의해 소비자에게 제공하고자 하는 효익(맥주의 경우 '생기있는 맛', 치약의 경우 '충치예방', 커피전문점의 '진한 커피향' 등)에 신뢰를 제공한다.

둘째, 속성을 면밀히 검토하여 경쟁자 보다 더 차별화되는 새로운 효익을 제공할 수 있다.

셋째, 어떤 속성은 소비자에게 오히려 마이너스의 효익을 제공할 수 있다. 예를 들어 음식점에서 '다양한 메뉴의 선택'을 강조하는 것은 메뉴의 전문성이 결여되는 것으로 받아 들일 수 있다.

따라서 이러한 점을 감안하여 속성을 연구하고 어떻게 효익과 연결할 것인지, 나아가 소비자 가치와 연결할 것인지를 고민해야 한다.

한 제품에 제공되는 속성은 일반적으로 수십여개에 이를 정도로 많을 수 있다. 이러한 속성은 니즈와 마찬가지로 다차원적 구조를 가지고 있기 때문에 이를 전략적 속성과 전술적 속성으로 분류하여 누락되거나 겹치지 않도록 할 필요가 있다. 다음은 이와 관련된 연구를 정리한 것이다.

<표 6-3> 속성의 종류

| 연구자 | 속성의 종류 | 예시 |
|---|---|---|
| Levitt (1980) | 유형(Tangible) | 크기, 색상, 마력, 연비 |
| | 무형(Intangible) | 영업사원 서비스, 배송조건, 보증기간 |
| Zeithaml (1981) | 탐색(Search) | 색상, 스타일, 가격, 규격 |
| | 경험(Experience) | 맛, 내구성 |
| Pessemier (1982) | 객관적(Objective) | 자전거 휠 사이즈, 자전거 프레임구조 |
| | 주관적(Subjective) | 안전, 유지비 |
| Myers & Shocker (1981) | 물리적(Physical) | 온도, 색상밀도, 당도, 두께 |
| | 비물리적(Pseudo-Physical) | 매운, 느끼한, 부드러운, 얇은 |
| Olson & Reynolds (1983) | 구체적(Concrete) | 색상, 알코올함량, 설탕함량 |
| | 추상적(Abstract) | 가벼운맛, 스타일 |
| Zeithaml (1988) | 본질적(Intrinsic) | 향, 색상, 당도, 질감 |
| | 비본질적(Extrinsic) | 가격, 상표명, 브랜드 로고 |
| Keller (1998) | 성능관련(Performance related) | 질감, 영양성분 |
| | 비성능관련(Not performance related) | 가격, 색상 |

자료원: Mark E. Parry, Strategic Marketing Management, 2001.

Levitt은 자동차 연구에서 속성을 유형적 속성(크기, 색상, 마력, 연비)과 무형적 속성(영업사원 서비스, 배송조건, 보증기간)으로 나누었다. 또한 Myers & Shoker는 식품연구에서 물리적 속성(온도, 색상밀도, 당도, 두께), 비물리적 속성(매운, 느끼한, 부드러운, 얇은)으로 나누기도 하였다.

　이러한 연구결과를 토대로 속성을 크게 제품관련 속성과 비제품 관련 속성으로 나누고, 제품속성은 다시 유형 제품속성(Tangible Attribute), 무형 제품속성(Intangible Attribute)으로 나누며, 비제품 속성은 성능 속성(Performance Attribute), 이미지 속성(Image Attribute)으로 나누기로 한다.

〈그림 6-2〉 제품속성의 분류를 위한 TIPI 모델

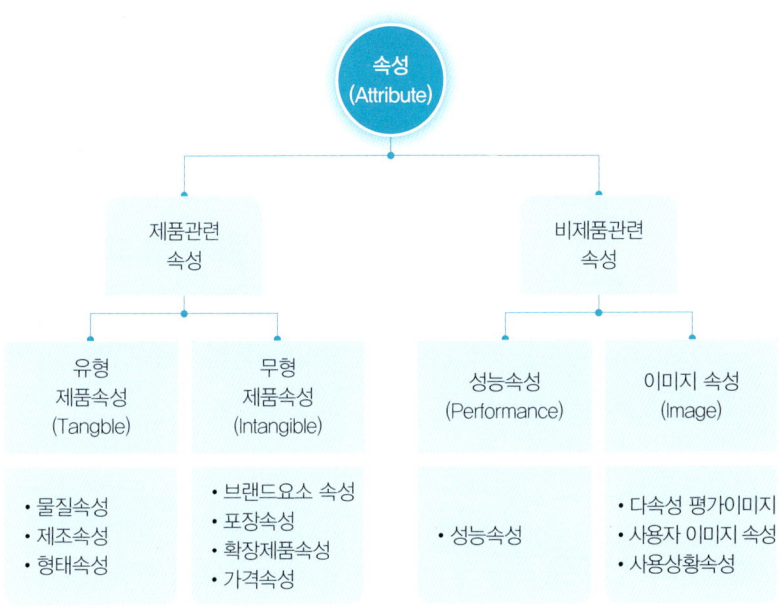

　이렇게 'TIPI' 모델을 사용하여 관심 카테고리의 시장기회를 파악하거나 포지셔닝을 파악하기 위한 속성을 개발하게 되면 시장의 중요속성이나 미약하지만 시장기회가 존재할 수도 있는 낮은 중요

도의 속성도 모두 빠짐없이 중복되지 않도록(MECE : Mutually Exclusive, Collectively Exhaustive) 속성을 파악할 수 있을 것이다. 또한 신상품의 컨셉으로 고려하고 있는 중요속성이 과연 기존 카테고리 시장에서 차별화가 가능한지도 파악할 수 있다.

### 유형 제품속성(Tangible Attribute)

유형 제품속성은 제품의 물리적인 요소, 외형적인 요소를 모두 포함하는 속성으로 물질속성, 제조속성, 형태속성으로 구성된다.

- 물질속성(Materials Attributes)은 제품을 만드는데 쓰여지는 물리적 Input으로서, 부품이나 성분으로 구성된다. 부품은 분리 가능한 물리적 부속품으로 컴퓨터 제품을 예로 들면, 컴퓨터 케이스, 마우스, 마더보드, 프로세서, 메모리, 비디오카드 등의 속성을 말한다. 성분 속성은 분리가 불가능한 혼합 성분으로 컴퓨터의 경우 납땜, 하드케이스 색상, CPU 속도 등으로 정의할 수 있다.

- 제조속성(Manufacturing Attributes)은 생산기술, 생산과정, 생산공정, 생산지, 근로자 등의 속성을 말한다. 예를 들면, 나노기술, 맞춤복과 기성복, 저온살균, 유산균 살아있음, 튀기지않는 라면 등이다.

- 형태속성(Form Attributes)은 제품의 사이즈, 형태, 색상,

디자인 등의 제품특징 등을 말한다. 예를 들면, 아기기저귀 사이즈, 얇은 두께, 팬티형, 색상, 캐릭터 그림 등이다.

### 무형 제품속성(Intangible Attribute)

무형 제품속성이란 제품을 사용하지 않아도 평가 가능하며, 제품의 물리적 구성요소가 아닌 그밖의 무형적 속성을 말한다. 브랜드 요소, 팩키지속성, 부가제품 속성, 가격속성 등으로 구성된다.

- 브랜드요소 속성(Brand-element Attributes)은 브랜드를 구성하는 요소들 즉, 브랜드 Name, 회사명, 브랜드로고 등의 속성을 말한다.

- 포장속성(Packaging Attributes)은 치약튜브 형태, 패키지 용량, 사이즈, 트위스트캡, 레이블 등을 말한다.

- 확장제품 속성(Augmented Product Attributes)은 제품 구매시 수반되는 차별적 서비스 등을 말하는 것으로 아마존닷컴의 경우 도서검색서비스, 구매이력, 독자의 북리뷰 등을 말한다.

- 가격속성(Price Attributes)은 소비자가격, 보증가격, 선적비, 설치비, 옵션가격, 수리비 등 가격과 관련된 속성을 말한다.

### 성능속성(Performance Attributes)

성능속성이란 제품을 사용해야만 느낄 수 있으며, 가능하면 숫자로 표기가 가능한 제품의 기능적 수행능력과 관련된 속성이다.

예를 들면, 10분내 설치가능, 연비 10km/ℓ, 100km 도달시간 7.5초, 아기기저귀의 경우 24시간 새지 않음, 흡수율 99%, 당도(Brix) 5.0 이상 등을 예로 들 수 있다.

### 이미지 속성(Image Attribute)

이미지 속성은 소비자가 제품과 관련하여 떠올리는 이미지와 관련된 속성으로 제품의 물리적 특성이나 성능과는 직접 관련이 없으나 제품의 구매선택에 많은 영향을 미치기 때문에 매우 중요한 속성이라고 할 수 있다. 이미지 속성은 다속성 평가 이미지, 사용자 이미지, 사용상황 이미지, 회사관련 이미지 등으로 구성된다.

⊙ 다속성 평가(Multi-attribute Evaluations) 이미지

소비자의 주관적 판단에 따른 이미지로 일반적으로 여러 속성들고 결합되어 복합적이고 새로운 이미지를 형성하기도 한다. 자동차의 경우, 인식품질(perceived quality)과 관련하여, 고급감을 들 수 있는데, 고급감이란 어느 하나의 속성으로만 대변되는 것이 아니라 가죽시트, 10개의 에어백, 파노라마 선루프, 18인치 알로이 휠, 최고급 오디오 등이 장착되어 있다고 하면 이를 통해 고급승용차 제품이라는 느낌을 갖게 되는 것이다. 그밖에 신뢰감, 아름다움, 고성능, 든든함 등의 속성으로 구성된다.

◉ 사용자 이미지 속성(User Imagery Attributes)

본인이 아닌 제품을 사용하는 다른 사람들에 대하여 연상하는 생각으로 이 또한 제품의 선택에 많은 영향을 줄 수 있다. 특히, 좋아하는 연예인이 사용한다고 하면 매출이 급증하는 제품 등이 좋은 예라 할 수 있다. 이러한 속성으로 BMW 사용자는 젊은 전문직 종사자가 떠오르고, 랜드로바 자동차는 외과의사, 샤넬 NO.5 향수는 세련된 도시여성 등의 이미지 속성을 말한다.

◉ 사용상황 이미지 속성(Use Situation Attributes)

제품을 사용할 때 수반되는 상황과 관련된 이미지를 말한다. 예를 들어 KFC하면 전세계적 가맹점, 어느 매장이나 같은 맛, 아이들이 좋아함, 접근편리, 빠른 서비스 등의 속성이 생각나게 된다.

이상과 같이 TIPI 모델을 사용하여 속성을 개발하고, 이를 토대로 고객에게 속성 충족도와 중요도를 감안하여 제품을 평가 받는다면 시장의 소비자 니즈의 분포는 물론 시장기회를 도출할 수도 있을 것이다. 다음은 TIPI 모델에 근거한 속성개발 사례이다.

〈표 6-4〉 유형 제품속성의 예 (의류시장)

| 〈재료〉 | • 원단에 좋은 소재의 함유율이 높다<br>• 원단의 조직감이 탄탄하다<br>• 단추, 지퍼, 안감 등 부속품의 품질이 좋다<br>• 색감이 튀지 않고 정돈된 느낌이다<br>• 수준높은 디자이너들이 디자인한다<br>• 기능성이 있는 원단을 사용하였다 |
|---|---|
| 〈제조과정〉 | • 실밥처리 등 마무리가 잘 되어있다<br>• 수작업처럼 정교하게 만든다<br>• 선진의 패션기술이 이용된다 |
| 〈형태〉 | • 치수가 다양하다<br>• 제품의 구색이 다양하다<br>• 다양한 색상이 있다 |

〈표 6-5〉 무형 제품속성의 예 (의류시장)

| 〈브랜드 요소〉 | • 상표 심벌·로고가 고급스럽다<br>• 상표 색상이 눈에 잘 띈다 |
|---|---|
| 〈패키지〉 | • 종이백 등의 포장디자인이 좋다<br>• 전용 옷걸이, 보관백 등의 품질이 좋다 |
| 〈부가서비스〉 | • 수선서비스 수준이 높다<br>• 애프터서비스 수준이 높다<br>• 단골고객관리를 잘한다<br>• 마일리지 적립 제도가 있다<br>• 정기적 가격세일 행사가 있어 좋다<br>• 사은품 제공행사가 있어서 좋다 |
| 〈가격〉 | • 제품수준 대비 가격이 적절하다<br>• 창고할인 행사를 하지 않는다 |

〈표 6-6〉 성능 속성의 예 (의류시장)

- 옷의 착용감이 좋다
- 세탁 후에도 색이 잘 바라지 않는다
- 세탁 후에도 옷형태가 살아있다
- 오래 입어도 옷의 변형이 적다

〈표 6-7〉 이미지 속성의 예 (의류시장)

| | |
|---|---|
| 〈다속성 평가 이미지〉 | • 전체적으로 품질이 좋다<br>• 색감이 자연스럽다<br>• 옷이 고급스럽다<br>• 다른 제품과는 차별화된 느낌이다 |
| 〈사용자 이미지〉 | • 젊은이들이 좋아한다<br>• 중장년이 좋아한다<br>• 실용성을 중시하는 사람들이 좋아한다<br>• 디자인을 중시하는 사람들이 좋아한다 |
| 〈사용상황〉 | • 어느 매장에서나 서비스가 일정하다<br>• 매장의 분위기가 편안하다<br>• 판매원이 상품에 대해 잘 알고 있다 |

# 3. 효익(Benefit)의 종류

 소비자가 제품을 구매하는 것은 그 제품의 특징 즉, 속성 때문이라기 보다는 그 제품의 구매로 인해 얻는 효익(benefit) 때문이다. 그러므로 제품을 프로모션 할 때 그 제품의 특징을 나열하기 보다는 그 제품을 구매하여 얻을 수 있는 효익을 강조해야 한다. 예를 들어 하이브리드 엔진으로 인한 경제성을 강조하고, 소비자들의 자발적 체험의 공유를 유도한다면 좀 더 구매를 유발할 수 있을 것이다. 이때 속성은 이러한 효익에 대한 근거 제시의 역할을 한다. 이러한 효익의 종류에 대한 연구가 다음과 같이 제시되어 있다. 가장 많이 활용되는 이론은 Keller의 분류기준으로 제시한 기능적 효익, 경험적 효익, 상징적 효익이 있다.

〈표 6-8〉 효익의 분류기준

| 연구자 | 효익의 종류 | 예시 |
|---|---|---|
| Young & Feigin (1975) | 기능적 | 내 머리카락은 관리가 쉽다 |
| | 실행적 | 내 머리카락은 관리하는데 시간이 오래 걸리지 않는다 |
| | 감성적 | 나는 머리카락 관리에 더 많은 시간을 쏟고 싶다 |
| Myers & Shocker (1981) | 수단적(Instrumental) | 맛이 좋다, 사용하기 쉽다 |
| | 표현적(Expressive) | 섹시하다, 귀엽다 |
| Olson & Reynolds (1993) | 기능적(Functional) | 식도락, 체중감소 |
| | 심리사회적(Psychosocial) | 자기만족, 매력 |
| Keller (1998) | 기능적(Functional) | 기름진 머리카락, 머리카락의 볼륨감 |
| | 경험적(Experiential) | 머리카락에서 좋은 향기가 난다, 좋은 느낌, 스타일이 좋아 보인다. |
| | 상징적(Symbolic) | 나는 매력적이다. 나는 패셔너블하다. |

자료원: Mark E. Parry, Strategic Marketing Management, 2001.

본서에서는 이러한 연구결과를 토대로 효익을 기능적 효익(Functional benefit), 경험적 효익(Experiential benefit), 재무적 효익(Financial Benefit), 심리사회적 효익(Psychosocial benefit)으로 나누어 살펴보겠다.

### 기능적 효익(Functional Benefits)

기능적 효익은 대개 더 나은 성능이나 효과를 주는 효익을 말한다. 예를 들어 더 커진 배터리로 더 오래가는 노트북컴퓨터, 와이파이 칩이 장착되어 있어 인터넷 서핑이 가능한 TV, 블루레이 기술로 더 선명하고 더 많은 용량의 저장이 가능한 DVD, 디지털 아웃풋 단자가 장착되어 있어서 옵션제품인 DAC(digital analogue converter) 내장 앰프와의 연결로 고성능 음질을 즐길 수 있는 TV 등이 기능적 효익이라고 할 수 있다.

### 경험적 효익(Experiential Benefit)

경험적 효익은 제품을 사용하거나 소유하면서 얻는 물리적 지각과 감성적 느낌이 수반되는 효익을 말하는 것으로 감각적(보는것, 맛보는 것, 들리는 것, 냄새맡는 것, 느끼는 것)으로 느끼는 즐거운 느낌 등의 효익을 말한다. 예를 들면, 머리감은 후의 은은한 샴푸향기, 세탁후 빨래가 뽀송뽀송한 느낌 등이 대표적인 경험적 효익이라고 할 수 있다.

### 재무적 효익(Financial Benefits)

재무적 효익은 소비자가 제품 구매시 돈을 지불하고 느끼는 효익으로 예를 들면, 시즌오프 기획전에서 할인된 옷을 구매후 느끼는 '돈을 절약한 느낌', 충치예방 치약 구매후 '치과지출비를 절약한 느낌' 등을 말한다.

## 심리사회적 효익(Psychosocial Benefits)

심리사회적 효익은 어떤 제품을 소유, 사용, 소비하는 행동에 영향을 미치는 내 자신의 행동양식(즉, 나는 일벌레, 나는 독립적인 사람, 나는 지적인 사람, 나는 이성적인 사람, 나는 성공한 사람 등)에 미치는 효익을 말한다. 예를 들어 자신이 검소하다고 생각하는 소비자는 E-mart를 이용한 후 근검절약을 실천하였다고 느끼는 경우이다. 또한 자신이 성공하였거나 성공한 느낌을 위해 벤츠나 티파니 보석을 구매할 수도 있으며, 자신이 교양있고 세련되었다고 생각하여 와인·발레·오페라를 구매하는 경우를 말한다.

다음은 효익의 종류를 의류시장에 적용한 사례이다.

〈표 6-9〉 효익평가의 예 (의류시장)

| | |
|---|---|
| 기능적 효익 | • 내 체형에 맞는 제품이다<br>• 다른 옷과 코디가 잘 된다<br>• 실용성이 있다<br>• 기능성 (골프, 등산겸용 등)이 있다 |
| 경험적 효익 | • 오래 입을 수 있다<br>• 전반적으로 품질이 좋다<br>• 다른 제품들과 차별화된 느낌이다 |
| 심리사회적 효익 | • 옷이 고급스럽다<br>• 사회적 품위를 느끼게 해준다<br>• 젊어보인다<br>• 개성을 잘 표현한다<br>• 유행을 잘 반영한다 |
| 재무적 효익 | • 값어치가 있다 |

# 4. 가치(Value)의 종류

　기업은 소비자에게 여러 속성들의 덩어리(a bundle of attributes)를 제공하지만 소비자는 효익의 덩어리(a bundle of benefits)를 구매하는 것이며, 이는 궁극적으로는 자신의 가치를 충족하기 위한 것이다. 따라서 가치는 ABV(Attribute-Benefit-Value)체인의 최종 단계가 된다.

　소비행동의 선행변수로서의 가치에 관심을 두기 시작한 것은 Rokeach(1973)의 Value Survey 이후 부터라 할 수 있다. 가치의 정의에 대해, Rokeach는 "가치란 개인적으로나 사회적으로 더 선호하는 이상적인 행동양식(mode of conduct)이나 존재의 목적상태(end-state of existence)에 관련한 하나의 지속적인 신념(an enduring belief)"이라고 하였다.

　이러한 선택행동에 영향을 미치는 요인에 대해서 Sheth등(1991)은 소비가치(consumption value)가 시장선택에 가장 큰 영향을 미치는 요인이라고 주장하면서 소비가치를 기능적가치(functional Value), 사회적 가치(social value), 정서적 가치(emotional value), 상황적 가치(conditional value), 진귀적 가치(epistemic value)라는 다섯 개의 범주로 구분하였다.

　여기서 기능적 가치란 제품의 품질, 기능, 가격, 서비스와 관련된 실용적, 물리적 소비가치이고, 사회적 가치는 제품을 소비하는 사회계층 집단과 관련된 소비가치를 말한다. 정서적 가치란 제품소비에 대한 긍정적, 부정적 가치와 관련된 소비 가치이고, 상황적 가치란 제품소비를 하게 되는 특정상황과 관련된 소비가치이다. 그리고, 진귀적 가치란 제품소비를 촉발하게 되는 새로움이나 호기심과 관련된 소비가치를 의미한다.

Ahtola(1985)의 연구는 광고표현에 나타나 있는 소비가치를 효용적(utilitarian)소비가치와 쾌락적소비가치(hedonistic)로 분류하였다. 효용적 소비가치는 기본적인 신체적 욕구(즉, 의식주에 관한 욕구 등)를 충족시키는 것과 만족할 만한 구매성과(purchase performance)의 안전성을 확보하는 것 등을 포함하는 반면, 쾌락적 소비가치는 재미·기쁨·흥분·감동 등을 포함한다고 하였다.

이러한 소비가치 연구는 소비자행동의 예측지표로써 소비자들이 중요시하는 가치가 무엇이며 어떻게 측정할 것인가에 대해서 파악할 수 있다면 시장세분화, 신제품개발, 광고매체의 이용행동 등 마케팅의 여러 분야에 적용할 수 있을 것이다.

〈그림 6-3〉'자유'라는 가치를 표현한 할리 데이비슨

자료원 : 할리데이비슨의 홈페이지(www.harley-davidson.com)

이렇게 가치(value)는 소비자행동에 밀접한 영향을 주기 때문에 신상품이 출시되어 소비자들에게 그들이 추구하는 가치를 실현해 준다고 믿는다면 신상품의 초기 선택과 확산에 큰 도움이 될 것이며, 궁극적으로는 할리 데이비슨이나 말보로, 애플 등과 같이 구매자와의 유대강화를 통해 소비자의 충성도를 높일 수도 있다.

소비자행동 연구에서 많이 사용되는 가치측정 도구의 하나가 바로 로키치의 가치조사(RVS : Rokeach Value Survey)이다.

다음은 로키치의 수단적 가치와 최종적 가치의 구체적 항목들이다.

〈표 6-10〉 Rokeach & Munson, McQuarrie의 가치

| 수단적 가치 | 최종적 가치 |
|---|---|
| 야심있는<br>관대한<br>유능한<br>쾌활한<br>깨끗한<br>상상력이 풍부한<br>독립적인<br>지적인<br>논리적인<br>책임있는<br>자기통제적인 | 편안한 생활<br>신나는 생활<br>성취감<br>아름다운 세계<br>평등<br>가족의 안전<br>자유<br>행복<br>내적조화<br>즐거움<br>자존<br>사회적 인정<br>현명 |

이 조사는 36개의 가치항목을 조사한다. 한 RVS조사에서 자동차의 '스타일'이라는 속성은 '편안한 생활', '즐거운 생활' 등의 최종가치와 관련되며, '매연 배출저감 장치'라는 속성은 '세계평화', '가족안전' 등의 최종가치와 연관이 되는 것으로 나타났다.

CHAPTER
07

# 컨셉과 시제품의 평가

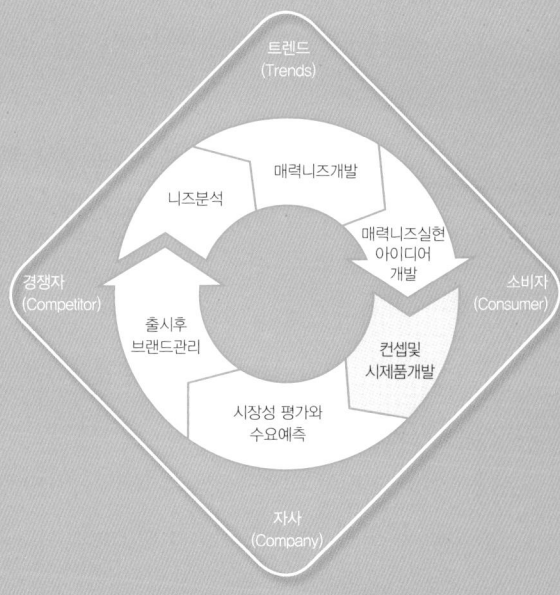

New Product Development Inspired by Consumer Needs

# 1. 컨셉테스트

　컨셉테스트란 컨셉의 시장 가능성과 그 가능성을 향상시키는 방법을 평가하는 질적 또는 양적 조사기법이다. 컨셉평가는 컨셉에 대한 소비자의 반응, 감정, 태도, 의견을 측정하기 위해 표적집단 심층면접(FGI : Focus Group Interview)이나 질문지를 활용한 소비자 개별면접, 인터넷 설문 등을 활용하는데 일반적으로 컨셉의 헤드라인을 골라내거나 수정하고, 문구의 첨가, 수정, 삭제를 통한 완성도의 향상 등을 위해 정성적인 검증을 한 후 대량의 소비자 반응을 정량적으로 얻기 위해 질문지를 활용한 조사를 후속적으로 실시하는 경우가 많다.

　컨셉테스트를 통해 얻을 수 있는 내용은 제품의 판매가능성, 제품의 포지셔닝 향상을 위한 정보, 컨셉의 수정방향 등이다. 특히 투자가 수반되거나 전략적으로 중요한 제품의 경우 좀 더 정교한 수요예측을 위해 사용되기도 한다.

　일반적으로 컨셉테스트는 정량적 정보수집을 위해서는 한 개의 컨셉당 200명 이상의 응답자가 필요하다. 만일 고려하는 컨셉이 여러 개가 있다면 한사람에게 1개씩만의 컨셉을 노출할 것인지(simple monadic test), 여러가지 컨셉을 순차적으로 노출할 것인지(sequential monadic test), 여러가지 컨셉을 한꺼번에 노출한 후 동시에 비교평가(comparison test)를 할 것인지를 결정해야 한다. 이때 중요한 것은 각 컨셉간 포지셔닝이 유사하다면 비교평가를 하는 것이 하나를 선택하기에 더 도움이 된다. 그러나 장기적으로 기준치(norm)를 만들고 이를 기준으로 의사결정을(즉, 혈압을 측정한 후 내 혈압을 기준치와 비교하여 저혈압인지 고혈압인지를 판정하는 것과 같이) 하기 위해서는 심플 모네딕(simple monadic) 디자인을 하는 것이 좋다.

### 컨셉테스트 전 점검사항

컨셉테스트하기 전에는 다음의 4가지의 분석이 가능하도록 디자인되어야 한다.

첫째, 마케팅 기회나 소비자 니즈가 존재하는지를 분석해야 한다. 신상품이 진입하고자 하는 카테고리 내의 기존제품들은 충분히 소비자의 니즈를 충족시키고 있는가? 미충족 니즈는 없는가? 목표시장의 소비자에게 새로운 니즈가 나타나고 있지는 않는가? 트렌드나 변화된 가치, 태도가 새로운 마케팅 기회를 창출하고 있는가? 등이다. 이러한 물음에 대한 해답은 경영진, 전략적인 소비자조사, 2차자료 조사, FGI 등을 통해 얻을 수 있다.

둘째, 첫번째 스텝에서 밝혀진 매력니즈나 시장기회를 상품화 할 것인지를 결정해야 한다. 회사가 소비자 니즈를 충족시킬만한 기술과 제품이나 서비스를 만들 능력과 기회가 있는가? 소비자 니즈와 이에 부합하는 컨셉이 회사의 이미지, 경영이념에 부합하는가?

셋째, 재무적 분석이다. 회사는 예상되는 인력, 연구개발비, 제조, 마케팅 비용 등을 집행할 능력과 의지가 있는가는 매우 중요한 이슈 중 하나이며, 이때 상품개발계획이나 마케팅 프로그램 등이 조정될 수 있다.

넷째, 경쟁분석을 해야 한다. 경쟁자는 누가 될 것인가? 경쟁자의 재정상태는? 얼마나 빨리 시장이 반응할 것인가? 경쟁자의 마케팅 대응 프로그램은 어떻게 예상되는가?

### 컨셉테스트 후 점검사항

컨셉테스트 후에는 어떠한 후속 절차를 밟을 것인지를 고려해야 하는데 다음의 5가지 단계가 실행되어야 한다.

첫째, 컨셉테스트에 나타난 개선방향에 맞춰 컨셉을 수정하거나 폐기해야 한다.

둘째, 컨셉테스트 결과를 활용하여 실제 제품을 만들기 위한 상세한 제품설계를 해야 한다.

셋째, 목표시장을 선정해야 한다. 어떤 신상품이라도 반드시 최초로 구입하는 소비자가 있기 마련이며 이 최초 구매 소비자의 모습, 나이, 가치관, 라이프스타일, 성격, 구매나 소비행태를 상세히 묘사할 수 있어야 한다.

넷째, 컨셉을 구현하기 위한 제품을 개발하고 이에 맞춰 광고, 프로모션, 마케팅전략을 수립해야 한다.

다섯째, 법, 재무, 생산, 관리 부분이 개발과정과 유기적으로 협력되어야 한다.

## 2. 컨셉테스트가 실패하는 이유

컨셉테스트가 실패하는 대표적인 이유로는 먼저 지금까지의 실행단계를 제대로 실행하지 않기 때문이다. 신상품 출시와 같은 중요사안은 일반적으로 시간과 예산이 부족하고, 컨셉테스트 이전에 벌써 경영계획으로 잡혀버리기 때문에 이러한 절차를 밟아 나가기가 힘들기 마련이다. 따라서 경영계획 초기 단계부터 이러한 절차 및 소요예산을 계획에 미리 반영한 후 철저한 이행이 필요하다.

또한 컨셉테스트에 대한 비현실적인 기대도 컨셉테스트를 실패하는데 일조한다. 즉, 컨셉테스트로부터 너무 많은 기대를 하는 것이다. 컨셉테스트는 고려하고 있는 컨셉이 시장 가능성이 얼마나 있는가를 결정하는데 전술적인 도움을 줄 뿐이며, 이 컨셉이 소비자의 매력적인 니즈가 있는지를 파악하는데 충분한 것은 아니다.

### 컨셉테스트에서 얻을 수 있는 것

컨셉은 타겟 시장에 존재하는 소비자 니즈를 충족시킬 수 있도록 개발된 것이므로 이를 통해 판매가능성을 파악할 수 있다. 또한 가장 시장가능성이 높은 타겟을 설정할 수 있다. 그리고 컨셉에서 전달하고자 의도했던 내용이 잘 전달되었는지를 파악할 수 있다. 이를 통해 소비자의 매력니즈 자체는 존재하는데 컨셉작성이 잘못

되었는지, 잘못되었다면 어떤 점을 수정하거나 보완해야 하는지를 알 수 있다.

# 3. 구입의사의 모든 것

### 구입의사 문항을 어떻게 만들 것인가?

컨셉테스트에서 가장 중요하고 대표적인 질문은 구입의사이다. 구입의사에 대한 응답을 통해 시장가능성을 예측하고 컨셉의 경쟁력을 파악한다. 일반적으로 구입의사는 리커트 척도를 사용하는데 5점척도가 가장 많이 쓰이지만 3점 척도나 7점척도, 10점척도가 쓰이는 경우도 있다. 3점척도나 5점척도는 응답자가 답변하기는 좋지만 점수의 분포가 넓지 않은 반면에 7점척도나 10점척도는 점수가 분포는 넓어지지만 응답자가 응답하기가 좀 더 까다로운 측면이 있다.

리커트 스케일은 1~5점간에 1점씩의 같은 간격의 점수(등간점수)를 부여하지만 응답자는 '확실히 구입할 것이다' 등의 문항설명에 더 영향을 받기 때문에 등간척도가 아닌 명목척도라는 이론도 있다. 요즘은 명목척도화된 등간척도를 더 많이 쓰는 경향이 있다. 중요한 것은 어떤 척도라도 한번 정하면 꾸준히 사용하는 것이 좋은데, 그 이유는 경험치(norm)를 쌓을 수 있고, 과거 자료와의 비교를 통해 결과를 해석하기가 용이하기 때문이다.

⟨표 7-1⟩ 5점척도 구입의사 문항

| | |
|---|---|
| 확실히 구입할 것이다 | 5 |
| 구입할 것이다 | 4 |
| 구입할 수도 안할 수도 있다 | 3 |
| 구입하지 않을 것이다 | 2 |
| 확실히 구입하지 않을 것이다 | 1 |

## 비율의 해석

먼저, 5점척도의 퍼센트를 기준으로 점수를 해석할 수 있다. 각각 Top 1 %(전체 응답자 중에서 '확실히 구입할 것이다'에만 응답한 비율), Top 2%('확실히 구입할 것이다'와 '구입할 것이다'에 응답한 비율을 합한 것), Middle 1%('구입할 수도 안할 수도 있다'에 응답한 비율), Bottom 2%('구입하지 않을 것이다'와 '확실히 구입하지 않을 것이다'에 응답한 비율을 합한 것) 등으로 구분하여 사용한다. 이를 정리하면 다음과 같다.

⟨표 7-2⟩ 컨셉평가 후 구입의사 점수

| 구입의사 | 컨셉 A | 컨셉 B |
|---|---|---|
| 확실히 구입할 것이다 (Top 1 %) | 23% | 28% |
| 구입할 것이다 | 39% | 27% |
| 구입할 수도 안할 수도 있다 | 30% | 19% |
| 구입하지 않을 것이다 | 4% | 15% |
| 확실히 구입하지 않을 것이다 | 4% | 11% |
| 구입(Top 2%) | 62% | 55% |
| 중간(Middle 1%) | 30% | 19% |
| 비구입(Bottom 2%) | 8% | 26% |

만일, 위의 표처럼 2개의 컨셉을 평가하였다면, 확실히 구입할 것이다를 먼저 해석해야 하는데 여기서는 거의 차이가 없는 것으로 나타났다. 그러나 Top 2% 기준으로는 62%, 55%로 '컨셉A'가 더 높은 평가를 받고 있다고 해석할 수 있다. 또한 '컨셉B'는 비구입(Bottom 2%) 응답률이 높아 비수용층이 두터워 시장에서 성공가능성이 낮다고 볼 수 있다.

Top 1%를 기준으로 했을 때 어떤 카테고리에서는 약 15% 이상이면 긍정적인 평가를 받았다고 할 수 있다.

그러나 구입의사 한가지 응답만으로 컨셉의 시장성을 판단하는 것은 무리가 있다. 예를 들어 구입의사는 낮지만 독특성이 높은 경우도 있고 호감도가 높은 경우도 있다. 또한 전체 응답자 평균으로 컨셉의 수용도를 판단하는 것도 중요하지만 연령별, 소득별, 관여도별 등 전술적 목표에 맞는 기준을 가지고 구입의사를 세그먼트하여 살펴보는 것도 더욱 중요하다. 구입의사 점수의 해석은 5점척도를 기준으로 했을 때 평균과 퍼센트를 동시에 고려하는 것이 좋다. 5점척도 평균기준으로 3.8 이상이면 긍정적 평가를 받은 컨셉이라고 할 수 있다.

### 카테고리별 구입의사의 차이

컨셉의 구입의사는 카테고리 마다 기준치(norm)가 다르다. 예를 들어 미국의 경우, 세제는 구입의사 Top 1%가 12%인 반면, 청소용품은 28%인 것으로 나타났다. 따라서 청소용품 카테고리에 속하는 컨셉을 개발하고 소비자조사를 한 결과, Top 1%가 30%로 나왔다면 평균치 정도의 결과이므로 그대로 상품화를 한다면 성공가능성은 적을 것이다. 그러므로 컨셉평가 결과의 해석시 카테고리마다 기준치가 다름을 감안해야 한다.

〈표 7-3〉 카테고리별 Top 1% 구입의사

| 카테고리 | 반드시 구입하겠다(Top 1%) |
|---|---|
| 세제 | 12% |
| 방향제 | 18% |
| 식품 | 20% |
| 청소용품 | 28% |

### 기준치(norm)에 따른 해석

국가를 기준으로 했을 경우 일반적으로 GDP가 낮을수록, 저개발국가일수록 컨셉에 대한 점수가 높은 경향을 보인다. 이는 데모그래픽 기준으로 보았을 경우에도 차이가 나는데 개인 소득이 낮을수록, 연령이 높을수록, 평가 점수의 평균이 높다. 즉 관대화 경향이 두드러진다.

예를 들어 가공식품의 경우 평균 3.8의 점수는 한국에서는 약간 긍정적인 평가로 볼 수 있으나 중국에서 평가한 점수라면 평균적인 평가를 받은 것으로 볼 수 있으므로 반드시 카테고리의 평균점수를 입수하여 점수를 비교해석해야 한다.

⟨표 7-4⟩ 국가별 구입의사의 차이 (식품 카테고리)

| 구입의사 | 미국 | 일본 | 중국 |
|---|---|---|---|
| 확실히 구입할 것이다 (Top 1%) | 28% | 3% | 8% |
| 구입할 것이다 | 32% | 38% | 34% |
| 구입할 수도 안할 수도 있다 | 18% | 28% | 39% |
| 구입하지 않을 것이다 | 7% | 23% | 15% |
| 확실히 구입하지 않을 것이다 | 15% | 8% | 4% |

### 과대응답의 조정(Adjusting for Overstatements)

소비자는 흔히 구입의사나 구입 빈도를 과대응답하는 경향이 있다. 따라서 이를 감안하여 컨셉에 대한 반응을 해석해야 한다. 대안으로서 카테고리 기준치(norm)나 다른 컨셉(control concept)과 비교하거나, 사용빈도의 과대측정의 문제를 해결하기 위해서 과대응답 조정 요인(deflation factor)를 개발할 필요가 있다. 즉, 기존 카테고리 브랜드를 얼마나 구입하는 가를 질문한 후 이를 비교적 시장상황을 잘 반영하는 소비자 패널 자료와 비교하여 조정한다.

# 4. 추가적인 6가지 변수

구입의사를 살펴보되 구입의사가 높으면 다른 변수들도 이를 뒷받침하는지를 살펴본다. 구입의사가 낮으면 다른 설명변수에서 문제의 실마리를 찾는다. 구입의사 변수만으로 컨셉의 성공여부를 측정하는 것은 바람직하지 않다. 따라서 구입의사 외에 추가로 검토해야할 주요 변수들은 다음과 같다.

- 독특성(uniqueness)
- 소비자 니즈와의 관련성(Relevance to the consumer's needs)
- 주 아이디어(Main idea)
- 중요도(Importance)
- 구입빈도(Frequency of purchase)
- 구매이유(Reasons for purchase)

### 독특성(Uniqueness)

6개의 주요 변수 중 가장 중요한 변수로 소비자는 현존 시장 주도자(market leader) 제품에 만족하고 있을 경우 굳이 유사제품을 구입할 필요를 못 느낀다. 따라서 일반적으로 독특성이 부족하면 구입의사는 떨어진다. 안정적 시장의 경우 구입의사 응답범위가 좁아지는 경향이 있는데, 이때 구입의사는 예측도구로서 적당하지 못하게 되며, 오히려 독특성이 더 좋은 예측도구가 될 수 있다.

### 소비자 니즈와의 관련성(Relevance to the consumer's needs)

구입의사는 두 컨셉간에 별 차이가 없으나 '나의 필요성'과 관련해서는 차이가 날 수 있다. 이러한 경우는 구입의사 보다 변별력이 높다.

### 주 아이디어(Main Idea)

응답자가 컨셉에서 강조한 핵심효익을 언급하였는지를 살펴본다. 언급되지 않았을 경우에는 컨셉을 수정해야 하며, 언급되었다 하더라도 부가적 속성(minor 속성)을 언급하였으면 컨셉의 전달력이나 내용에 문제가 있다고 봐야 한다.

### 중요도(Importance)

중요도 측정은 획기적 제품(breakthrough product : 소비자가 일반적으로 사용하거나 막연히 생각해온 어떤 제품과 완전히 다른 제품)의 컨셉을 테스트할 때 유용한 변수이다. 중요도 점수가 높았다 하더라도 구입의사는 낮게 나올 수 있다. 왜냐하면 소비자는 컨셉에서 제시된 효익을 정말로 그 제품이 제공할 지에 대해 의아해 할 수 있기 때문이다. 예를 들면, '세탁세제가 옷감 수축을 방지한다', '10년 이상 쓸 수 있는 볼펜' 등이 좋은 예이다. 만약 구입의사가 낮게 나왔다면, 중요도 점수를 Top-Two, Bottom-Three로 나누어 구입의사와 교차분석해 볼 필요가 있다. 이 때 중요도가 구입의사에 대한 반응을 해석하는데 좋은 진단도구(diagnostic tool)가 될 수 있다.

### 구입빈도(Frequency of purchase)

구입의사가 평균적이면서도 구입빈도는 높을 수 있으며, 또 구입의사는 평균적인데도 구입빈도는 낮을 수 있다. 전자의 경우는 컨셉수용도는 낮다 하더라도 상품화는 가능하며, 후자의 경우에는 컨셉수용도는 좋으나 아직 구입으로 연결될 정도로 컨셉에 대한 태도가 형성되어 있지 않다고 할 수 있다. 이렇듯 구입빈도는 새로운 컨셉의 시장경쟁력을 파악하는데 중요한 질문 항목이라고 할 수 있다.

### 구매이유(Reasons for purchase)

구입의사의 높고 낮음에 따른 이유를 질문하는 것은 컨셉의 강점, 약점, 그리고 컨셉의 개선방향 도출에 도움을 준다.

구입의사는 보통 '긍정, 중간, 부정'으로 나누어 분석하기도 하고 '긍정, 중간·부정' 등 2그룹으로 나누어 분석하기도 한다. 이 두 가지 방법 중 어떤 것이 더 좋은 방법이라는 기준은 없다. 다만 컨셉의 주요 아이디어(main idea)는 구입의사 이유에서 가장 자주 언급될 것이며, 그렇지 않다면 컨셉의 어떤 문제가 존재한다는 것을 암시하는 것이다.

# 5. 제품 평가

컨셉이 소비자의 니즈를 충족시키기 위한 설계라면, 시제품은 컨셉의 설계를 실제로 구현한 것이다. 이 시제품이 몇차례 수정을 거쳐 최종 완성되고, 실제로 소비자가 소비하는 과정에서 충분히 니즈가 충족됨을 느끼면 제대로 상품화가 실현되었다고 할 수 있다.

### 제품평가 목적

제품평가를 하는 첫 번째 목적은 제품이 '연구개발 부서의 설계대로 제품이 구현되었는가' 이다. 이는 제품의 객관적 품질로서 연구실에서 측정가능하다. 즉, 식품의 경우 당도를 측정하는 단위를 브릭스(brix)로 표시하는데(1브릭스는 100g당 1g의 설탕이 포함되어 있다는 의미임) 8브릭스로 설계했다면 실제로 제품에서 제대로 구현되었는지를 평가할 수 있을 것이다. 또는 오토바이 헬멧의 제품의 강도를 평가해보기 위해서 실험실에서 생산된 제품을 무작위로 골라서 강도측정기로 강도를 테스트 해볼 수 있을 것이다.

두 번째는 컨셉에서 주장한 핵심효익을 제품이 제대로 구현하고 있는가를 파악하는 것이다. 예를 들어 이태리식 쫄깃한 젤라또 아이스크림의 '쫄깃함'이라는 효익을 어떻게 측정한 것인가? 이는 소비자 개개인의 입맛, 당도, 냉장보관 상태, 취식환경 등 다양한 환경에 따라 다르게 느낄 수 있으며, 이것이 실제 소비환경이자 현실이다. 아무리 '쫄깃함'을 실험실 수치로 측정한다 하여도 소비자의 주관적인 품질의 인식(perceived quality)에 따라 출시된 제품의 평가는 달라지게 될 것이다. 이를 측정하기 위해서는 실험실 평가가 아닌 소비자 조사를 통하는 것이 바람직하다.

세 번째는, 제품의 개선이나 원가절감 목표이다. 최근 일본의 과잉품질에 대한 논란이 일고 있다. '과잉품질'이란 소비자와 시장이 기대하는 것보다 품질이 넘친다는 뜻으로, 바꿔 말하면 기대보다 가격이 너무 높다는 의미이기도 하다. 소비자가 느끼는 품질의 만족도는 절대치가 아니라 상대적인 가치다. 일본 기업들이 오늘날 심각한 판매부진에 허덕이게 된 원인 중 하나는 이러한 품질의 상대적 가치를 간과했기 때문이다. 반대로 중국 등 동남아산 제품의 품질 수준과 같이 기대치보다 못한 경우를 과소품질이라고 한다. 소비자들은 과소품질의 중국산 제품을 외면하지만, 과잉품질인 일본산 제품도 외면하게 된다. 따라서 소비자에게 검증된 컨셉이 주는 핵심효익을 제공하는 품질이 달성되지 않는다면 제품평가를 통해 지속적인 개선이 필요하며, 목표 품질을 달성하기 위한 비용은 아끼지 말되 일본처럼 필요 이상의 품질을 위해 원가를 낭비하는 것도 제품평가를 통해 지양해야 할 것이다.

### 제품평가 방법

제품평가에는 3가지 방법이 있는데 실험실 평가, 전문가 평가, 소비자 평가이다. 각 방법들은 장단점이 있으므로 상황에 맞도록 잘 활용해야 한다.

### 1) 실험실 평가

제품의 성능, 품질 등은 일차적으로 실험실 평가를 통해 이루어진다. 컨셉을 구현하기 위해 설계된 제품은 시제품 또는 완제품에 설계한 대로 제조가 되었는지를 확인해야 하는데 이때는 성능평가 도구를 통한 실험실 내에서의 평가가 정확하다고 볼 수 있다.

그러나 실험실 평가는 두가지의 단점을 가지고 있다. 첫째, 제품의 실제 사용상황을 반영하지 못한다. 예를 들어 면발이 쫄깃하고 굵은 우동라면을 개발했다고 가정하자. 이 제품은 면발이 기존 라면 보다 굵기 때문에 조리 시간이 기존 라면의 5분보다 긴 6분이 걸리고, 물은 550ml가 아닌 650ml가 필요하다. 실험실 평가에서는 비이커에 정확히 650ml 인지 측정을 하고 초시계로 정확히 6분을 끓인 후 시식해본 결과 컨셉에서 주장한 대로 면발이 쫄깃함을 확인하였다. 그러나 실제 소비상황에서 주부들은 라면을 끓일 때 모두가 비이커 등의 측정도구를 이용하여 냄비에 물을 넣지 않을 것이며, 오랫동안 라면은 5분간 끓여온 습관이 있어 1분을 더 끓여야 한다는 사실이 제품 뒷면 설명서에 상세히 설명되어 있음에도 간과하거나 30초 정도를 더 끓이고 6분을 끓였다고 착각할 수도 있다. 이렇게 조리한 우동라면은 당연히 덜 삶아져 뻣뻣하고 적은 물의 양 때문에 짜거나 실험실에서 구현된 본연의 맛이 나지 않을 것이다. 그러나 주부는 이 제품이 조리하기 불편하며, 맛이 없다고 판단하게 되고 이는 다음 번 재구매에 심각한 영향을 끼칠 것이다.

또한 사용상황은 성별, 연령, 지역, 국가에 따라서도 차이가 있을 수 있으므로 이를 감안하여야 하지만 실험실 평가에서 이를 파악하기는 어렵다.

둘째, 연구개발자들은 아무래도 기술적인 수치 등에 관심을 더 갖기 때문에 객관적 품질을 중시하는 경향이 있어 소비자의 지각, 인식이 반영되는 인식품질(perceived quality)을 소홀히 할 가능성이 있다. 시장에서 소비자들은 자신들의 주관적인 판단기준에 따라 핵심효익을 판단하기 때문에 연구개발자와 소비자간에 괴리가 생기기 쉽다.

따라서 실험실 평가는 개발 초기나 사전 검증 차원에서 활용하고 본격적인 제품 품질 평가는 소비자 조사를 통해서 파악하는 것이 좋다.

### 2) 전문가평가

제품의 평가를 내부의 전문가 즉, 마케팅 담당자나 임원, 연구원 등이나 외부전문가가 평가를 하는 경우가 많이 있다. 특히 식품이나 화장품 회사들은 맛 테스트나 사용테스트 등에 활용되는데 이들이 최종 소비자를 충분히 대변하는지에 대해 판단해 볼 필요가 있다. 만일 소비자들이 과거 경험이나 일시적인 심리상태에 영향을 많이 받는 소비행태를 보인다면 전문가 평가는 소비자의 평가를 제대로 반영하지 못할 수 있다.

### 3) 소비자 평가

소비자들은 상품에 대한 실험실의 평가처럼 객관적인 사실에 영향을 받아 제품을 평가하지만, 개인의 특성과 환경에 따라 주관적인 평가를 하는 경우도 많다. 예를 들어 '참이슬'을 상표를 붙인 상태에서 평가(branded test)할 때와 상표를 붙이지 않은 상태에서 평가(blind test)할 때는 선호도가 다르게 나올 수 있다. 또는 '폴로셔츠'를 백화점에서 판매할 때와 할인점에서 판매할 때의 선호도가 달라질 수 있다.

또한 컨셉에서 제시된 핵심효익과 관련된 기대품질이 실제 제품 생산 후 완제품과의 경험품질간에는 차이가 있기 마련인데 이 차이가 문제가 될 정도의 큰 차이는 없는지, 이 차이를 줄이기 위해서는 어떤 부분을 개선할 것인지 파악할 필요가 있다. 이러한 점들은 실험실 평가나 전문가 평가에서는 이를 파악하기 힘들기 때문에 반드시 소비자 평가를 실시해야 한다.

### 제품평가의 설계법

제품평가 결과는 평가를 위한 조사설계를 어떻게 하는가에 따라 크게 달라질 수 있다. 다음에 소개하는 설계방법은 각각 장단점이 있으므로 평가목적에 따라 활용하되, 가급적 한가지 방법을 지속적으로 사용해야 과거 DB를 활용하여 기준치를 정할 수 있음에 유의해야 한다.

1) 절대평가법

품질평가에는 하나의 제품에 대해 경험하고 평가하는 절대평가와 두 개 이상의 제품을 동시에 평가하고 어느 것이 더 나은지 평가하는 비교평가가 있다. 절대평가는 신상품에 대해 경쟁제품의 품질 수준과 비교하지 않고 단순히 먹어보거나 사용해 본 후 평가하는 방법이다.

절대평가법에는 단순 절대평가(simple monadic test)와 순차적 절대평가(sequential monadic test) 등 두가지 방법이 있는데, 장단점은 다음과 같다.

〈표 8-9〉 절대평가법의 종류와 장단점

|   | 단순 절대평가<br>(simple monadic test) | 순차적 절대평가<br>(sequential monadic test) |
|---|---|---|
| 내용 | 한 응답자가 한 제품만을 평가 | 한 응답자가 2개 이상의 제품을 순차적으로 절대 평가 |
| 적용<br>상황 | 테스트 제품수가 2~3개 이하인 경우 | 테스트 제품수가 4개 이상인 경우 |
| 장점 | • 실제 구매 및 사용상황과 동일.<br>• 제품간 교차효과 없음<br>• 기준치(norm)적용가능 | 조사비 절감하면서도<br>단순절대 평가 효과를 얻음 |
| 단점 | • 고비용<br>• 많은 소요 시간 | • 평가 시 순서효과 (order effect) 존재<br>• norm구축에 제한적<br>• 응답자의 응답피로도 증가에 의한 평가신뢰도 저하 |

(1) 단순 절대평가법

단순 절대평가(simple monadic test)법에 의하면, 응답자는 한 제품만을 경험하고 평가하게 되므로 평소의 제품 소비상황과 매우 유사하고 다른 제품과 비교 평가하는 데 따른 각종 바이어스(bias)도 적다. 또한 절대 평가치를 지속적으로 축적하게 되면 내 혈압을 일정기간 마다 체크하고 기록하여 혈압의 높낮이의 변화 추이를 살펴 질병예방에 도움을 받는 것처럼, 신상품의 품질변화 추이를 출시 후에도 추적하여 품질의 수정보완에 활용할 수 있고, 기업 내 유사 카테고리 제품들의 점수와 비교평가도 할 수 있는 경험치(norm)를 쌓는데 가장 좋은 방법이다.

예를 들어 신상품 1개와 주요 경쟁 제품 2가지를 평가할 경우, 한 제품당 200명의 소비자에게 평가를 받는 다고 가정하면 200명 ×3개 신상품 = 600명의 소비자가 필요하므로 비용과 시간이 많이 소요되는 단점이 있다. 그러나 테스트에서 신상품의 품질 수준이 경쟁사 대비 낮았다고 하면, 경쟁제품은 이미 절대수준 점수를 측정했으므로 개선된 신상품만 다시 평가(즉 200명에게만 다시 평가 받으면 됨)를 받으면 된다. 또한 이와 같은 몇 번의 측정결과가 반복되면 내 혈압치를 다른 사람들의 평균 혈압치(이를 reference 또는 norm이라 함)와 비교하여 정상범위안 드는 것인지, 높거나 낮은 것인지를 순식간에 비교하여 대응할 수 있는 것처럼 신상품의 품질 수준을 손쉽게 진단할 수 있게 된다.

### (2) 순차적 절대평가법

평가 제품이 여러 개이고, 조사 예산이 한정되어 있고 시간이 촉박할 경우에는 순차적 절대평가(sequential monadic test)법을 사용할 수 있다. 이 방법은 평가할 제품이 여러 개인 경우 이용하기 좋다. 예를 들어 블루베리 주스 신상품 1개와 경쟁제품 A, B 등 총 3개 제품을 순차적 절대평가 방식으로 테스트한다고 할 때, 단순 절대 평가방식은 소비자 200명이 블루베리 주스, 또다른 소비자 200명이 경쟁제품 A, 또다른 소비자 200명이 경쟁제품 B를 테스트하는 방식이므로 총 600명의 소비자 평가가 필요하다. 그러나 순차적 절대평가 방식은 소비자 200명이 블루베리 주스를 마셔보고 평가한 후, 곧이어 경쟁제품 A를 마셔보고 평가, 다음으로 경쟁제품B를 마셔보고 평가하는 방식이다. 따라서 단순 절대평가 방식보다 응답자 수가 400명이나 덜 소요되므로 비용과 시간이 크게 절약된다.

그러나 이 방법을 사용할 때 주의 할 점은 다음과 같다. 첫째, 경험치를 측정할 때는 3개 제품을 평가했다고 할 때 두번째 평가되는 제품은 첫번째 제품의 평가 경험이 영향을 미치고, 세번째 제품의 평가시에는 앞서 두개 제품의 평가경험이 영향을 미치게 되므로(order effect) 다른 제품평가에 영향을 전혀 받지 않는 첫번째 제품만을 경험치로 축적해야 한다. 둘째, 응답자는 한꺼번에 3개의 제품을 사용해보고 평가해야 하므로 단순 절대평가시 보다 응답의 양과 시간이 3배 소요되므로 피로가 누적되어 불성실한 응답을 할 가능성이 높아짐으로 가급적 설문지의 길이를 짧게 하는 것이 좋다.

### 2) 상대평가법

신상품 평가시 경쟁제품의 품질수준이 오차범위 내에 들고, 정교한 기준치(norm)이 구축되어 있지 못한 경우, 어느 것이 더 우월한 품질을 갖고 있는지 판단하기 어렵게 된다. 절대평가는 많은 장점에도 불구하고 평가 제품이 여러 개 일때는 많은 시간과 비용이 소요된다. 이를 보완한 방법이 상대평가법이다. 상대평가는 다시 2개의 조합을 평가하는 비교평가(paired comparison)와 3개의 조합을 평가하는 삼자비교(triangular comparison) 방식이 있다. 그러나 제품을 상호 비교 평가한다는 점에서는 기본적으로 같은 방식이라 할 수 있다. 상대평가 방식은 직접적인 상호 비교평가를 하므로 명쾌하게 두 제품의 우월을 평가할 수 있지만 품질 수준이 비슷한 경우에도 두 제품을 강제로 비교 평가하게 되면 오히려 평가결과가 왜곡될 수 있다. 또한 이 방식은 신상품을 너무 품질이 우월한 제품과 비교 평가하게 할 경우 지나치게 낮은 평가를 받게 될 우려가 있는 등, 어떤 제품과 비교 평가하느냐에 따라 품질 평가 수준이 달라 질 수 있으므로 평가 제품의 절대수준을 파악할 수 없다. 또한 이 결과를 경험치(norm)로 축적하는 것은 바람직하지 않다.

〈표 8-10〉 비교평가 방법의 장단점

|  | 비교평가<br>(Paired comparison test) |
|---|---|
| 내용 | 한 응답자가 동시에 2개 이상의 제품을 비교 평가하는 것으로<br>신상품과 주요 경쟁제품을 동시에 비교평가하는 경우가 많음 |
| 적용<br>상황 | 테스트 제품이 2개 이상인 경우 |
| 장점 | 조사비와 시간 절감<br>명쾌한 비교우위 결과 도출<br>평가 제품간 품질수준이 비슷하여도 순위 도출 가능 |
| 단점 | 경험치(norm) 구축 불가<br>제품의 절대수준 파악 곤란 |

이상과 같이 신상품의 평가시 어떤 방식으로 평가를 할 것인가는 각 평가방법의 장단점과 비용, 시간등을 고려하여 신중하게 선택해야 할 것이다. 다만, 결과의 올바른 해석을 위해서는 경험치를

쌓는 것이 중요한데, 이를 위해서는 바이어스가 가장 적은 단순 절대평가(simple monadic test) 방법을 활용하는 것이 바람직하다.

### 3) 블라인드 평가법

성공하는 제품이 되기 위해서는 시도구매뿐 아니라 반복구매가 지속적으로 이루어 져야하는데, 시도구매는 제품의 컨셉이나 광고, 진열, 판촉 등에 영향을 많이 받지만 반복구매는 제품을 사용해 본 후 재구매하는 것이므로 제품의 품질이 절대적인 영향을 미친다. 이러한 반복구매 가능성을 판단하는 기준이 품질 평가이고 품질의 절대수준을 가장 잘 평가할 수 있는 방법이 바로 블라인드 평가이다.

블라인드 평가는 소비자에게 상표를 가리거나 지운 상태에서 평가를 받는 방법이다. Allison and Uhl(1964)은 일반 소비자들을 대상으로 맥주 맛 평가를 하였는데, 상표를 붙이고 했을 때에는 자신들의 주사용 상표에 대해 높은 평가를 하였으나, 상표를 붙이지 않은 상태 즉, 블라인드 평가시에는 맥주들간의 맛을 구분하지 못하는 것으로 나타났다. 이러한 블라인드 평가는 많은 시사점을 제공하는데 신상품의 경우 브랜드 충성도가 형성되지 않은 상태이므로 반복구매를 위해서는 맛의 절대평가 수준이 경쟁사 보다 높거나 최소한 같아야 한다는 것이다. 인지도나 충성도도 없는 신상품이 절대품질 마저 낮다면 그 신상품의 성공가능성은 매우 낮다고 할 수 있다.

### 4) 실험설계 평가법

신상품은 컨셉의 핵심효익을 구현하기 위해 여러가지 기능의 조합을 가질 수 있다. 예를 들어 스마트폰의 경우 무게, 배터리 성능, 속도 등의 주요 요인들 중에서 속도를 높이기 위해서는 배터리의 지속성이 떨어질 수 있고, 배터리 사용시간을 늘이기 위해서는 용량이 커지게 되고 무게는 무겁게 될 것이다. 이런 경우 소비자가 선호하는 최적의 조합을 찾기 위해 컨조인트와 동일한 실험설계 방법을 사용할 수 있다. 컨조인트 분석은 주로 컨셉 단계에서 실시하지만 제품 실험설계에서는 실제 제품의 여러 조합을 직접 제작하여 평가할 수 있다. 이러한 방법에는 타구치법(Taguchi methods)이나 RDE(Rule Developing Experimentation)법 등이 있다. 실험설계 법은 여러가지 선택대안에 대한 다양한 제품을 직접 제시하고 소비자에 의한 평가를 받는 방법이므로 시간과 비용에 늘 압박 받는 신상품개발 특성상 너무 많은 조합을 평가하기는 힘들다. 따라서 초기 제품개발 단계가 아닌 주요 설계나 성능 등이 확정되어 최종 조합의 완성단계에서 실시하는 것이 더 효율적일 것이다.

CHAPTER
08

# 히트상품 가능성 파악
## (신상품 수요예측)

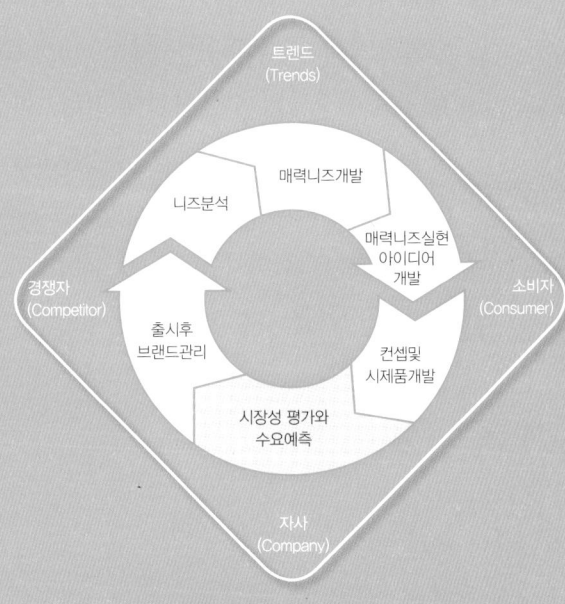

New Product Development Inspired by Consumer Needs

# 1. 모의시험시장 및 시험시장의 기초이론

　신상품은 일정한 단계를 거치면서 매출이 일어나게 된다. 이에 관한 유명한 이론으로는 소비자들의 구매가 어떻게 확산되는지를 설명하는 로저스의 확산이론과 구매자의 구매과정을 가지고 설명하는 효과계층 이론이 있다.

### 혁신의 확산이론

　먼저 혁신의 확산(diffusion of innovation) 이론은 어떤 혁신적인 신상품이 출시되면 일찍 구매한 소비자는 아직 구매하지 않은 소비자에게 구전효과(word of mouth)를 미친다. 〈그림 8-1〉과 같이 소비자들의 수용시점에 따라, 혁신자(innovators), 조기수용자(early adopters), 조기다수자(early majority), 후기다수자(late majority), 최후수용자(laggards)로 분류할 수 있다.

　이 모형은 소비자들을 수용 시점에 따라 평균에서부터의 거리에 따라 소비자를 구분한 것이다.

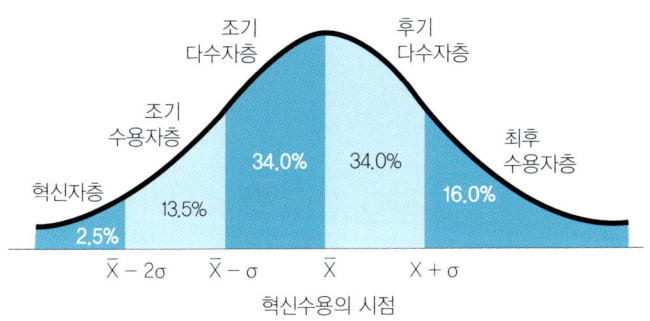

〈그림 8-1〉 신상품의 수용시점에 따른 수용자분포

이 로저스 확산모형에 따르면 혁신자들이 신상품을 시도구매한 후 구전효과 등으로 인해 다른 소비자들에게 확산과정이 전이되면서 시도구매를 야기시킨다. 반면에 비수용자 수는 감소하게 되는데 이를 모형화한 것이 Bass모형이다. 이 모형은 내구재의 판매과정을 설명하는데 주로 사용된다.

### 신상품의 수용과정 모형

신상품의 수용과정 모형은 소비자들의 구매과정을 그래픽 모형화한 것으로, 소비자는 구매를 할 때 곧바로 구매를 하는 것이 아니라 '인지 → 관심 → 평가 → 시도구매 → 반복구매'의 단계를 거친다는 것이다.

<그림 8-2> 신상품의 수용과정 모형 (AIETR 모형)

　A신상품이 시장에 출시되면 먼저 소비자는 반드시 인지를 해야 한다. 만약 인지하지 못하면 다음 단계인 관심을 가지고 정보탐색을 할 수 없기 때문이다. A신상품에 관심을 가지고 있는 소비자는 신상품에 대해 자신의 미충족 욕구를 해결해 줄 충분한 효익을 가지고 있는지, 가격은 적당한지, 구입은 어디서 해야 하는지, 현재 주로 구입하고 있거나 호감을 가지고 있는 다른 제품과 비교할 때 어떤 이점이 있는지 등에 대해 정보를 탐색하게 된다. 그 결과 긍

정적인 평가를 하여 시도구매를 해도 좋을지에 대한 확신이 들면 시도구매를 한다.

시도구매는 구매자에게는 이 신상품에 관한 한 생애 첫 번째 구매가 되며, 시도구매는 A신상품에 대한 광고나, 판매원의 설명, 제품의 포장 및 설명, 주위의 평판, 판매장소와 진열상태 등의 정보를 통해 이루어진다. 따라서 신상품의 컨셉이 결정적 역할을 하게 된다. 이때까지는 샘플 등을 사용해 볼 수는 있으나 제품 품질에 대한 확신이 있는 상태는 아니며, 대개 컨셉에서 주장하는 효익에 대한 기대감으로 구매를 하게 된다. 시도구매 후 소비자는 제품의 품질에 대해 정확히 알게 된다. 어떤 소비자는 기존의 정보를 통해 기대했던 품질 이하여서 재구매를 포기할 것이고 어떤 소비자는 품질이 마음에 들어서 다음에도 A신상품과 같은 카테고리의 제품이 필요할 때, A신상품을 재구매하게 될 것이다.

이상의 신상품 수용과정(AIETR) 모형에 대해 좀 더 자세히 살펴보자. 예를 들어 액상 세탁세제인 'A신상품'이 출시되었다고 가정하자. 목표시장의 잠재고객수는 100명이라고 가정한다. 100명 중 A신상품을 인지하는 고객수가 30명이라면 인지율은 30%(비인지자는 70%)가 된다. 소비자 시험시장 평가 결과 컨셉을 노출한 후의 구입의사자 비율이 40%라고 하면 탐색단계로 넘어가는 소비자 수는 12명 = 100명 × 인지율 30% × 구입의사율 40%가 될 것이다. 탐색자 12명 중 시도구매를 한 소비자가 50%라면 시도구매자는 6명이며, 반복구매자가 50%라면 3명이 반복구매를 하게 될 것이다. A신상품의 총구매자수는 시도구매자와 반복구매자를 더하면 되며, 이를 정리하면 다음과 같다.

신상품A 구매자 수
= 시도구매자 (목표시장 고객 100명 × 인지율 30% ×
구입의사율 40% × 시도구매율 50%) + (시도구매자 ×
반복구매율 50%)


따라서, 최종 구매자 수는 시도구매자 6명, 반복구매자 3명 등 총 9명이 될 것이다.

이와 같이 효과계층모형에 따르면 신상품 출시후 각 단계를 거칠 때마다 잠재 구매자 수가 큰 폭으로 줄어드는 것을 알 수 있다. 그러므로 신상품을 구매하는 각 단계는 어느 하나라도 소홀하게 관리된다면 신상품의 판매량은 급감할 것이다.

예를 들어 90% 구입의사를 갖는 컨셉제품이라도 인지도가 10%로 낮으면 컨셉 잠재 구입의사는 9% = 60% × 10%로 낮아지게 되는데, 자칫 성공적인 컨셉제품임에도 불구하고 시장성이 낮은 신상품 컨셉으로 오판할 수 있다. 또한 반복구매율이 70%로 매우 높은 수준임에도 불구하고 시도구매율이 5%에 불과하다면 반복구매자수는 목표시장 고객수의 3.5%에 불과할 것이다. 이 경우 제품품질에 결정적 영향을 받는 반복구매 측면에 있어 신상품의 품질 수용도는 70%로 매우 높으나 시도구매율이 지나치게 낮은 것이 주원인 인데도 불구하고 신상품의 판매부진을 품질문제로 오인할 수도 있다.

이와 같이 효과계층모형의 각 단계를 분리하여 측정하고 분석하게 되면 신상품의 수요예측은 물론 판매 원인과 대응책을 수립하는 데 전략적 시사점을 얻을 수 있다.

효과계층모형은 이밖에도 Strong (1925)의 AIDA(Awareness, Interest, Desire, and Action) 모형, Lavidge & Steiner(1961)의 효과계층모형(Unaware, Aware, Knowledge, Liking, Preference, Conviction, and Purchase) 등이 있다.

## 2. 수요예측 모델의 종류

고객의 니즈를 최대한 충족시키는 신상품이라고 해서 반드시 만족스러운 매출을 보장해주는 것은 아니다. 개발된 신상품의 최대 매출잠재력을 확인해 보고, 실제 신상품 출시 후에 매출잠재력을 최대한 끌어내기 위해서는 어떠한 마케팅 전략믹스를 사용할 것인지, 사용할 수 있는 예산은 얼마나 되는지 등을 종합적으로 고려해야 한다. 즉, 신상품 출시 후에 어느 정도의 광고비를 사용할 것인지, 소비자들이 제품을 구매가능하도록 어느 정도의 유통 커버리지를 가져갈 것인지, 어느 정도의 샘플링을 할 것인지 등에 대해 시뮬레이션을(what if 분석) 해보고 최대의 매출이 실현되는 전략믹스를 실행할 수 있어야 할 것이다.

다음은 제품의 수요예측을 위한 다양한 모델을 정리한 것이다.

<표 8-1> 수요예측의 종류

| 구분 | 종류 | 예측기법 |
|---|---|---|
| 정성적 방법 (Qualitative Method) | Consumer Survey | Purchase game in FGI |
| | 주관적 예측법 | CEO's Judgment / Executive Judgment Salesforce Composite / Delphi Method / Brain Storming |
| | 비교 유추법 | 자료가 존재하지 않을 때 유사 제품 또는 카테고리의 수요패턴이나 선진국 사례 등과 비교유추 |
| 정량적 방법 (Quantitative Method) | Consumer Survey | Idea Test / Concept Test / Concept & Use Test / Purchase Game |
| | 시험시장 (Test Market) | Fourt & Woodlock 모델, Parfitt & Collins모델 |
| | 모의시험시장 (STM; Simulated Test Market) | Share Forecasting : ASSESSOR, DETECTOR, DESIGNOR |
| | | Volume Forecasting: ASSESSOR, MICRO TEST, BASES, CJ-FORECASTER |
| | 시계열 분석법 (Time Series Analysis) | Naïve method, Moving average method, Exponential smoothing, ARIMA BOX-JENKINS |
| | 계량경제 모형 | Regression Method / Logit |
| | 성장곡선모형 | BASS / Gompertz |

    수요예측은 크게 정성적인 방법과 정량적인 방법으로 나누어 볼 수 있다. 정성적인 수요예측 방법은 응답자 수의 많고 적음 보다는 대략적인 수요의 방향을 정하는 방법으로 정량적 수요예측 기법들 보다는 오차가 크다. FGI를 진행하면서 신상품과 기존제품간의 구입게임이나 구입의사나 연간 구매가능량 등을 질문하는 방법이나

회사나 업계를 가장 잘 아는 최고 경영자나 고위임원이 수요를 판단하는 방식도 있다. 또는 업계의 전문가들의 의견을 수렴하여 판단하는 델파이법도 있다.

또다른 수요예측 방식은 정량적 방법에 의한 것인데, 정성적 수요예측 모델들과는 달리 비교적 많은 수의 샘플을 이용하여 본격적인 수요예측을 하는 방법으로 상대적으로 오차율이 적다. 이들 모델 중 주요한 몇가지 모델에 대해 자세히 알아보기로 하자.

# 3. 잠재수요 예측 모델

### 잠재수요 예측 모델의 유용성

잠재수요 예측이란 신상품이 출시 되었을경우 현실적인 마케팅 노력이나 자원 등을 고려하지 않고 최대의 노력과 자원을 투여했다고 가정할 경우의 최대 매출 예측치를 말한다. 이러한 잠재수요 예측 모델은 몇 가지 측면에서 매우 유용하게 활용할 수 있다.

먼저, 신상품 개발 초기단계 즉, 핵심효익 컨셉이나 포지셔닝 컨셉 개발단계 등에 적용해서 경쟁력 있는 컨셉을 골라낼 때 단순히 선호도나 구입의사 보다는 매출 잠재력을 예측하여 매출잠재력이 큰 컨셉을 기준으로 제품개발하는 것이 더 신상품의 성공확률을 높일 수 있을 것이다.

특히, 컨셉 단계는 어차피 신상품의 초기 형태로 향후 신상품 개발 프로세스를 거치면서 변동의 여지가 많으므로 많은 변수와 가정이 필요한 정교한 수요예측은 지나친 감이 있다.

둘째, 예측된 잠재 수요가 아무리 크다 하더라도 기업에서 실제 신상품 출시 시 회사의 능력, 자금사정이나 경쟁사 동향 등 전략적인 이유에 따라 광고예산이나 유통 커버리지, 판촉 등에 최대의 지원에는 한계가 있기 마련이다. 따라서 잠재수요가 예측되었다 하더라도 이는 기업의 현실에 맞게(대부분 낮아짐) 현실적으로 조정되어야 함에 주의해야 한다. 또한 최대 잠재력에 도달하기 위해서는 출시 후 몇 년이라는 세월이 걸릴 수 있으므로 매출달성 시간도 고려해야 한다.

셋째, 잠재수요 예측 단계에서는 매출액 추정 보다는 소비자 니즈를 어떤 식으로 충족시킬 것인가에 대한 개발 방향의 시뮬레이션이 더 유용할 수 있다. 예를 들어 스마트폰의 경우 화면을 3.5인치와 4인치 중 어느 것이 더 매출 잠재력이 클 것인지, 입력방식이 화면 터치식과 쿼티자판 입력 방식 중 어느 것이 더 매출 잠재력이 클 것인지를 파악하는 것이 더 유용할 수 있다.

### 잠재수요 예측 모델의 종류

잠재수요를 예측하는 모델은 4가지가 있는데 신상품에 대해 소비자에게 구입의사 또는 구입확률을 질문하여 잠재수요를 추정하는 방법, 신상품과 경쟁제품을 비교한 다음 선호 순위를 정하여 이를 구매확률로 변환하여 수요를 추정하는 방법, 각 제품들의 선호와 선택확률(choice probability)간의 관계를 계량적으로 모형화하여 선택확률을 구하는 로짓모형(logit model) 등이 있다.

여기에서는 구입의사 측정법, 구매확률 측정법, 선호순위 변환법에 대해 자세히 살펴보기로 한다.

#### 1) 구입의사 측정법

구입의사 측정법은 신상품의 핵심효익 컨셉이나 포지셔닝 컨셉, 신상품 프로토타입 등을 잠재 소비자에게 노출하고 구입의사를 질문한 다음 이를 잠재수요로 변환하는 방법으로 FMCG(소비재 제품, fast moving consumer goods)군에 가장 많이 쓰인다.

예를 들어 블루베리 음료 신상품을 개발한 후 이를 잠재소비자 1,000명에게 구입의사를 질문하여 〈표 8-2〉와 같은 응답을 얻었다고 가정해 보자.

〈표 8-2〉 구매의도 측정법에 의한 구매확률 추정

|  | 응답률 | 가중치 | 추정구매확률 |
| --- | --- | --- | --- |
| 확실히 구입할 것이다 | 20% | 80% | 16% |
| 아마 구입할 것이다 | 45% | 30% | 14% |
| 구입할 수도 안할 수도 있다 | 30% | 10% | 3% |
| 아마 구입하지 않을 것이다 | 5% | 0% | 0% |
| 확실히 구입하지 않을 것이다 | 0% | 0% | 0% |
| 합계 | 100% | - | 33% |

블루베리 음료 제품에 대한 소비자 조사에서 소비자는 '확실히 구입할 것이다'에 응답한 응답한 비율은 20%였다. 그러나 이것은 이 신상품이 실제로 출시되었을 때에도 소비자의 20%가 구매한다는 뜻은 아니다. 모든 소비자 조사에서의 응답결과는 반드시 과대응답(overclaimed response)하거나 과소응답(underclaimed response)하는 경향을 보인다. 일반적으로는 과대 응답을 한다. 〈표 8-2〉에서와 같이 '확실히 구입할 것이다'에 응답한 20%의 응답자 중 80% 만이 실제 제품이 시장에 출시되었을 경우에 구매한다는 것으로, 추정 구매확률은 $0.2 \times 0.8 = 0.16$ 즉 20% → 16%

로 줄어든다. 이러한 방식으로 계산하면 블루베리 음료 신상품을 출시 후 실제로 구매할 비율은 33%(0.2×0.8 + 0.45×0.3 + 0.3×0.1 = 0.33)라고 추정할 수 있다.

여기서 중요한 것은 가중치인데, 이 가중치는 설문조사에서 구매하겠다고 응답한 소비자가 실제로 구매했는지를 추적하여 얻어낸 경험치로서 내구재와 일반 소비재간에 큰 차이가 있다. 일반소비재 중에서도 음료군, 생활용품군, 가공식품군 등 카테고리마다 차이가 있다. 따라서 가중치를 적용할 경우에는 신중을 기해야 하며, 유명 마케팅조사회사들은 이 경험치를 가지고 있는 경우가 많다.

다음 〈그림 8-3〉은 신상품 출시 6개월 후에 실제 시도구매율(trial rate)과 출시 전에 측정한 구입의사와의 관계를 보여준다.

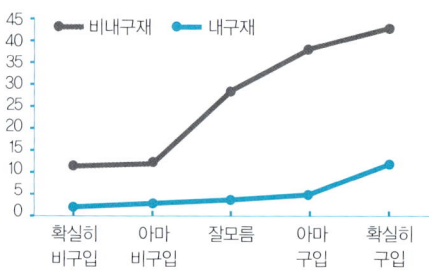

〈그림 8-3〉 구입의사와 시도구매율과의 관계

비내구재의 경우 확실히 구입하겠다고 응답한 사람 중의 약 42%가 실제로 구입하였고 그 응답률은 갈수록 떨어진다. 내구재도 패턴은 유사하지만 구입의사와 실 구매율의 차이는 크게 낮은 것을 볼 수 있다. 따라서 내구재는 비내구재에 비해 더욱 많은 가중치로 응답을 보정해야 한다는 것을 알 수 있다.

## 2) 구매확률 측정법

Juster(1966)는 5점척도 구입의사 대신 구매확률 척도를 제안하였다. 이 방식은 설문조사의 구입의사와 실제 구입의사간의 차이를 줄이고자 개발되었으나 여전히 두 수치간에는 차이가 있다.

〈그림 8-4〉 구매확률 척도의 예 (Juster 1966)

〈문〉 귀하께서는 모든 가능성을 고려할 때 블루베리 음료를 구입할 가능성은 다음 중 어디에 해당합니까?

확실하다 (100번 중 99번 이상)　　　　(　)
거의 확실하다 (10번 중 9번)　　　　　(　)
매우 가능성이 높다 (10번 중 8번)　　　(　)
가능성이 높다 (10번 중 7번)　　　　　(　)
상당히 가능성이 있다(10번 중 6번)　　(　)
반반이다 (10번 중 5번)　　　　　　　(　)
꽤 가능성이 있다(10번 중 4번)　　　　(　)
가능성이 조금 있다(10번 중 3번)　　　(　)
가능성이 미미하다 (10번 중 2번)　　　(　)
가능성이 거의 없다 (10번 중 1번)　　 (　)
가능성이 없다 (100번 중 1번 이하)　　(　)

상기의 구매확률척도를 이용하여 설문조사를 한 후, 실제 구매율과의 관계를 살펴보면 〈표 8-3〉과 같다.

⟨표 8-3⟩ 측정된 구매확률과 실제 구매확률간의 관계 (Juster 1966)

| 구매확률 측정치 | 자동차 | 가전제품 |
| --- | --- | --- |
| 0.99 | 0.55 | 0.105 |
| 0.7~0.9 | 0.48 | 0.184 |
| 0.4~0.6 | 0.41 | 0.111 |
| 0.1~0.3 | 0.19 | 0.53 |
| 0.01 | 0.07 | 0.017 |

⟨표 8-3⟩에 나타난 바와 같이 구매확률 측정치가 높을 수록 실제 구매확률이 높아지는 것으로 나타났다. 그러나 가전제품의 경우 오차가 좀 더 크고 구매확률과 실제 구매확률간의 차이도 많은 것으로 나타났다.

결국, 5점 척도의 구입의사 측정법과 구매확률 측정법 모두 소비자 응답치와 실제 구매와는 경향은 비슷하지만 절대값의 차이는 많으므로 각 응답치에 어느 정도의 가중치를 적용하느냐가 관건이라 할 수 있다. 이 가중치를 얻기 위해서는 오랜 경험이 필요하므로 제시된 수치들은 참고만 하되 실전에 사용하는 것은 매우 위험하다. 다만, 비내구재의 경우에는 5점척도 구입의사를 활용하고, 내구재는 구매확률 척도를 활용하는 것이 더 좋을 듯 하며, 좀 더 정교한 결과를 위해서는 두 가지 방법을 병행하는 것도 고려할 수 있다.

이때 중요한 것은 인지율과 유통 커버리지가 최대치라는 것을 가정(인지율 100%, 유통 커버리지 100%)하고 있기 때문에 실제 출시보다는 매우 높은 수치이므로 이를 감안하여 결과를 해석해야 한다.

### 3) 선호순위 변환법

선호순위 변환법은 개발된 신상품 또는 컨셉에 대해 경쟁브랜드와 비교하여 선호순위를 매기게 한 다음 이를 토대로 구매확률을 부여하는 방법이다. 이 방법은 소비자는 여러 경쟁대안 상품들 중에서 가장 선호하는 상품을 선택한다는 법칙(most preferred rule)이 적용된다.

예를 들어 Silk and Urban(1978)은 비누제품의 경우 신상품을 가장 선호한다고 응답한 응답자의 83%, 두번째로 선호한다고 답한 사람의 15%, 세번째로 선호한다고 답한 사람의 2%가 실제로 그 신상품을 구입한 것을 밝혀냈다. Hauser, Tybout and Koppelman(1979)는 대중교통수단을 대상으로 한 연구에서 이 비율이 76%, 16%, 8%임을 발견하였다. 만일 어느 회사에서 항균비누 신상품을 소비자 조사한 결과 응답자의 12%가 신상품을 가장 선호한다고 응답하였고, 30%가 두번째로 선호한다고 응답하였으며, 42%가 세번째로 선호한다고 응답했고 가정하면, 앞서의 Silk and Urban의 비누 연구결과를 그대로 적용하였을때, 〈표 8-4〉와 같이 14%가 실제로 항균비누를 구매할 것으로 예측된다.

선호순위 변환법의 장점은 신상품은 해당 카테고리에 반드시 경쟁브랜드가 존재하기 마련이며 소비자는 신상품을 포함하여 이들 경쟁 브랜드대비 선호도가 가장 높은 브랜드를 구매한다는 법칙(most preferred rule)이 적용된다. 선호순위 변환법은 이렇게 소비자의 경쟁적 선호순위를 측정한 후 이를 예측하는 것이므로 비교적 간단하게 사용할 수 있다.

〈표 8-4〉 선호순위 변환법을 이용한 구매율 예측

| 선호도 비율 | 구매확률 | 예측된 구매율 |
|---|---|---|
| 1순위 12% | 83% | 10% |
| 2순위 25% | 15% | 4% |
| 3순위 30% | 2% | 1% |
| 합계 | | 14% |

그러나 여기서 주의 할 점은 항균비누 신상품의 마케팅 활동에서 가장 중요한 인지율과 유통 커버리지가 모두 100%를 가정하고 있다는 점이다. 왜냐하면 설문조사 시 모든 응답자에게 항균비누에 대해 설명해 주고 응답을 받았기 때문에 인지율은 100%가 되는 것이다. 유통 커버리지도 모든 응답자가 구입의사만 있으면 주변의 원하는 매장에서 손쉽게 구한다는 가정을 하고 있기 때문에 마찬가지로 유통 커버리지(소비자 입장에서는 구매가능성)는 100%를 가정하고 있다. 따라서 잠재 구매율은 14%이지만 실제 시장에 출시되었을 경우에는 기업의 마케팅 전략의 우선순위, 가용할 수 있는 예산이나 능력, 판매량 추이, 경쟁자의 대응전략 등에 따라 실제 인지율이나 유통 커버리지는 최대치 보다는 반드시 낮게 되는 것에 주의해서 해석해야 한다.

# 4. 현실적 수요예측 모델

신상품 출시 시 매출에 가장 결정적인 영향을 미치는 변수는 소비자들이 얼마나 신상품을 알고 있는 가와 실제로 그 제품을 구매할 수 있는 가이다.

잠재 수요예측은 기업의 인지율 향상이나 영업능력 등 마케팅 수행능력을 감안하지 않은 신상품 자체의 수용도만을 고려한 예측치라고 할 수 있다. 따라서 인지율 100%, 유통 취급률 100%를 가정한 예측이므로 현실적인 수치가 아니다.

그러나 현실적 수요예측 모델은 인지율, 취급률을 감안하여 수요예측을 하는 것으로, 기업의 마케팅 능력을 감안한 실제에 가까운 수요예측이라고 할 수 있다.

예를 들어 라면시장의 경우 신라면의 인지율이 80%이고 꼬꼬면이 30%라고 가정할 경우, 구입의사는 꼬꼬면이 신라면 보다 10%가 높다고 하더라도 선택확률은 오히려 신라면이 훨씬 높게 된다. 이처럼 인지율은 제품의 선택확률에 커다란 영향을 미치게 되는데, 중소기업 제품들이 유명 경쟁제품 대비 같은 품질을 갖더라도 판매에 고전하는 이유가 바로 여기에 있다.

〈표 8-5〉 인지율이 선택확률에 미치는 영향

| 상표 | 인지율 | 구입의사 | 선택확률 |
|---|---|---|---|
| 신라면 | 0.8 | 0.7 | 0.56 |
| 꼬꼬면 | 0.3 | 0.8 | 0.24 |

그러나 인지율을 향상하는 데는 현실적으로 많은 프로모션 예산이 소요되므로 신상품의 매출잠재력을 감안하여 예산을 편성해야 할 것이다. 마찬가지로 유통 커버리지도 영업력에 많은 영향을 받게 된다. 따라서 신상품의 잠재시장력을 평가할 때는 신상품 컨셉 및 제품의 수용성만을 고려하면 되지만 현실적 수요예측 모델에서는 인지율과 유통 커버리지, 판촉 능력을 회사의 현실에 맞게 고려하여 수요를 추정해야 한다.

다음은 소비자의 신상품에 대한 수용과정을 적용하되, 시간을 고려하지 않은 단순한 수요예측 모형이다.

〈그림 8-5〉 단순한 현실적 수요예측 모형

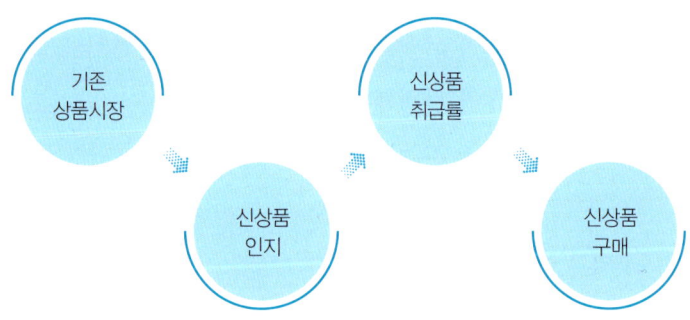

위의 그래픽 모형을 식으로 표현하면 다음과 같다.

$$P = a_w a_v \sum_{c=1}^{N} b_c$$

여기에서 P는 일정기간 동안 달성가능한 매출, $a_w$는 인지율, $a_v$는 취급률(소비자 관점에서는 매장에서의 구득가능성), $b_c$는 고객c가 신상품을 인지하고 매장 방문시 제품이 진열되어 있어 이 제품을 구입할 확률이다. 따라서 매출은 인지율에 취급률을 곱하는데 이는 고객마다 인지수준과 취급률에 따라 구매가능성이 달라짐으로 이를 감안한 것이다.

만일 블루베리 음료 신상품에 대한 소비자 조사 결과에서 구입의사 추정법에 의해 구입율이 40%였고, 인지할 가능성은 60%, 취급률에 따른 구매가능성은 50%였다면 블루베리 음료의 구매율은 12% (0.4×0.6×0.5 = 0.12)이다. 이 시장의 잠재고객수가 1만명이고 1개씩을 구입한다고 가정하면 1,200개의 블루베리 음료가 판매될 것으로 추정된다.

잠재 수요모델은 인지율과 취급률이 100%라고 가정하는 반면에 기업의 특성을 감안하는 현실적 수요예측 모델은 이를 각각 60%, 50%의 추정치를 감안하므로 좀 더 실제 매출에 가깝게 예측될 것이다.

현실적 수요예측을 위해서는 다음 〈표 8-6〉과 같은 주요항목에 대해 소비자 조사나 시장자료를 확보해야 한다.

⟨표 8-6⟩ 수요예측을 위한 주요 항목

| Trial Stage | • 사용전 구입의사<br>• 구입시 개수<br>• 값어치<br>• 독특성<br>• 컨셉의 좋은 점, 나쁜 점<br>• 사용전 Positioning을 위한 속성평가 |
|---|---|
| Repeat Stage | • 사용후 구입의사<br>• 구입시 개수<br>• 구입주기<br>• 대체제품<br>• 값어치<br>• 독특성<br>• 사용 제품의 좋은 점, 나쁜 점<br>• 사용후 Positioning을 위한 속성평가 |

### 인지율

 현실적 수요예측 모형에서의 인지율($a_w$)은 소비자 행동모델에 따르면 소비자는 인지한 브랜드와 기존 경쟁브랜드를 비교하여 구매를 고려하는 브랜드 셋트를 갖게 되고(이를 고려 상품군 즉, evoked set, consideration set, relevant set이라고 한다) 이들 브랜드 중에서 구매를 하게 된다. 따라서 인지율($a_w$)은 고려상품군 내에서 차지하는 신상품의 비율을 사용하는 것이 이론적으로 바람직하다. 그러나 Silk and Urban(1978)의 연구에서 특정 상표를 기억하는 비율과 그 상표를 구매고려하는 비율간에는 유의하게 선형 관계가 존재하는 것으로 밝혀져, 일반적으로 좀 더 편리한 인지율을 사용하여 추정한다.

 인지율에는 브랜드를 보여주면서 이를 알고 있는지를 질문하여 얻어내는 보조인지율(aided awareness)과 특정 브랜드명을 알려주지 않고 주스음료 중에서 생각나는 모든 브랜드를 응답 받아서 얻어내는 비보조인지율(unaided awareness)이 있는데, 신상품 수요예측시에는 좀 더 응답률 확보가 용이하여 오차가 적은 보조인지율을 사용한다. 또한 보조인지율은 신상품 출시후 1년차, 2년차 등 특정 기간내 달성할 보조인지율을 추정하여 사용하게 되는데 일반적으로 대부분의 광고회사에서는 광고예산과 예산 집행 패턴에 따른 인지율 추정 모델을 가지고 있으므로 이를 활용하면 된다.


### 취급률

유통취급률($a_v$)는 신상품의 구매가능성으로 기업에서 신상품 출시 후 1년후, 2년후 등 특정 시점까지 수퍼 등에 진열되도록 하는 취급률을 말한다. 즉 전국에 10만개의 소매점이 있고 이중 1만개의 소매점에 블루베리 음료가 진열, 판매되고 있다면 취급률(또는 구매가능성)은 10%가 되는 것이다. 취급률에는 두가지 개념이 있는데, 앞서의 예와 같이 전체 점포수 중 취급하는 점포수의 단순비율로 파악하는 방법(이를 store count, S/C취급률이라 한다)과 전체 점포수의 매출 중 취급하는 점포 매출의 비중으로 파악하는 방법(이를 all commodity, A/C취급률이라 한다)이 있다. 이 두가지 방법 중 제품 수요예측력을 더 높이는 방법은 점포의 매출을 감안한 A/C취급률을 사용하는 것이다. 이를 구체적으로 설명하면 다음과 같다.

〈표 8-7〉 유통 취급률의 종류와 개념

| 취급률 종류 | 개념 |
|---|---|
| A/C 취급률<br>(All Commodity Value Weighted Distribution) | • 모집단 전체 매출액을 기준으로 한 취급률<br>• 그 제품을 취급하고 있는 점포의 매출액이 전체 모집단 점포매출액 중 몇 %를 차지하는지를 나타냄 |
| S/C 취급률<br>(Store Count Distribution) | • 모집단의 전체 점포수를 기준으로 한 취급률<br>• 그 제품을 취급하고 있는 점포의 수가 전체 모집단 점포수 중 몇 %를 차지하는지를 나타냄 |

이러한 취급률 개념을 좀 더 이해하기 쉽도록 예를 들면 〈표 8-8〉과 같다.

〈표 8-8〉 A/C와 S/C 취급률의 차이

| 점포명 | 점포 매출액 | 브랜드 A | 브랜드 B |
|---|---|---|---|
| E마트 A점 | 600만원 | A | |
| E마트 B점 | 300만원 | A | |
| 동네수퍼 C | 60만원 | | B |
| 동네수퍼 D | 40만원 | | B |
| S/C 취급률 | 총 점포수 = 4개 | 50% | 50% |
| A/C 취급률 | 총 매출= 1000만원 | 90% | 10% |

신상품 브랜드A는 E마트의 2개 점포에 진열되어 있고, 신상품 브랜드B는 동네수퍼 2개 점포에 진열되어 있다면 S/C취급률 개념으로는 두 브랜드 모두 똑같이 각각 50% 취급률을 가진다. 그러므로 소비자의 구매가능성(avalibility)은 50%로 같다. 그러나 두 개 신상품의 판매량 개념에서 보면 동네수퍼에서 팔리는 것보다 E

마트에서 팔리는 개수는 훨씬 차이를 보일 것이다. 즉 판매량을 좀 더 잘 설명해주는 취급률 개념은 S/C보다는 A/C취급률임을 알 수 있다. 따라서 신상품은 당연히 점포가 크고 방문고객수가 많고, 매출액이 큰 점포에 우선적으로 진열이 되어야 할 것이다.

하지만 이러한 취급률 정보는 카테고리에 따라 전문 마케팅조사회사에만 상업적으로 판매되므로 구매비용이 많이 들거나 A/C취급률 정보 자체를 입수하기 어려운 경우가 많다. 유통 판매점간의 매출액 차이가 크지 않거나, A/C취급률 정보 입수가 어려운 경우에는 비교적 정보입수가 쉬운 S/C취급률을 사용해도 좋을 것이다.

# CHAPTER 09

# 신상품의 모의시험시장 평가

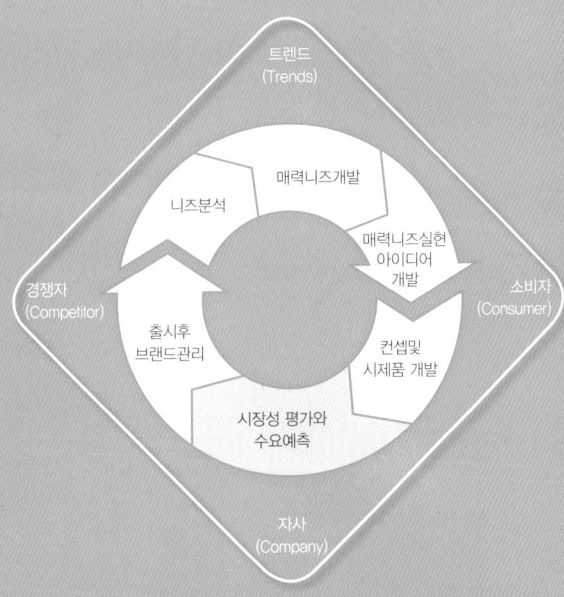

New Product Development Inspired by Consumer Needs

# 1. 시장평가와 모의시험시장 평가

 소비자의 미충족 니즈를 발굴하고 이를 충족하기 위한 컨셉을 개발 및 평가, 컨셉을 실현하기 위한 제품개발과 평가, 광고평가를 마치게 되면 이들 마케팅 믹스가 최적의 조합인지, 성공의 가능성은 얼마나 되며 어느 부분을 수정 보완할 것인지를 확인한 후 신상품을 출시하는 것이 성공가능성을 극대화하는 것일 것이다.

### 시장평가의 종류
 이렇게 신상품의 마케팅 믹스를 종합적으로 평가하는 방법은 모의 시험시장(STM : simulated test market)과 시험시장(test market) 이 있다.

〈그림 9-1〉 신상품 시장평가의 종류

그러나 시험시장은 실제 제품을 출시 시와 똑같이 출시하되 제한된 지역에 소규모로 출시한 후 시장성을 평가하는 방법으로 시간과 비용이 많이 들고 경쟁사에게 정보가 그대로 노출될 위험이 높은 단점이 있다. 따라서 기업에서는 비용과 시간이 훨씬 적게 들면서도 시험시장과 유사한 결과를 도출할 수 있는 모의시험시장을 많이 사용하고 있다. 모의시험시장이란 시험시장의 단점을 보완하기 위해 개발된 기법으로, 실험실(모의점포) 내에 실제 시장상황을 재현하거나 그와 유사한 방식으로 소비자의 평가를 받음으로써 신상품의 마케팅믹스와 전략수행에 대한 향후의 시장반응을 예측하는 조사기법이다.

### 신상품 시장평가의 특징

모의시험시장의 특징은 다음과 같다.

첫째, 예측의 정확성이다. 기존 연구와 전문 리서치회사의 자료에 따르면 모의시험시장을 통해 완벽하지는 않지만 대략 30% 내의 수요예측 오차를 갖는 것으로 나타났다. 신상품의 성공률이 낮기는 하지만 예측이 가능하다는 것은 매우 고무적인 것이라 할 수 있다. 또한 신상품개발 단계상 다음 단계로 진행해도 될 것인지 안될 것인지를 판단하는 go/no go 결정에 큰 도움이 된다.

둘째, 진단적 정보(diagnostic information)의 생성이다. 일반적으로 정교한 신상품 개발 단계를 거친다 하더라도 신상품 가운데 30~50%가 모의시험시장에서 실패작인 것으로 판정된다고 한다(Urban & Hauser, 2004). 그러나 모의시험시장법은 실패의 원인을 파악하고 강점을 더욱 강화하여 신상품을 수정 보완할 수 있도록 해준다. 예를 들어 포지셔닝을 어떻게 변경할 것인지, 가격은 얼마나 더 올리거나 내릴 것인지, 광고비나 판촉비는 어느 수준까지 변경할 것인지 등 마케팅 믹스의 개선방향의 도출이 가능하다.

셋째, 시의성과 비용이다. 모의시험시장법을 수행하면 대규모의 설비투자나 연구개발, 인력채용 등 주요 전략을 수행하기 전에 이를 테스트해 봄으로써 사전에 실패 가능성을 줄이고, 결과적으로 비용을 절약할 수 있다. 또한 모의시험시장법을 사용하는 데에는 수천만원의 비용이 소요되지만 실제 출시 후 실패시의 기회비용과 비교해 볼 때 더 효율적이라 할 수 있다.

### 신상품 시장평가에 따른 마케팅 의사결정

통상적으로 신상품 개발의 초기단계 일수록 출시 리스크는 적고 출시단계에 가까울수록 출시 리스크는 커지게 된다. 그러나 정교한 신상품개발 프로세스를 진행하여도 최종 시장평가 단계에서는 많은 문제점이 도출될 수 있다. 따라서 신상품의 시장평가를 통해 출시 이후에 도출될 문제점을 선제적으로 파악하고 수정하거나 전략적 포기를 함으로써 출시 리스크를 최소화하는데 있다.

시험시장 평가 후 예상되는 결과 및 대응전략은 다음과 같이 요약할 수 있다.

〈표 8-1 시장평가와 의사결정 사항〉

| 시장평가 결과 | | 의사결정 사항 |
|---|---|---|
| 시도구매력 | 반복구매력 | |
| 높음 | 높음 | 시장 출시 |
| 높음 | 낮음 | 시제품의 재설계 또는 다른 시제품을 개발 |
| 낮음 | 높음 | 컨셉의 핵심 소구방향을 재설계 또는 인지율 향상 |
| 낮음 | 낮음 | 컨셉 및 시제품의 포기, 다른 대안 검토 |

## 2. 과거경험과 관리자 판단법

　과거경험과 관리자 판단법은 과거의 제품에 대한자료를 분석하여 신상품 마케팅 전략의 어떠한 점들이 성공과 관련이 있는지를 분석하는 방법이다. Claycamp and Liddy(1969)는 소비자 반응에 영향을 주는 주요 변수로 광고상기율, 시도구매율, 반복구매율 등 3가지로 규정하고 이 변수에 영향을 주는 결정적 요인(독립변수)과 소비자 반응(종속변수) 사이의 관계를 추정하고, 신상품의 결정적 요인들의 값을 추정된 회귀식의 독립변수에 대입하여 신상품에 대한 소비자 반응을 계산하였다.

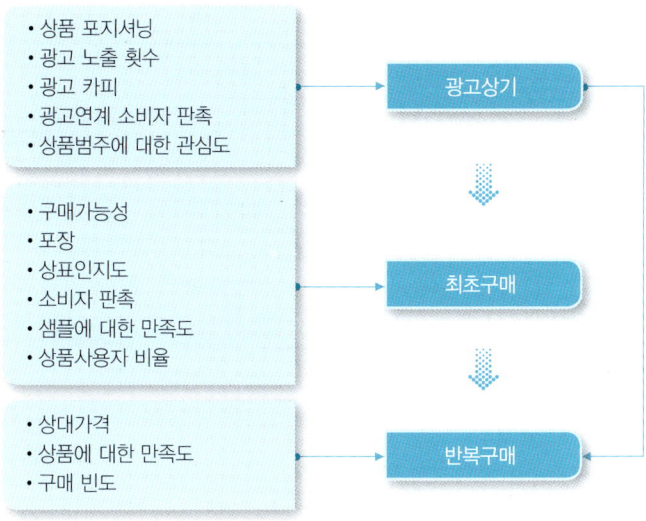

〈그림 9-2〉 판단과 과거경험 모형

자료원: Claycamp, H., and L. E. Liddy, "Prediction of New Product Performance: An Analytical Approach", Journal of Marketing Research, 6(3), Nov., 1969.

Claycamp and Liddy의 판단과 과거경험 모형을 평가하기 위해서는 다음과 같은 기준에 의한 독립변수들이 측정되어야 한다.

<표 9-2> Claycamp & Liddy 모형의 독립변수 측정방법

| 변수 및 내용 | 기존상품 | 신상품 |
|---|---|---|
| 포지셔닝; 상품 포지셔닝 | 전문가 패널 | 전문가 패널 |
| 광고 노출 횟수;<br>가구당 평균 광고 노출횟수 | 과거자료 | 매체계획 |
| 광고 카피; 광고카피의 질 | 전문가 패널 | 전문가 패널 |
| 광고연계 소비자 판촉;<br>광고 메시지를 담고 있는 소비자 판촉활동의 도달범위 (판촉 수단별로 조정) | 과거자료 | 전문가패널 및 계획 |
| 상품범주에 대한 관심도;<br>상품 카테고리에 대한 소비자 관심지수 | 전문가 패널 | 전문가 패널 |
| 구득 가능성;<br>진열여부와 진열면적에 따라 조정 | 과거자료 | 유통계획 |
| 포장; 포장의 독특함 | 전문가 패널 | 전문가 패널 |
| 상표 인지도 | 과거자료 | 계획 |
| 소비자 판촉;<br>소비자 판촉활동의 도달범위 (인센티브 크기에 따라 조정) | 과거자료 | 전문가패널 및 계획 |
| 샘플에 대한 만족도;<br>신상품 샘플에 대한 소비자 만족지수 | 과거자료 | 상품테스트 자료 |
| 상품 사용자 비율;<br>동일한 범주의 상품을 사용하는 가구의 비율 | 과거자료 | 과거자료 |
| 광고상기율;<br>13주 후에 광고의 내용을 정확히 회상 할 수 있는 주부의 비율 | 시험시장 자료 | 모형에 의한 예측치 |
| 구매빈도;<br>처음 13주 동안 신상품을 1회 이상 구입한 주부의 비율 | 시험시장 자료 | 모형에 의한 예측치 |

이 방법은 종속변수와 독립변수에 해당되는 값들을 과거 유사

카테고리 제품의 결과치를 통해 축적된 데이터베이스를 가지고 회귀분석을 실시하고 이를 통해 베타값을 추정한다. 그리고 신상품의 마케팅믹스 계획치를 도출된 회귀식에 대입하면 신상품의 광고상기율, 시도구매율, 반복구매율을 추정할 수 있고 결과적으로 점유율이나 매출량을 추정할 수 있게 된다.

이 모형은 광고상기율과 시도구매율을 추정하기 위해 35가지 비내구재에 대해 분석한 결과 99% 수준에서 유의하고 설명력($R^2$)은 70%로 나타났다. 광고상기율은 상품 포지셔닝, 광고카피와 노출빈도, 소비자 판촉, 상품 카테고리 관심도 순으로 영향력이 큰 것으로 나타났다. 시도구매율에 영향을 미치는 것은 포장, 상표인지도, 광고상기율의 순이었다. 이렇게 과거자료를 통해 개발된 회귀식 모형을 이용하여 23가지 비내구재 신상품의 광고상기율과 시도구매율에 대한 예측치와 실제치는 10% 이내인 것으로 나타났다.

이 방법은 일단 과거 데이터를 이용하여 회귀식 모형이 개발되면 신상품의 마케팅 믹스 계획을 수립하는 즉시 모형에 집어 넣어 적은 비용으로 매출 성과를 추정할 수 있고 독립변수 값(즉, 신상품의 예상 마케팅 믹스)을 다양하게 변화시키면서 시나리오별 시뮬레이션(what if 분석)을 할 수 있다. 그러나 과거의 경험이나 관리자 판단이 들어가는 모형이므로 모델의 오차가 커질 수 있고 카테고리 특성이 다를 경우 다른 카테고리에 사용할 수 없으므로 복수의 카테고리를 가지고 있는 회사의 경우 복수의 회귀모형을 모두 개발해야 한다는 문제점이 있다. 또한 새로운 카테고리를 형성하는 신상품의 경우에는 적용하기 어렵다는 단점이 있다.

# 3. 시도구매 및 반복구매 측정법

앞서 설명한 바와 같이 비내구재 제품의 경우 매출량은 시도구매량과 반복구매량의 합에 의해 결정된다. 이처럼 모의시험시장에서 시도구매량과 반복구매량을 예측할 수 있다면 신상품의 매출량도 예측할 수 있다. 이러한 방법에는 설문조사를 활용한 BASES II, NEWS, 동적확률모형(dynamic stochastic model), 모의구매실험을 활용하는 ASSESSOR 등이 있다.

### BASES II

BASES II는 모의시험시장 모델 중에서 가장 많이 이용되는 방법으로 닐슨(Nielsen)사에 의해서 판매되고 있다. BASES II의 목적은 신상품이 출시되기전 컨셉과 제품을 평가받고 이를 통해 신상품 출시후 1~3년간의 매출을 연도별로 예측해 준다. BASES II의 모델 구조는 다음과 같다.

<그림 9-3> BASES II의 구조

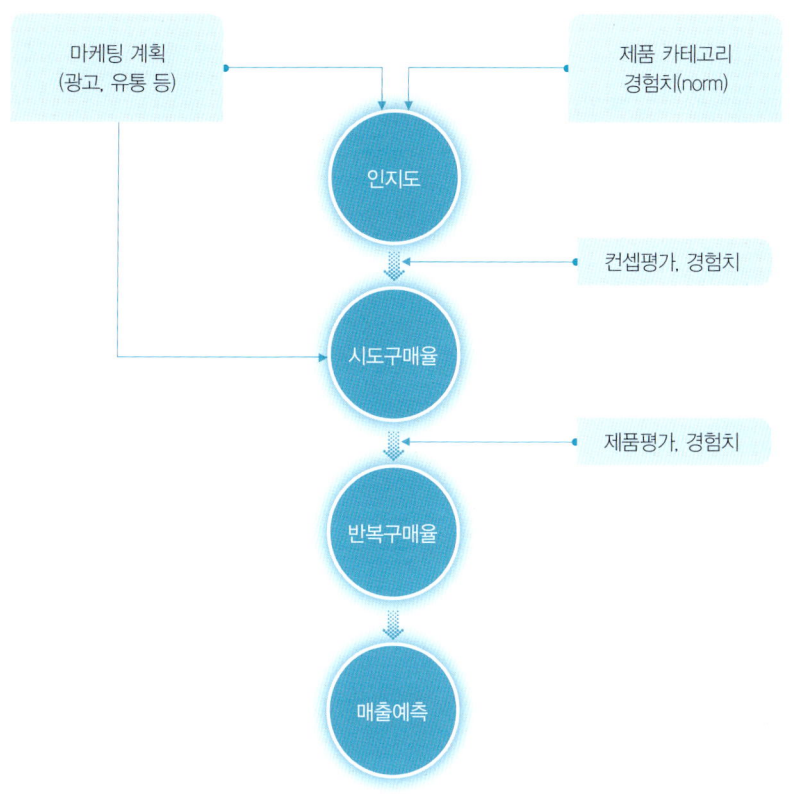

이 모델의 특징은 신상품의 점유율이 아닌 매출량·매출액을 예측하므로 기존 카테고리가 존재하지 않는 신상품의 경우에도 매출을 추정할 수 있고, 시장규모 자체의 증감 여부도 감안할 수 있다.

BASES II의 절차를 살펴보면 먼저 무작위로 추출된 소비자에게 신상품 컨셉을 그림이나 비디오로 보여준다. 그런 다음 신상품의 컨셉에 대해 구입의사를 묻고 곧이어 컨셉의 좋은 점이나 좋지 않은점, 값어치, 독특성, 신뢰성 등 진단정보에 대해 질문한다. 이어서 컨셉에서 구입의사가 있다고 한 응답자에게 신상품을 제공한다. 응답자는 집에서 신상품을 체험하게 되고 몇주 후 경험해 본 신상품에 대해 재구입의사가 있는지를 질문하고 이어서 반복횟수나 구입량 등에 대해 질문한다. 이렇게 수집된 데이터를 활용하여 먼저 인지도를 구하는데 인지도는 기업의 광고비나 판촉계획, 유통 커버리지 계획 등을 활용하여 추정한다.

시도구매율은 컨셉에 대한 소비자 구입의사, 선호도, 값어치, 독특성 등의 소비자조사 지표와, 추정된 인지율, 유통 커버리지, 시장개발지수, 샘플링 계획 등 기업의 마케팅계획 수치, 카테고리 경험치를 이용하여 추정한다.

반복구매율은 컨셉 구입의사가 있는 사람에게 제공한 신상품을 체험한 소비자에게 질문하여 응답 받은 제품 구입의사와 값어치 등의 보조질문과 경험치를 활용하여 추정한다. 이렇게 추정된 시도구매율에 의한 시도구매량, 반복구매율에 의한 반복구매량을 합하여 총매출량을 추정한다.

BASES II는 세부적인 모델구조는 알려져 있지 않으며 앞서 설명한 소비자조사 자료, 기업의 마케팅 믹스 계획, 카테고리 경험치를 활용하되 과거의 카테고리 경험치를 활용한 소비자 응답의 조정이 많은 작용을 하는 것으로 알려져 있다.

### NEWS/Planner 모형

NEWS(new product early earning system)는 과거 경험치에

의존하는 BASES II와 달리, 신상품은 독특하기 때문에 유사한 다른 상품의 경험치를 이용해서는 정확한 예측을 할 수 없다는 관점을 가지고 있다. NEWS는 광고대행사인 BBDO에 의해 시험시장(test marketing)용으로 개발되었으나 1970년 모의시험시장에서도 사용될 수 있는 모델을 개발(정확히는 NEWS/Planner라고 하며, 시험시장 예측 모델은 NEWS/Market이라고 함)하였다.

〈그림 9-4〉 NEWS의 구조

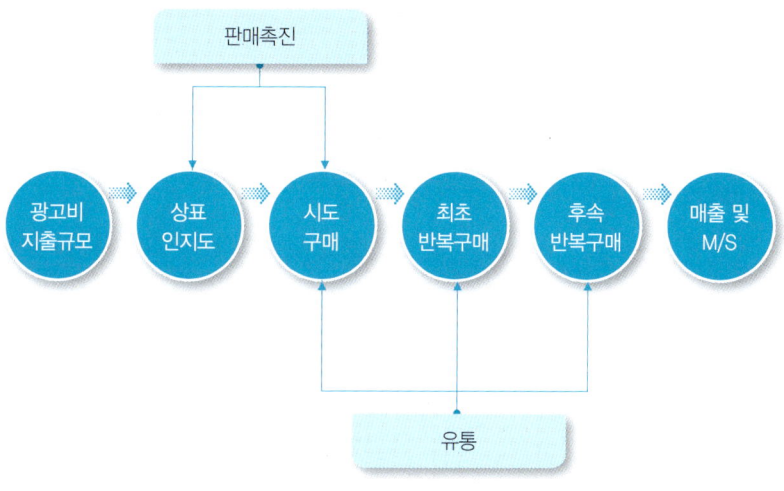

자료원: Pringle, L. G., R. D. Wilson, and E. I. Brody, "News: A Decision-Oriented Model for New Product Analysis and Forecasting", Marketing Science, 1, Winter, 1982.

NEWS는 인지, 시도구매, 반복구매의 세부분으로 구성되어 있다. 인지도는 광고와 판매촉진(쿠폰 또는 샘플링) 수준을 기초로 구하며, 이번 기(t기)에 처음으로 인지하게 된 소비자와 지난 기

(t-1)부터 인지하고 있던 소비자를 구분한 다음, 이들 각각에 서로 다른 시도구매율을 적용하여 시도구매자를 구한다. 그런 후에 시도구매자를 이용하여 반복구매자를 추정한다. BASES II와 달리 1차 반복구매뿐 아니라 2, 3차 등의 계속적인 반복구매도 예측하며, 이를 모두 합산하여 기간별 매출을 추정한다.

# 4. 동적확률모형(Stochastic Models)

이 방법은 앞서의 Claycamp & Liddy(1969)의 모형과 유사하지만 광고카피, 상품 포지셔닝, 패키지 등의 자료는 사용하지 않는다. Eskin & Malec(1976)의 동적확률 모형에 따르면 시도구매율, 1차, 2차, 3차 등 계속적인 반복구매율을 추정하여 매출을 예측하는 방법이다. 이 모형은 과거 구매자료로 회귀식을 추정한 다음 소비자로부터 측정한 변수들이 시도구매 및 반복구매에 어떤 영향을 미치는지를 측정하여 판매량을 예측 한다.

시도구매율은 다음과 같이 구한다.

$$a_1 = a(PCP)^{b1}(SPN)^{b2}(DIS)^{b3}$$

여기서 시도구매율 $a_1$은 1년 동안의 시도구매율, PCP는 상품카테고리 침투율(1년 동안 해당 상품카테고리에서 한 상품이라도 구매한 가구의 비율), SPN은 신상품의 소비자판촉 예산, DIS는 유통(신상품을 취급하는 점포의 중요도에 따라 가중치를 부여하여 계산하는 A/C취급률), b1, b2, b3는 미지의 계수(parameter)이다. 이 모형의 특징은 시도구매율은 시간이 지남에 따라 점차 체증하다가 결국 감소하는 패턴을 가지게 된다. 즉 신상품 출시후 최대 시도구매율(즉, 시간에 따른 누적 침투율)을 예측할 수 있다면 마케팅 의사결정에 많은 도움이 될 것이다. 이 모델은 특징이 바로 이 시간의 흐름에 따라 어떤 패턴을 가지는 지도 예측해 준다는 것이다. 다음은 Eskin & Malec 모형중 시도구매율의 성장곡선을 예측하는 모형이다.

$$R_t(0) = \alpha_1(1-\gamma_1^t)$$

여기에서 $R_t(0)$는 t까지 신상품을 시도구매한 소비자의 비율, $\alpha_1$은 1년 후의 시도구매율, $\gamma_1$은 자료로부터 추정되는 계수($0 \leq \gamma_1 \leq$)이다. 누적 시도구매율은 반드시 어느 일정시점이 되면 체증하다가 더 이상 증가하지 않는 특성이 있다.

소비자 패널자료(TNS, 2005) 자료 중 주요 소비재 카테고리별 연간 침투율지표이다. 누적된 궁극적인 시도구매율은 당연히 0과 1 사이에 분포할 것이며, 〈표 9-3〉에서 나타난 바와 같이 해당 카테고리 내의 신상품은 연간 궁극적 시도구매율이라 할 수 있는 연간 시장침투율을 이내의 어떤 수준을 보일 것이다.

〈표 9-3〉 주요 비내구재의 소비자패널 기준 시장 침투율 (TNS 소비자 패널, 2005)

| FMCG 카테고리 | 시장침투율 |
| --- | --- |
| 마시는 요구르트 | 89.4% |
| 아이스크림 | 87.6% |
| 초콜릿 | 85.8% |
| 참치캔 | 78.6% |
| 세탁세제 | 76.6% |
| 츄잉껌 | 69.1% |
| 냉동만두 | 66.6% |

| FMCG 카테고리 | 시장침투율 |
|---|---|
| 용기면 컵라면 | 58.3% |
| 고추장 | 52.9% |
| 캔햄 | 48.4% |
| 마요네즈 | 46.2% |
| 스포츠음료 | 34.7% |
| 된장 | 28.4% |
| 방향제 | 13.3% |
| 아기분유 | 11.0% |

반복구매율은 다음과 같이 모형화 하였다.

$$R_t(1) = \alpha_2(1-\gamma_2^t)$$

여기서 $R_t(1)$은 시점 t까지 신상품을 1차 반복구매한 소비자의 비율을 나타내고, $\alpha_2$는 신상품을 시도구매한 사람들을 대상으로 구매의도를 측정한 것을 기초로 계산되며, $\gamma_2$는 신상품의 구매빈도를 기초로 계산된다. 이와 비슷한 방법으로 2차, 3차 등의 반복구매율을 추정할 수 있다. 따라서 신상품의 예상 매출은 시도구매율과, 1차, 2차, 3차 등의 반복구매율을 토대로 구할 수 있게된다.

이와 같은 동적확률모형은 시도구매와 반복구매를 각각 추정하고, 과거 신상품 자료를 활용하기 때문에 예측능력이 비교적 높은 것으로 알려져 있다. 그러나 회귀모형을 구하기 위해서는 과거 자료를 꾸준히 축적해 놓아야 하는데 카테고리 침투율 자료나 A/C취급률, 신상품의 구매빈도 등의 자료를 입수하기 위해서는 전문 마케팅리서치 회사를 통해 리테일 인덱스자료나 소비자패널 자료를 구입해야 하므로 많은 비용이 들고, 카테고리에 따라 입수 불가능한 경우도 많으며 카테고리 마다 모형을 만들어야 하므로 이러한 모형을 구축하는 것은 현실적으로 많은 어려움이 있다. 그러나 비내구재(특히 FMCG 상품류) 분야에서 신상품 출시가 빈번한 기업의 경우 몇가지 대표적 카테고리에서 동적확률모형을 구축한다면 신상품의 성공률을 크게 높일 수 있을 것이다.

# 5. 실험실 측정법(ASSESSOR)

ASSESSOR는 완성된 컨셉과 시제품을 모의실험 점포에 진열해 놓고, 응답자가 직접구매하도록 하여 시도구매력을 측정한다. 그런 다음 구매한 제품을 집으로 가져가 직접 사용해 본 후 재구입의사를 측정하여 반복구매력을 추정하는 실험실 측정법에 의한 수요예측 기법이다. 어세서의 목적은 신상품의 점유율과 매출액을 예측하는 것이지만 신상품 매출의 내용도 분석이 가능하다는 강점이 있다.

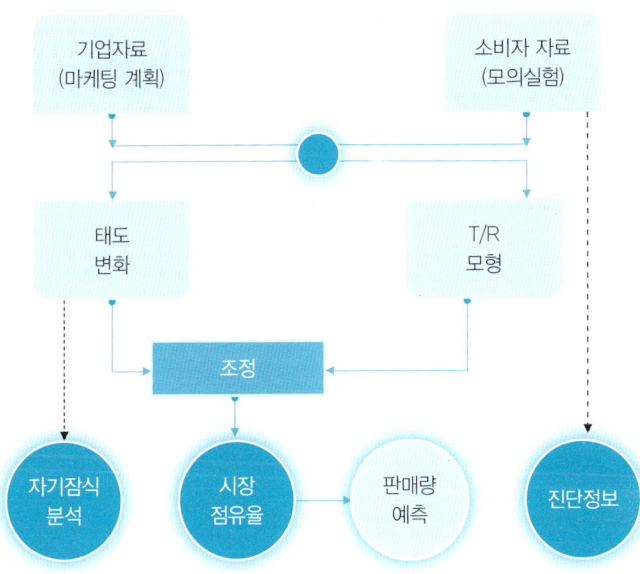

〈그림 9-5〉 ASSESSOR 시스템 구조

자료원: Silk & Urban, 1978, Urban & Katz, 1983.

어세서의 자료수집 절차와 측정치에 대해 정리해 보면 다음과 같다.

〈표 9-4〉 ASSESSOR의 자료수집 절차

| 절차 | 측정치 |
|---|---|
| 응답자 선별 및 확보 (개별면접) | 표적집단을 가려낼 수 있는 기준 (상품경험률 등) |
| 기존 상품들에 대한 태도조사 (질문지) | 고려상표군내 브랜드 |
| 컨셉제시 또는 광고상영 (기존, 신상품 모두) | 속성에 대한 중요도, 지각, 태도 |
| 광고에 대한 반응조사 (질문지) | 호감도, 신뢰성 등(생략 가능) |
| 신상품과 기존상품들이 진열된 모의 소매점포 | |
| 구매한 상품 기록 | 응답자가 모의 소매점포에서 구매한 상품 |
| 신상품 사용 | 가정 등에서 평소와 유사한 방식으로 소비 |
| 사용 후 조사 (전화면접) | 신상품 사용빈도, 재구입의사, 만족도, 값어치, 고려상품군 소속 브랜드에 대한 속성지각 및 태도 평가 |

자료원 : Silk & Urban 1978

예를 들어 블루베리 음료 신상품의 매출이 출시 1년간의 매출이 50억원으로 예측되었다고 하자. 그러면 이 50억원의 매출은 경쟁사로부터 올 수도 있지만, 자사내의 기존 다른 브랜드에서 올 수도 있다. 소비자 입장에서는 회사에 대한 충성도가 높아서 같은 회사 내 브랜드 이므로 기존 브랜드(예를 들면 오렌지 주스) 대신 새로 출시된 블루베리 주스를 구입할 수 있는 것이다.

이렇게 자사내 다른 브랜드 대신 신상품을 구매하는 수요를 자기잠식(cannibalization) 매출이라고 한다. 반대로 자사내 다른 브랜드가 아닌 경쟁사 브랜드 고객이 자사 신상품을 구매하는 수요를 유인(draw) 매출이라고 한다. 즉, 50억원 매출 중 경쟁사로부터 온 매출이 30억원이고, 자기잠식 매출이 20억원이라면 단순 계산했을 경우 이 블루베리 주스의 순유입 매출은 20억원을 뺀 30억원이라 할 수 있다.

신상품 순매출 = 신상품 총매출 − 자기잠식 매출

경우에 따라서는 신상품의 총매출 중 자기잠식 매출이 더 커서 신상품 순매출이 마이너스가 될 수도 있는데, 처음부터 저가 브랜드에서 고가 브랜드로의 브랜드 스위칭을 염두에 둔 것이 아니라면 신상품이 자사내 기존 브랜드와 포지셔닝이 겹치거나 타겟층이 중복되는 것은 아닌지 면밀히 검토해 보아야 한다. 이런 경우 ASSESSOR의 예측된 매출의 원천분석은 매우 유용할 것이다. 또한 컨셉수준에서 어떤 점이 강약점이고 이를 어떻게 수정보완 해야 시도구매율을 향상할 수 있는지, 사용후 제품평가를 통해 어떤 부분을 수정보완하여 제품의 반복구매율을 높이고 구입주기를 단축시킬 것인지를 진단할 수도 있다.

# 6. ADTR 모델을 통한 신상품 수요예측 노하우

신상품이 출시 후 최초 1회 구입하는 것을 시도구매(trial purchase)라고 하며, 이후 2회, 3회 등 반복적으로 구입하는 것을 반복구매(repeat purchase)라고 한다.

신상품의 총판매량은 출시 후 시간이 경과함에 따라 증가하게 되는데, 이를 시도구매와 반복구매로 나누어 보면 흥미롭다. 신상품의 출시초기에는 컨셉(제품의 광고나 포지셔닝)의 영향력이 커서 시도구매량(즉 최초로 신상품을 1회 구입하는 량)이 대부분을 차지하지만 시간이 지남에 따라 구입주기가 도래하면서 두번째 구매를 하게 되고, 더 시간이 지나면서 세번째, 네번째 구매를 반복하게 된다. 이들 반복구매량이 누적되면서 시도구매량이 어느 순간에 정점이 이르면 증가량이 거의 멈추게 되는데, 출시가 오래된 제품일수록 반복구매량이 훨씬 많은 비중을 차지하게 된다. 이는 성공하는 제품이 되기 위해서는 제품의 품질 만족도가 높아야 하는 이유이기도 하다. 이를 그래프로 표현하면 다음과 같다.

〈그림 9-6〉 시도구매와 반복구매가 총 판매량에 미치는 영향

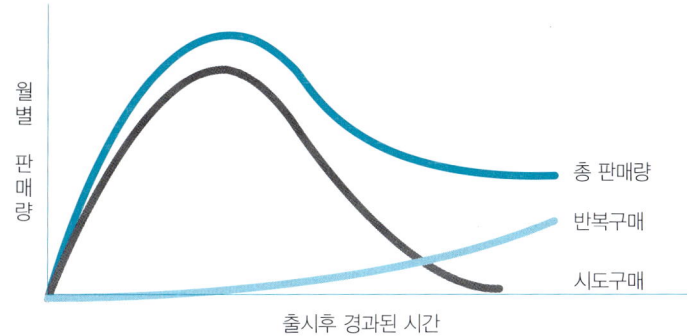

주스나 샴푸와 같은 제품의 구입주기가 잦은 제품은 시도구매와 함께 반복구매가 중요하며, 자동차, 영화와 같은 제품은 최초구매 즉, 시도구매가 더욱 중요하다. 이렇게 내구재 보다 비내구재 제품들은 시도구매와 반복구매 등 두가지의 변수가 결정적 영향을 미친다.

이를 식으로 표현하면 다음과 같다.

$$P=ADTR$$

여기에서 A는 인지율, D는 유통점 취급률, T는 표적시장 잠재고객의 시도구매율, R은 시도구매 고객 중 재구매한 비율이다. 여기서의 재구매율은 정확히는 retention rate라고 하는 확보율 즉, 장기적인 반복구매율을 의미한다. 이 확보율은 소비자 패널자료에서 얻거나 마코프체인(Markov chain)을 이용하여 구하기도 한다.

다음 그림은 신상품이 출시된 후 시도구매와 반복구매가 시간의

흐름에 따라 어떻게 변하는지를 보여준다. 일단 신상품이 시장에 출시되면 시도구매는 점차 체증하다가 더 이상 증가하지 않게 되고, 반복구매율은 점차 감소하다가 어느 시점에서 안정된다. 상품력이 약한 신상품은 누적시도율이 매우 낮은 상태에서 정체될 것이며, 반복구매율은 빠르게 감소할 것이다.

〈그림 9-7〉 시도구매와 반복구매의 패턴

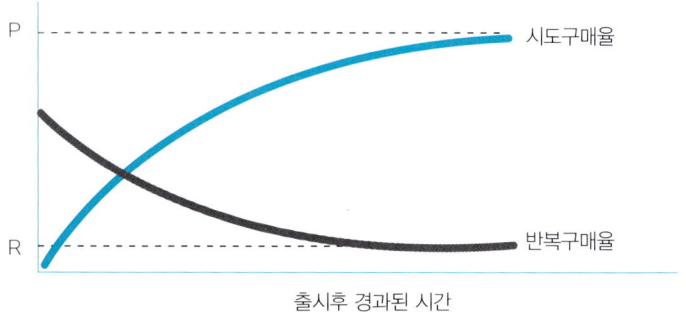

신상품의 이러한 패턴을 소비자 패널 자료나 점포구매시점 자료(POS), 신상품 추적조사 자료를 활용하여 파악한 다음, 이를 ADTR 모델에 적용하면 수요를 예측할 수 있게 된다.

예를 들어 블루베리 주스 음료가 출시되고 타겟시장의 고객수가 100만명이고, 출시 후 1년간 인지율이 20%, 유통 취급률이 50%, 시도구매율이 5%, 반복구매율이 40%라면 1년간 총 판매량은 1,000,000 × 0.2 × 0.5 × 0.05 × 0.4) = 2,000개가 될 것이다. 물론 구입주기와 1회 구입시 개수는 1개로 가정한 것이다.

이 식을 컨셉의 시장성 평가에 활용한다면 단순한 소비자의 선호도나 개선점 등의 결과뿐 아니라 대략적인 시장 판매량을 추정하여 시제품을 개발할지 여부를 판단한다면 더욱 경쟁력 있는 신상품을 개발할 수 있을 것이다.

만일 TV나 가구 등과 같은 내구재는 반복구매가 자주 일어나지 않기 때문에 매출에 큰 영향을 미치는 시도구매가 중요하지만 주스나 초콜릿, 치약 같은 비내구재는 구입주기가 상대적으로 짧기 때문에 최초 구매도 중요하지만 반복구매가 더욱 중요하다. 이렇게 제품의 구입주기에 따라 조금씩 다르기는 하지만 모든 제품은 다음과 같은 총판매량 = 시도구매량 + 반복구매량의 모형으로 나타낼 수 있다.

〈그림 9-8〉 총판매량 구성 공식

〈그림 9-9〉는 시도구매량 모형을 보여주고 있다. 시도구매량은 타겟시장의 고객수에 소비자 조사를 통해 얻은 구입의사를 실제 구매행동지수를 적용해서 추정한 시도구매율, 시도구매시 구입개수(예를 들어 초콜릿을 구매할 경우 고객에 따라 동시에 여러 개를 구입할 수도 있기 때문에 평균 1개 이상일 것이다)를 각각 곱하면 얻어진다.

여기에서 시도구매율은 고객조사에서 잠재 시도구매율이 25%

로 조사되었고, 1년 후 추정 인지율이 50%, 취급률이 60%였다면 0.25 × 0.5 × 0.6 = 0.075 즉 7.5%의 시도구매율을 추정할 수 있다.

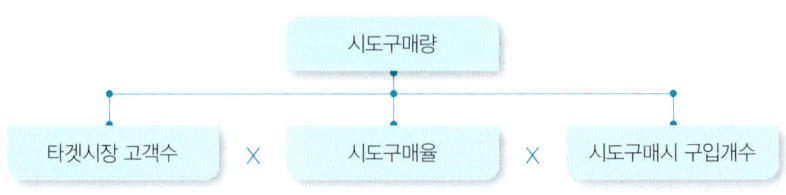

〈그림 9-9〉 시도구매량 추정 모형

예를 들어 고객수가 1백만명인 목표시장에 블루베리 주스 신상품을 출시하였고, 시도구매율은 7.5%, 시도구매시 평균 1.2개를 구입한다고 가정하면 1,000,000 × 0.075 × 1.2 = 90,000개의 시도구매량이 판매될 것으로 예측 할 수 있다.

〈그림 9-10〉은 반복구매량 모형을 나타내고 있는데 반복구매량은 타겟시장 고객수에 시도구매율을 곱해서 얻은 시도구매자 수(반복구매자는 2회 이상 구입자로서 시도구매를 하지 않으면 반복구매도 성립하지 않으므로 타겟시장 고객수와는 상관없이 시도구매자 만을 고려한다)에 소비자 조사에서 구한 반복구매율, 반복구매 횟수, 반복구매시 구매량을 각각 곱해서 얻게 된다.

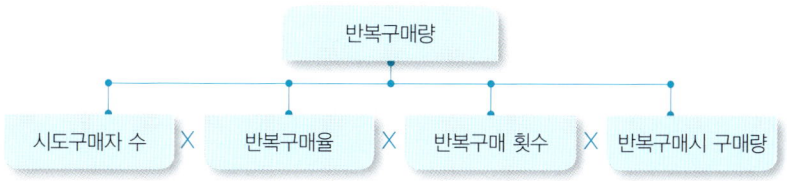

〈그림 9-10〉 반복구매량 추정 모형

CHAPTER
10

# 신상품의 시험시장 평가

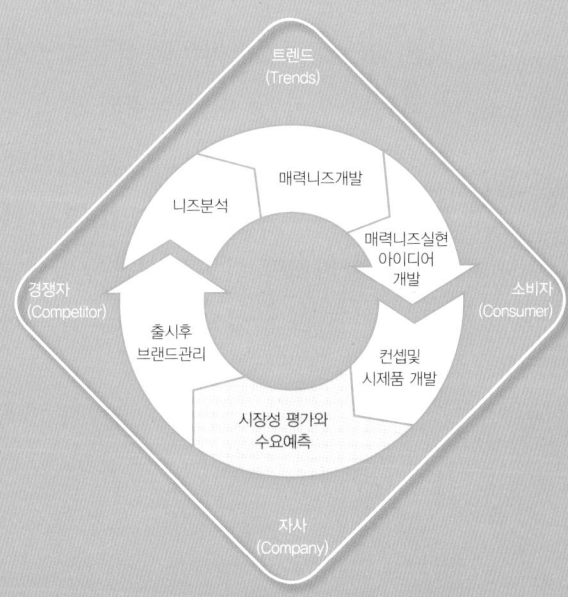

New Product Development Inspired by Consumer Needs

# 1. 시험시장(Test Market)의 필요성

　신상품의 컨셉과 제품을 완성한 후 신상품의 시장성을 평가하기 위해 모의시험시장(pre-test market)을 실시해 본 결과 예상 투자비용 대비 또는 전략적 목적 대비 매출액이나 점유율이 목표치의 기준선을 넘어가면 시험시장을 실시할 수 있다. 그러나 신상품의 시장 자체가 작거나 전략적 우선순위가 낮을 경우에는 굳이 시험시장을 실시할 필요는 없다. 시험시장은 전국을 대표할 수 있는 몇 개의 도시나 지역, 유통점을 선정하여 이곳에서 시범적으로 신상품을 판매하되, 모든 마케팅 믹스(유통, 판매촉진, 광고, 인적판매)는 실전과 동일하게 판매해보는 것이다. 시험시장 결과 신상품이 목표치를 넘어서면 전국적으로 신상품 출시를 하게 된다.
　그러나 미국 등 다른 나라와 달리 우리나라는 국토가 좁고 인구가 밀집되어 있고, 광고도 특정 지역만을 대상으로 하는 것이 오히려 어렵다. 또한 시험시장은 실전과 매우 유사하게 신상품의 시장성을 평가하지만 비용과 시간이 많이 소요되고 시험시장의 결과를 전국적으로 확대 해석하는 것도 매우 정교함을 요한다.

## 2. 시험시장의 접근법

### 전국시장 재현법

이 방법은 전국을 대표할 수 있는 샘플 도시를 선정하여 실제와 동일한 마케팅 믹스를 실시해 본 후 전국적 매출이나 점유율을 예측하는 가장 고전적인 방법으로, 한꺼번에 전국 출시를 했을 때의 실패를 줄이는 것이 주요 목적이다. 이 방법은 샘플 도시나 지역에서 신상품을 실제로 출시하고 해당 점포의 매출을 집계(Nielsen이나 Kanta panel사와 같은 마케팅 조사회사의 스캐너 자료를 이용하기도 한다)하거나 제조사의 출하량 기준으로 집계하기도 한다. 앞서 살펴본 바와 같이 매출은 시도구매와 반복구매로 이루어지기 때문에 충분한 반복구매 횟수를 측정할 수 있을 정도로 약 6~12개월간 매출량이나 시장점유율을 측정한 후 이를 전국 매출로 환산(projection)한다.

그러나 이 방법은 우리나라와 같은 여건에서는 특정 도시나 지역에서만 제한적인 마케팅믹스를 수행하기가 어렵고, 샘플도시의 결과를 전국의 결과로 환산하여 추정하기 위해서는 경험이 필요하며, 경쟁사가 신상품 정보와 마케팅 믹스전략을 미리 입수하여 더 빨리 시장에 출시할 수 도 있는 위험이 있다. 그리고 신상품의 포지셔닝 상태나 개선점 등 진단 정보를 얻기가 힘든 단점이 있다.

### 점포 실험법

점포 실험법은 전국을 대표할 수 있는 특정 점포를 엄선하여 이들 점포에서만 신상품을 출시하고 마케팅 믹스전략(광고, 판촉, 매대 진열, 가격 등)을 실시하는 방법이다. 이 방법을 좀 더 정교하게 실시하면 지역별 특화된 마케팅 믹스전략, 특히 판촉전략을 수립할 수 도 있다. 지역별 점포에서 판매를 시작한 후에 패널자료를 활용하여 가구별 시도구매율, 반복구매율, 구매빈도, 1회 구입시 구입량, 브랜드 스위칭 등의 정보를 수집할 수 있다. 우리나라에서도 닐슨이나 칸타패널 등에서 소비자 패널을 운영하지만, 실험법의 경우, 정확한 정보산출을 위해서는 별도의 패널을 구성하여야 한다.

# 3. 시험시장 수요예측 모델

이 방법은 전국시장 재현법과 점포 실험법의 단점을 보완한 것으로 NEWS/planner와 유사한 방법이지만 실제로 제한된 시장에서 출시하여 실시한 다는 점이 다르다. 이 방법은 신상품의 매출 추정은 물론, 소비자를 통해 컨셉이나 제품의 포지셔닝, 개선방향 등 진단정보도 충실하게 얻을 수 있다는 장점이 있다. 그러나 앞서 2개의 방법과 마찬가지로 시간과 비용이 많이 소요된다는 단점이 있다.

### 시험시장 수요예측 모델의 종류

시험시장 모형들 중 대표적인 모형은 〈표 10-1〉과 같다.

〈표 10-1〉 시험시장 모형의 종류

| 모형 | 모형의 특성 | | | | | |
|---|---|---|---|---|---|---|
| | 모형의 목적 | 모형의 복잡성 | 모형의 품질 | 필요 자료 | 진단정보 품질 | 상업성 |
| Fourt & Woodlock (1960) | 판매량 예측 | 낮음 | 불만족 | 패널자료 | 낮음 | 낮음 |
| Parfitt & Collins (1968) | 시장 점유율 예측 | 낮음 | 불만족 | 패널자료 | 낮음 | 높음 |
| STEAM (Massy 1969) | 판매량 예측 | 높음 | 불만족 | 패널자료 | 낮음 | 낮음 |
| SPRINTER (Urban 1970) | 판매량 예측 | 높음 | 좋음 | 패널자료 | 높음 | 중간 |
| Eskin & Malec (1973) | 판매량 예측 | 높음 | 불만족 | 패널자료 | 중간 | 낮음 |
| Nakanishi (1973) | 판매량 예측 | 높음 | 불만족 | 패널자료 | 중간 | 낮음 |
| NEWPROC (Assmus 1975) | 시장 점유율 예측 | 중간 | 만족 | 설문 조사 자료 | 중간 | 낮음 |
| TRACKER (Blatterg & Golanty 1978) | 판매량 예측 | 중간 | 좋음 | 설문 조사 자료 | 높음 | 높음 |
| NEWS (Pringle, Wilwon & Brody 1982) | 판매량 예측 | 중간 | 좋음 | 설문 조사 자료 | 높음 | 높음 |

자료원: Narasimhan and S. K. Sen, "New Product Models for Test Market Data", Journal of Marketing, Vol. 47(winter), 1983.

이들 모형 들 중 모델의 복잡성과 모형의 질적인 측면, 그리고 신상품 채택 과정이 얼마나 잘 모형화되어 있는 지와 모형에 마케팅믹스 변수들이 적절히 포함되어 있는지를 살펴볼 필요가 있다. 왜냐하면 모형이 아무리 이론적으로 완성도가 높아도 투입되는 변수가 너무 많거나 데이터 수집에 너무 많은 시간과 비용이 소요된다면, 기업에서 현실적으로 사용하기가 불가능하다. 따라서 이론적 토대가 어느 정도 있으면서도 자료수집과 운용이 용이한 모델이 현실적일 것이다. 이러한 요건을 갖춘 모델은 Fourt & Woodlock 모형, Parfitt & Collins이라고 할 수 있다. 이들 모형에 대해 간략히 살펴보자.

### 1) Fourt & Woodlock 모델

이 모델은 시험시장 분야에서의 선구적 모형이다. 이 모형은 스캐너나 다이어리 형식으로 수집한 패널자료를 이용하여 시도구매와 반복구매를 기록하고 이를 토대로 1년간의 수요를 예측한 모형이다. 이 모형의 식은 다음과 같다.

$$시도구매량 = TMS \times TR \times TPR$$

여기에서 TMS=타겟 고객수, TR=타겟고객 중 신상품 출시 후 1년간 시도구매한 비율, TPR=시도구매시 구입한 평균 개수이다.

$$1차\ 반복구매량 = NFR \times AFRP$$

여기에서 NFR=1차 반복구매자 수, AFRP=1차 반복구매시 반복구매 개수이다.

$$추가\ 반복구매량 = NFR \times ARPO \times AARU$$

여기에서 ARPO=1년간 반복구매자의 추가적 반복구매 횟수, AARU = 추가 반복구매시 반복구매 개수이다.

따라서 1년간 총 구매량 (TV)은 다음과 같이 구한다.

$$TV = 시도구매량 + 반복구매량 + 추가\ 반복구매량$$

이 모든 변수는 패널데이터를 활용한다. 이 모델은 간단하지만, 출시된 신상품에 대한 패널데이터가 있어야 한다. 이 모델은 반복구매는 1번만 일어나는 것이 아니라 여러 번에 걸쳐서 반복적으로 일어나게 되는데 이러한 반복구매를 감안한 모델이다. 우리나라에서 이러한 패널시스템을 갖추어 데이터를 수집하는 것은 초기에는 많은 비용과 시간이 소요되므로 적용하기가 쉽지 않다.

### 2) Parfitt & Collins 모델

이 모델은 다이어리 패널(패널에 소속된 소비자들이 평소 구매내역을 일기형식으로 기록하는 것)을 사용하는 모형으로 장기 시장점유율을 추정하기 위해 개발되었다. 매우 심플한 모형으로 패널자료만 확보가능하다면 비교적 쉽게 신상품 점유율을 예측할 수 있다. 모형구조를 살펴보면 다음과 같다.

$$\text{브랜드 A의 장기 시장점유율} = VT \times VR$$

여기에서 VT = 시도구매율, VR = 반복구매율

이렇게 신상품의 매출은 시도구매와 반복구매로 나누어 볼 수 있는데 출시 초기에는 시도구매량이 많고 이후에는 반복구매량이 더 많은 비중을 차지하게 된다. 따라서 초기 3~4개월의 판매량이 성공적이었다고 해서 섣불리 판매를 전국으로 확대하는 것은 위험하다. 왜냐하면, 시도구매율은 광고, 판촉에 영향을 많이 받고, 반복구매율은 상품의 품질에 많은 영향을 받게 되므로 반복구매율의 추이까지 검증이 된 약 6~12개월 이후에(즉, 시도구매율과 반복구매율 모두가 성공적으로 판정되었을 때) 판매확대 여부를 판단해야 한다.

# CHAPTER 11

# 신상품의 출시와 관리

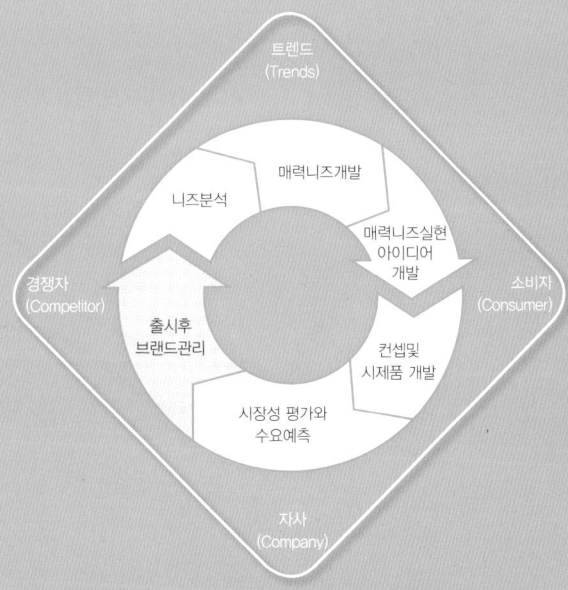

New Product Development Inspired by Consumer Needs

# 1. 제품수명주기 관리

 신상품을 출시하기 위해 고객의 니즈를 발굴하고 니즈 충족을 위한 컨셉과 제품을 개발하고, 시험시장 테스트를 하여 출시하는 것을 신상품개발 수명주기(NLC : New Product Life Cylce) 관리라고 한다면, 출시된 제품의 판매추이에 따라 유통, 가격, 광고, 판촉, 품질 전략을 시장환경에 맞게 조정해주어야 하는데 이를 제품수명주기(PLC : Product Life Cycle) 관리라고 한다.

 제품수명주기는 〈그림 11-1〉과 같이 매출액이 출시 이후 서서히 증가하며 성장기에서는 급격히 증가하고 성숙기에 정점에 이르고 이후 쇠퇴기를 맞게 된다.

〈그림 11-1〉 일반적인 제품수명주기 형태

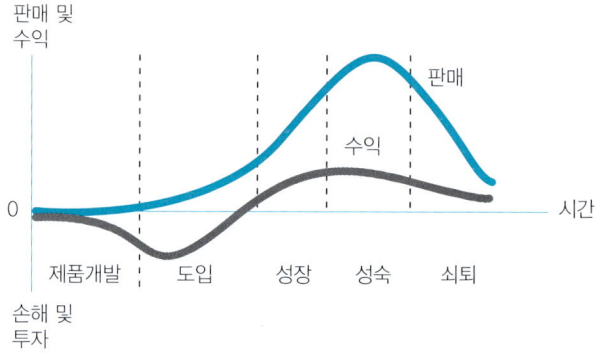

도입기의 마케팅 목표는 인지율 및 취급률 확대에 의한 시도구매율의 증가에 있다. 이때는 마케팅 자원이 많이 투입되어 이익은 오히려 마이너스를 보인다. 이 시기에는 광고, 유통, 샘플링 등에 많은 비용이 소요되고 주로 인지도와 취급률 향상을 통한 시도구매율을 높이는데 집중된다. 이때의 가격정책도 시장침투율 증가를 위해 저가격전략을 쓰기도 하지만 프리미엄 컨셉의 제품인 경우 오히려 고가격전략을 사용하기도 한다. 또한 초기 품질평가를 통해 제품을 개선해야 한다.

성장기에는 시도구매율과 함께 반복구매율을 높이고 반복구매 주기를 단축시켜 좀 더 자주 구매하도록 유도하고, 상표 충성도(brand loyalty)가 높은 고객관리를 중시해야 한다. 또한 원가절감을 통해 가격경쟁력을 확보하고, 마케팅 믹스개선을 통해 전략의 효과와 효율성을 향상해야 한다. 포지셔닝 평가를 통해 필요시 재포지셔닝 전략을 구사할 수 있다.

성숙기에는 신상품의 이익은 최고조에 달하고 시장점유율과 고객선호도가 안정화 단계에 이른다. 이때에는 경쟁사나 시장반응에 따라 현재 전략의 유지·강화 또는 방어전략을 구사할 수 있다. 이때에는 경쟁도 치열해지기 때문에 제품의 상품라인 가짓수인 SKU(Stock Keeping Units)가 늘어나게 된다. 이때에는 SKU의 기여도를 측정하고 관리하여 효율성을 높이는 것이 중요하다.

쇠퇴기에는 마케팅 비용을 감축하여 신규고객유입 보다는 반복구매에 의존하면서 수익성을 유지하는 수확전략을 사용하거나 기존 상품의 재활성화 전략을 구사한다. 재활성화 전략은 사실상 신상품개발 과정과 매우 유사하다.

출시된 신상품의 제품수명주기 관리는 제품의 수명주기가 현재 어느 단계인지를 파악하는 것이 매우 중요하다. 이 진단여부에 따라 대응전략이 달라지기 때문이다.

제품 수명주기의 특징과 대응전략을 요약해 보면 다음과 같다.

〈표 11-1〉 제품수명주기의 특징과 대응 전략

|  | 도입기 | 성장기 | 성숙기 | 쇠퇴기 |
|---|---|---|---|---|
| **특징** | | | | |
| 판매 | 낮다 | 급속 성장 | 최다 판매 | 감소 |
| 고객당 비용 | 높다 | 평균 | 낮다 | 낮다 |
| 이익 | 적자 | 증대 | 높다 | 감소 |
| 고객 | 혁신층 | 조기수용층 | 중간다수층 | 최후수용층 |
| 경쟁자의 수 | 점차 증대 | 점차 증대 | 점차 감소하여 안정적 | 감소 |
| **마케팅 목적** | | | | |
| | 제품 인지와 사용의 증대 | 시장점유율의 극대화 | 이익의 극대화와 시장점유율 방어 | 비용 절감과 상표에 대한 투자횟수 |
| **전략** | | | | |
| 제품 | 기초제품 제공 | 제품 확대·서비스 보증의 제공 | 상표와 품목의 다양화 | 취약 제품의 철수 |
| 가격 | 원가가산 가격 | 시장침투 가격 | 경쟁대응 가격 | 가격인하 |
| 유통 | 선택적 유통 | 집중적 유통 구축 | 집중적 유통을 더욱 구축 | 선택적 유통/수익성 적은 경로의 폐쇄 |
| 광고 | 조기 수용층과 판매상의 제품인지의 형성 | 대중시장에서의 인식과 관심의 형성 | 상표 차이와 이점의 강조 | 상표충성심이 강한 고객의 유지에 필요한 수준으로 줄임 |
| 판매 촉진 | 시도구매 확보를 위한 강력한 촉진전개 | 수요 확대에 따른 판촉의 감소 | 상표 전환을 유도하기 위한 판촉 증대 | 최저수준으로 감소 |

자료원 : Peter Dolyle, "The Realities of the Product Life Cycle," Quarterly Review of Marketing, 1976.

이와 같이 제품수명주기 개념은 제품의 수명주기를 4단계로 명확히 나눌 수 있기 때문에 이에 따른 마케팅 목표와 마케팅 전략을 수립할 수 있다는 장점이 있지만 한편으로는 많은 비판을 받고 있기도 하다. 왜냐 하면 어떤 학자들은 제품 수명주기의 모양이나 기간이 제품의 특성에 따라 너무 다양하기 때문에 구분하기가 쉽지 않다고 주장하고 있다. 또한 현재의 제품이 어느 단계에 있는지 알아 내는 것은 무척 힘들다는 주장도 있다. 또한 PLC의 형태는 필수적인 과정이라기 보다는 마케팅 활동에 의해 결정되는 종속변수이지 기업들이 마케팅 프로그램을 적용하는 독립변수는 아니라고 비판하기도 한다. 이는 바꿔 말하면 쇠퇴기에 접어들은 것처럼 보여도, 대응전략에 따라 PLC단계가 변경될 수 도 있다는 것이다. 카스맥주의 경우 오랜 동안 부침이 있었지만 최근에 시장점유율 1위를 차지한 바 있다. 따라서 PLC를 결과로서 수동적으로 받아들이고 교과서 적인 대응을 하기 보다는 발 빠르게 시장정보를 수집하고 선제적으로 대응하는 전략이 필요하다.

# 2. 마케팅 의사결정지원 시스템 (MDSS) 구축

MDSS(Marketing Decision Support System)는 신상품개발 수명주기 및 기존제품 수명주기 관리를 위해 반드시 구축해야 할 시스템이다. 수명주기 관리를 위해서는 컨셉 및 제품의 경쟁력, 마케팅 자원 투입, 가격정책 등에 대해 정기적인 검증과 기준치(reference 또는 norm) 자료의 축적, 기준치에 의한 해석과 처방, 이에 따른 전략수행, 피드백 등 일련의 과정이 필요하다. 이를 위해서는 반드시 마케팅 의사결정을 위한 모형이 필요하다. MDSS가 반드시 필요하기는 하지만 처음부터 너무 완벽한 시스템을 구축하려고 하기 보다는 간단하지만 중요한 의사결정 단계에 필요한 시스템부터 차근차근 시스템화하는 것이 바람직하다.

다음은 MDSS에 선구적인 연구인 Little(1970, 1979)가 언급한 MDSS 모형의 바람직한 특성은 다음과 같다.

- 단순성(simple): 모형은 단순하여 쉽게 이해할 수 있어야 한다. 사용자가 이해하지 못한 정도의 복잡한 모형이어서는 안 된다.
- 견실성(robust): 모형 가동시 실현불가능한 값이 나오면 안 된다. 모형은 해답이 일정한 범위를 벗어나지 않도록 제약조

건을 포함해야 한다.

- 조작의 용이성(easy to control): 관리자는 특정한 아웃풋을 얻기 위해서 어떤 값을 인풋으로 주어야 하는지를 알 수 있어야 한다. 왜냐하면 사용자는 자신이 입력하는 내용이 어떤 아웃풋으로 도출될지를 전혀 예측할 수 없다면 이 모형을 결국 사용하지 않게 될 것이다.
- 적응성(adaptive): 새로운 정보가 입수될 때마다 모형을 수정할 수 있어야 한다.
- 완전성(complete on important issues): 중요한 현상은 빠짐없이 모형에 포함되어야 한다. 만약 중요한 변수이지만 측정하기 힘들다면 주관적인 추정치를 사용해도 된다. 추정치를 입력하지 않아서 정작 중요한 변수를 빼버리는 경우보다는 낫다.
- 사용의 편의성(easy to communicate whith): 관리자가 모형의 인풋을 쉽게 바꿀 수 있고 아웃풋을 신속하게 입수할 수 있어야 한다.

# 3. PLC에 따른 MDSS

신상품 및 기존상품의 수명주기 단계별로 목적과 측정이 필요한 주요 변수, 변수 측정을 위한 자료의 원천을 구체적으로 살펴보면 다음과 같다.

〈표 11-2〉 PLC에 따른 주요 관리변수와 자료원천

| 수명주기 단계 | 목적 | 주요 관리변수 | 자료 원천 |
|---|---|---|---|
| 니즈개발 | • 고객의 미충족& 중요도 높은 니즈개발 | • 마이너스니즈<br>• 플러스 니즈<br>• 밸류 코드<br>• 트렌드 코드<br>• 니즈 미충족도<br>• 니즈 중요도<br>• 매력니즈 | • 트렌드 보고서<br>• FGI<br>• 사내워크샵 |
| 니즈충족 기술 아이디어 도출 | • 매력니즈를 충족시킬 기술속성 개발 | • 수정된 SCAMPER | • FGI<br>• 전문가워크샵 |
| 컨셉개발 | • 시도구매를 극대화할 컨셉개발 | • 구입의사<br>• 독특성<br>• 값어치<br>• 신뢰성<br>• 좋은점 · 나쁜점 | • 컨셉평가<br>(소비자 개별면접) |

| 수명주기 단계 | 목적 | 주요 관리변수 | 자료 원천 |
|---|---|---|---|
| 광고개발 | • 신상품의 시도구매를 극대화할 광고개발 | • 돌출도<br>• 선호도<br>• 설득도 | • 스토리보드 평가<br>• 애니매틱 광고평가 |
| 제품개발 | • 컨셉을 잘 구현하여 반복구매를 극대화할 제품개발 | • 품질만족도 관능평가 | • Blind test (제품유치조사) |
| 신상품 시장성 평가 | • 신상품의 시장성평가 | • 시도구매율<br>• 반복구매율<br>• 구입주기<br>• 구입시 개수 | • 모의시험시장 평가<br>• 시험시장 평가 |
| 신상품출시 (도입기) | • 신상품의 시도구매율 측정, 개선방향 도출 | • 인지도<br>• 취급률<br>• 시도구매율<br>• 품질만족도 | • 닐슨리테일 인덱스<br>• 소비자 패널<br>• 소비자 트랙킹조사 |
| 성장기 | • 제품의 시도구매율, 구입주기, 반복구매율 측정 | • 시도구매율<br>• 반복구매율<br>• 제품만족도 | • 소비자패널<br>• 소비자 트랙킹조사<br>• 리테일 인덱스 |
| 성숙기 | • 제품의 구입주기, 재활성화, 마케팅믹스 비용의 효율성, 판촉비용의 효율성 | • SKU 효율성 진단<br>• 포지셔닝지표 | • 소비자패널<br>• 소비자 트랙킹조사<br>• 리테일 인덱스 |
| 쇠퇴기 | • 재활성화 여부, 유지여부 | • 미충족 니즈 | • 신상품개발단계에 준한 자료수집 |

 이들 변수를 일정한 형식으로 꾸준히 측정하고 시장에서의 결과를 매칭하면 자사만의 예측가능성과 전략효과가 높은 의사결정시스템의 구축이 가능하다.

# 4. TR모델을 통한 기존상품 수요관리 노하우

앞서 우리는 시험시장을 통해서 신상품이 출시되기 전에 미리 컨셉과 제품을 사용하게 한 후, 컨셉의 구입의사를 통해서 시도구매(trial 구매 또는 1차 구매)를 추정하고, 제품 사용후 구입의사를 통해 반복구매(repeat 구매 또는 2회 이상 구매)를 추정함으로써 예상 판매량을 추정하였다. 일단 신상품이 출시되면 유통점을 통해 소비자에게 판매되기 시작하는데, 신상품의 판매동향을 가장 잘 파악하기 위해서는 판매점에서 구매하는 소비자에게 최초구매인지, 2회 이상 구매인지를 인터뷰를 통해 확인해야 할 것이다. 그러나 이는 사실상 불가능한 일이므로 일반적으로 소비자 패널을 통해 파악해야 한다. 소비자 패널은 닐슨의 소비자패널이나 칸타 패널의 자료를 구독하는 형태로 이루어진다(가전제품의 경우 Gfk사의 패널을 일반적으로 활용함).

소비자 패널자료는 전국의 약 3,000가구를 대상으로 사전에 패널참여 의사를 밝힌 소비자에게 일정의 보수를 지급하면서 소비자에게 수퍼 등의 경로를 통해 구매한 상품의 종류, 가격, 수량, 시기 등을 다이어리 형태나 바코드를 입력하는 형태로 패널운영회사에 보고하게 하는 형식으로 수집된다. 따라서 이 소비자 패널자료를 활용하면 신상품의 매출량, 매출액, 시도구매율, 반복구매율, 상표

전환율, 점유율, 평균 구입가격, 평균 구매량, 구입주기, 구입경로 등의 유용한 시장정보를 수집할 수 있다.

소비자 패널자료가 유용한 이유는 상품구매정보를 소비자 설문조사를 통해 얻을 수도 있지만 이는 소비자의 기억에 의존하여 얻는 정보이므로 정보가 왜곡될 가능성이 매우 높기 때문에 매주 구매상황을 리포트하는 소비자 패널자료가 상대적으로 구매행동과 관련해서는 더 정확하다고 할 수 있다. 따라서 BASESⅡ 등의 주요 수요예측 모델에는 패널자료를 활용하는 경우가 많다.

### 기존상품 수요예측 모델(TR모델)

TR(Trial Repeat)모델은 신상품이 출시된 후 일정기간 동안의 성과를 측정하는 것이다. 다음 〈표 11-2〉는 소비자 패널 자료의 일부이다. 전국의 3,000가구가 52주(1년) 중 20주 동안 '신상품A'의 구매 상황을 나타낸 것이다. 예를 들어 1번째 가구는 신상품A를 2주째 최초로 구매하고(trial purchase), 10주째 다시 2번째로 재구매하였으며, 15주째, 20주째 각각 3, 4번째 재구매를 하였다. 따라서 1번째 가구는 신상품A를 최초구매 후 3번의 반복구매를 한 것으로 나타났다. 19번째 가구는 20번째 주에서 최초구매를 한 것으로 나타났다.

<표 11-3> 소비자 패널의 구매현황

| 패널 가구수(3,000) | 주 (1년 52주) | | | | | | | | | | | | | | | | | | | | | |
|---|---|---|---|---|---|---|---|---|---|---|---|---|---|---|---|---|---|---|---|---|---|---|
| | | 1 | 2 | 3 | 4 | 5 | 6 | 7 | 8 | 9 | 10 | 11 | 12 | 13 | 14 | 15 | 16 | 17 | 18 | 19 | 20 | ... | 52 |
| | 1 | | 1 | | | | | | | | 2 | | | | | 3 | | | | | 4 | | |
| | 2 | | | | 1 | | | | | | | | 2 | | | | | | | | | | |
| | 3 | 1 | | | | | | | 2 | | | | | | | | | 3 | | | | | |
| | 4 | | | | | | | | | | | | | | | | | | | | | | |
| | 5 | | | | | | | | | | | | | | | | | | | | | | |
| | 6 | | | | | | 1 | | | | | | | | | | | | 2 | | | | |
| | 7 | | | | | | | | | | | | | | | | | | | | | | |
| | 8 | | | | | | | | | | | | | | | | | | | | | | |
| | 9 | | | | | | | | | | | | | | | | | | | | | | |
| | 10 | | | | | | | | | | 1 | | | | | | | | 2 | | | | |
| | 11 | | | | | | | | | | | | | | | | | | | | | | |
| | 12 | | | | | 1 | | | | | | | | | | | | | | | | | |
| | 13 | | | | | | | | | | | | | | | | | | | | | | |
| | 14 | | | | | | | | | | | | | | | | | | | | | | |
| | 15 | | | | | | | | | | | | | | | 1 | | | | | | | |
| | 16 | | | | | | | | | | | | | 1 | | | | | | | | | |
| | 17 | | | | | | | | | | | | | | | | | | | | | | |
| | 18 | | | | | | | | | | | | | | | | | | | | | | |
| | 19 | | | | | | | | | | | | | | | | | | 1 | | | | |
| | 20 | | | | | | | | | | | | | | | | | | | | | | |
| | ... | | | | | | | | | | | | | | | | | | | | | | |
| | 3000 | | | | | | | | | | | | | | | | | | | | | | |

1=최초 구입, 2=두번째구입, 3=세번째구입, 4=네번째 구입

다음 〈표 11-3〉는 앞서 패널 구매자료표를 토대로 주요 구매지표를 산출한 것이다. 총 3,000가구 중 1년 52주를 기준으로 계산해야 하지만, 편의상 20가구 중 20주만을 기준으로 계산해 보자.

누적 침투횟수는 1주차에는 1명의 가구만이 최초구매를 하였으므로 1번이며, 누적 침투율은 5%(5%=1가구/20가구)였다. 2주차에는 2회의 누적침투횟수와 10%(10%=2가구/20가구)의 누적침투율을 보였다. 맨 마지막주인 20주차 누적 침투횟수는 9번이며(즉, 20주간 최초구매한 가구의 수가 9가구), 누적침투율은 45.0%(45.0%=9/20), 누적 반복구매 가구수는 5가구, 그러므로 누적 반복구매율은 55.5%(55.5%=5/9), 누적 반복구매 횟수는 8번(즉, 2번구매는 5번, 3번구매는 2번, 4번 구매는 1번으로 총 8번의 반복구매가 있었음) 으로 나타났다. 따라서 반복구매가구 당 평균 반복구매횟수는 1.6회(1.6회=8회 반복구매/반복구매한 5가구) 였다.

〈표 11-4〉 패널자료를 활용한 주요 지표산출

| 주 | 1 | 2 | 3 | 4 | 5 | 6 | 7 | 8 | 9 | 10 | 11 | 12 | 13 | 14 | 15 | 16 | 17 | 18 | 19 | 20 |
|---|---|---|---|---|---|---|---|---|---|---|---|---|---|---|---|---|---|---|---|---|
| 누적침투횟수 | 1 | 2 | 2 | 3 | 4 | 5 | 5 | 5 | 5 | 5 | 5 | 6 | 6 | 7 | 7 | 8 | 8 | 8 | 8 | 9 |
| 누적침투율(%) | 5.0 | 10.0 | | 15.0 | 20.0 | 25.0 | 25.0 | | | | | 30.0 | | 35.0 | | 40.0 | | | | 45.0 |
| 누적 반복구매자 수 | | | | | | | | 1 | 1 | 2 | 2 | 2 | 3 | 3 | 3 | 3 | 3 | 4 | | 5 |
| 누적 반복구매율(%) | | | | | | | | 20.0 | 20.0 | 40.0 | 40.0 | 33.3 | 50.0 | 42.9 | 42.9 | 37.5 | 37.5 | 50.0 | | 55.5 |
| 누적 반복 횟수 | | | | | | | | 1 | 1 | 2 | 2 | | 3 | 3 | 4 | 4 | 5 | 6 | | 8 |
| 반복구매자의 평균 반복 횟수 | | | | | | | | 1.00 | 1.00 | 1.00 | | | 1.00 | 1.33 | 1.33 | 1.67 | 1.50 | | | 1.60 |

이렇게 얻은 주요 지표는 앞서 살펴본 시험시장의 여러 모델을 기반으로 판매량을 산출하는데 매우 유용하게 쓰인다.

즉, 소비자패널 자료를 통해 얻은 주요 지표를 통해 TR법을 이용하여 매출액을 추정해 보면 보면 다음과 같다. 여기서 실제 가구수는 1천만 가구라고 가정한다.

총구매량 = 누적 침투구매량 + 반복구매량

여기에서,
- 누적침투 구매량 = 모집단의 가구수 × 누적침투율 × 구매시 평균 구매량
- 반복구매량 = 누적 침투된 가구수 × 누적 반복구매율 × 반복구매시 평균 구매량 × 반복구매자의 평균 반복구매횟수

위의 식을 이용하여 총구매량을 구하면

총구매량 = 누적침투량 9개 + 반복구매량 8개 = 총 17개

여기에서,
- 누적침투구매량 = 20가구 × 45% × 1개(가정) = 9개,
- 반복구매량 = 9가구 × 55.5% × 1개 (가정) × 1.6회 = 8개

만일 모집단 가구수가 1천만 가구라고 한다면 신상품A의 총 구

매량은 누적팀투구매량 = 1천만가구 × 45% × 1개 = 450만개, 반복구매량 = 450만가구 × 55.5% × 1개 × 1.6회 = 399만 6천개로 총 구매량은 = 849만 6천개로 추정할 수 있다.

따라서 신상품의 성과를 측정하고 대응전략을 수립하기 위해서는 적절한 자료의 수집과 해석이 필요하다. 이를 위해서는 소비자 패널 자료를 구독하거나 정기적인 소비자 트래킹을 통해 주요 지표를 관리해야 할 것이다.

CHAPTER
# 12

# 신상품을
# 스테디 셀러로
# 만드는 노하우

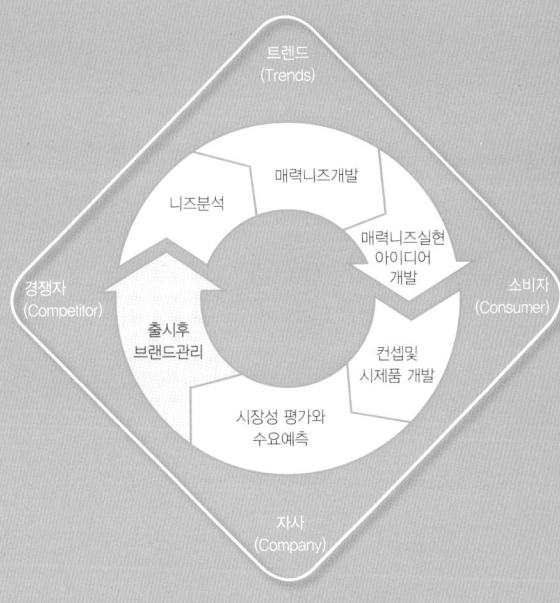

New Product Development Inspired by Consumer Needs

# 1. 브랜드란?

제품이란 고객의 니즈를 충족시키기 위해 소비, 사용, 취득하도록 시장에 제공되는 모든 것을 말한다. 반면에 브랜드란 같은 소비자 니즈를 충족하기 위해 디자인되어 다른 제품과 차별되도록 다른 어떤 요소를 추가한 제품이라 할 수 있다. 브랜드가 소비자에게 주는 이점을 살펴보면, 브랜드는 소비자가 제품과 브랜드 관련 많은 정보를 해석하고 처리하고 저장하는데 도움을 주며, 궁극적으로는 소비자의 구매결정을 위한 태도에 영향을 미칠 수 있다. 사전 지식에 의해 소비자가 인식한 제품의 질이나 브랜드 연상이미지는 소비자의 사용 만족도를 높여 주기도 한다. 예를 들어 어떤 소비자는 자신의 보석 브랜드가 Tiffany라는 것을 알면 만족도가 높아질 수 있다.

또한 기업에게 주는 이점은 첫째, 브랜드가 더 높은 브랜드 충성도를 형성한다는 것이다. 이렇게 브랜드 충성도가 형성되면 경쟁자의 마케팅 활동에 대해 영향을 덜 받게 된다. 둘째, 제품 가격을 인상하더라도 덜 영향을 받게 된다. 가격을 인상하여도 오히려 구매가 늘어나기도 하는데, 샤넬 핸드백의 경우 가격이 오르자 더 오르기 전에 미리 사두려는 심리로 구매가 더 늘기도 한다. 셋째, 일정한 보상을 받고 타 브랜드에 라이센싱 할 수도 있다. 넷째, 브랜드 확장이 가능하다. 일단 신상품이 강력한 브랜드 자산을 형성하게 되면 이 브랜드를 확장하여 신상품에 기존 브랜드 자산(이를 모브랜드라고 함)을 활용할 수도 있다. 다섯째, 마케팅 커뮤니케이션의 효율을 증가시킨다. 여섯째, 유통에 대한 영향력을 가질 수 있다. 일반적으로 신상품은 소비자의 구매가능성을 높이기 위해 유통 취급율 향상에 많은 자원을 투입하지만 '신라면' 같은 강력한 브랜드는 품절로 인한 고객불만을 우려해 유통점에서 더 적극적으로 재고를 확보하려고 노력한다.

신상품은 일단 출시되면 브랜드로 인식되어 소비자들 머리속에 어떤 이미지를 형성하게 된다. 따라서 마케터는 신상품이 출시되기 전부터 소비자에게 어떤 이미지를 떠올리게 할 것인지를 계획하고 실천하게 되는데 이를 브랜드 아이덴터티(brand identity)전략이라고 하며, 이 전략이 수행되므로 인해 소비자 머리속에 형성되는 이미지를 브랜드 이미지(brand image)라고 한다. 이 브랜드 이미지가 강하고 경쟁 브랜드 대비 차별화되면서도 선호될 때 브랜드 자산이 형성되었다고 할 수 있다. 따라서 출시된 신상품이 성공적이 되기 위해서는 브랜드 자산 관리가 매우 중요함을 알 수 있다.

## 2. 브랜드 자산이란?

브랜드 자산이란 소비자, 유통경로 참가자, 기업 입장에서 무상표 보다 더 높은 매출액과 마진을 보장하며, 경쟁자에 비해 강하고 지속적이며 차별화 된 우위를 제공해 주는 집합체라고 정의할 수 있다.

이러한 브랜드 자산의 특징은 첫째, 투자가 없으면 다른 자산과 마찬가지로 가치가 하락한다는 점이다. 앞서 설명한 브랜드 효과계층 모형(인지 → 구입의사 → 탐색 → 시도구매 → 반복구매)에 따르면 광고나 판촉 등에 지속적인 자원을 투입하지 않으면 결국 인지도는 하락하게 되며 이에 따라 소비자 구매 고려군(evoked set)에서 비중이 적어지게 되어 시도구매율이 낮아지게 된다. 반복구매는 시도구매자 중에서 일어남으로 반복구매도 낮아지게 되어 결국 브랜드의 매출은 점차 감소하게 된다. 따라서 브랜드 효과계층모형 각 단계별 데이터를 정기적으로 수집하여 모니터링 하면서 필요에 따라 지속적인 자원 투입을 해야 한다. 그렇지 않으면 아무리 성공적으로 안착했던 신상품도 결국은 제품수명주기가 단축되게 된다.

둘째, 브랜드 자산은 기업 아이덴터티(Corporate Identity)와 결속되어 기업의 이미지에 영향을 미치게 된다. 하이트맥주의 성공에 힘입어 회사명을 조선맥주에서 하이트맥주로 변경한 사례처럼 브랜드가 매우 큰 영향을 줄 수도 있다.

셋째, 브랜드 자산은 상대적인 속성을 가지고 있다. 예를 들어 A브랜드에 광고를 1년간 10억원을 투입 했다고 해도 경쟁 브랜드가 같은 품질 수준의 광고를 20억원을 투입 했다고 하면 광고점유율(share of voice)은 33.3% = 10억원/30억원에 불과하기 때문에 인지도가 그만큼 상대적으로 낮아져 구매확률은 떨어지게 된다. 이처럼 브랜드 자산은 경쟁 브랜드의 마케팅 노력에 따라 상대적인 영향을 받게 된다.

넷째, 브랜드 자산은 다차원적 구조를 가지고 있다. 브랜드 자산을 형성하는 요인 중 인지도가 많은 영향을 주기는 하지만 이밖에도 인지품질력, 브랜드 로열티, 브랜드 만족도 등 많은 요인들에 의해 형성되는 다차원 구조를 가지고 있다. 따라서 브랜드 자산을 형성하는 요인을 파악하여 이를 체계적으로 관리하는 전략이 필요하다.

# 3. 브랜드 자산모형의 종류

### 인터브랜드의 브랜드자산 평가 모형

인터브랜드사의 브랜드 자산을 형성하는 요인은 리더십, 안정성, 시장, 국제화, 트렌드, 지원 능력, 법적 보호 등으로 보고있다. 이들 요인별로 각각 가중치를 부여하고 브랜드 평가점수에 가중하여 종합점수를 산출하는 방식이다. 이 모형은 기업의 외부환경과 내부환경을 모두 고려한다는 특징이 있다

〈표 12-1〉 인터브랜드의 브랜드자산 평가 모형

| 요인 | Items | 가중치(%) | 브랜드A(%) | 브랜드B(%) |
|---|---|---|---|---|
| 리더십 | M/S, 인지율, 포지셔닝 | 25 | 18 | 19 |
| 안정성 | 지속성, 일관성, BI | 15 | 11 | 10 |
| 시장 | 시장규모, 시장의 역동성, 진입장벽 | 10 | 7 | 6 |
| 국제화 | 지역적 범위, 국제적 포지셔닝, 권위 | 25 | 17 | 5 |
| 트렌드 | 소비자와 관련성유지, M/S유지, 경쟁활동 | 10 | 6 | 6 |
| 지원 능력 | 메시지, 지출의 일관성, 브랜드 프랜차이즈 | 10 | 8 | 7 |
| 법적 보호 | 트레이드마크 등록, 소송 | 5 | 5 | 3 |
| Total | - | 100% | 72% | 56% |

### Young & Rubicam의 브랜드자산 평가자

광고대행사인 Young & Rubicam사에서는 450개의 다국적 브랜드와 24개국가 8천여 개 지역 브랜드를 대상으로 브랜드 자산을 평가한 브랜드자산 평가자(Brand Asset Valuator)는 다음과 같다.

- 차별성(Differentiation) : 특정 브랜드가 시장에서 얼마나 분명한 차이를 나타내는가에 대한 평가
- 적합성(Relevance) : 그 브랜드는 응답자 개인과 어떤 관계가 있는가를 평가하였다. 즉 이 브랜드는 당신에게 의미있는 브랜드인가? 이 브랜드는 개인적으로 잘 어울리는 브랜드인가?
- 호감도(Esteem) : 그 브랜드는 존중되고 있으며 해당 제품군에서 최고로 인정받고 있는가에 대한 평가.
- 지각(Knowledge) : 그 브랜드가 무엇을 나타내는가에 대한 이해의 평가

이렇게 4개의 차원으로 브랜드 자산을 평가한 후, 적합성과 차별성은 브랜드 강도로, 지식과 호감은 브랜드 지위로 변환하여 브랜드 자산을 평가하였다.

### Aaker의 브랜드 자산 모형

에이커는 브랜드 자산은 소비자 정보뿐 아니라 시장정보도 반영해야 한다고 주장하면서 〈표 12-2〉와 같이 '10개의 브랜드 자산

(brand equity ten)'을 주장하였다.

〈표 12-2 Aaker의 브랜드 자산 모형〉

| 브랜드 자산 구성요인 | 세부항목 |
|---|---|
| 로열티 평가 | 가격 프리미엄 |
| | 만족도와 로열티 |
| 인식품질 · 리더쉽 평가 | 인지된 품질 |
| | 리더십 · 인기 |
| 연상 이미지 · 차별성 평가 | 지각된 가치 |
| | 브랜드 개성 |
| | 조직관련 연상 이미지 |
| 시장과 소비자행동의 평가 | 시장점유율 |
| | 시장가격과 유통망 |

## 4. 스테디 셀러 상품으로 만들기 위한 EPBM 모델

신상품을 출시하게 되면 마케터는 선정된 세분시장에 대해 정성적 또는 정량적 목표(예를 들면 인지율, 매출, 점유율 목표 등)를 달성하고 궁극적으로는 원하는 포지셔닝에 도달하기 위해 제품, 가격, 촉진, 유통전략을 구사하게 된다.

〈그림 12-1〉 타겟시장에 대한 기업의 4P전략과 포지셔닝

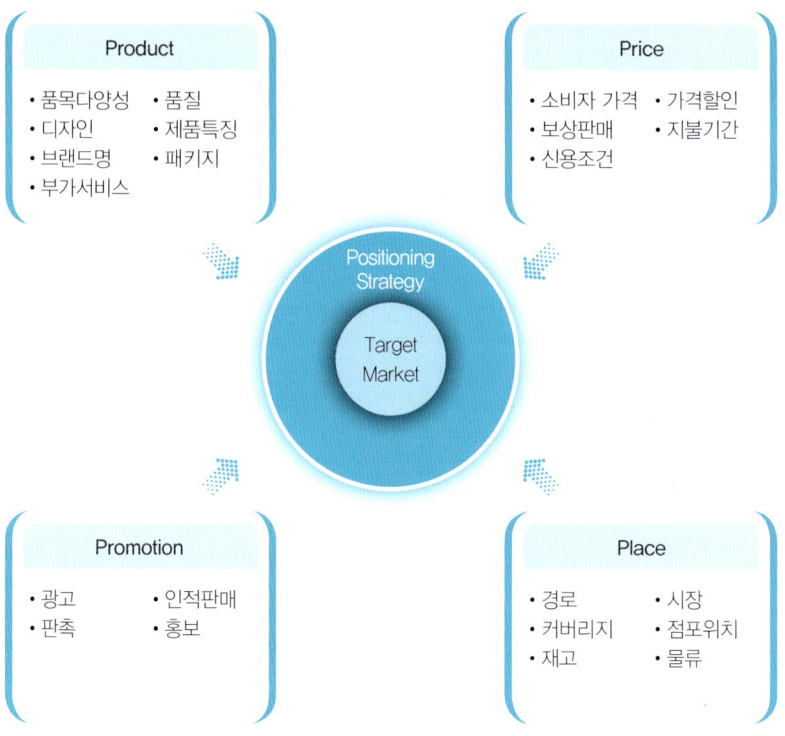

　앞서 살펴본 브랜드 자산 지표들은 소비자와 시장을 반영하고 다양한 종류의 브랜드에 활용할 수 있다는 장점이 있으나 브랜드 자산을 향상하기 위해서 마케터가 지침으로 삼기에는 다소 추상적인 항목들로 이루어져 있다. 따라서 본서에서는 측정하기 용이하면서 마케팅 행동으로 이어질 수 있는 요소들로 브랜드자산을 측정하고 피드백할 수 있도록 다음과 같은 브랜드자산 측정모형을 제시한다.

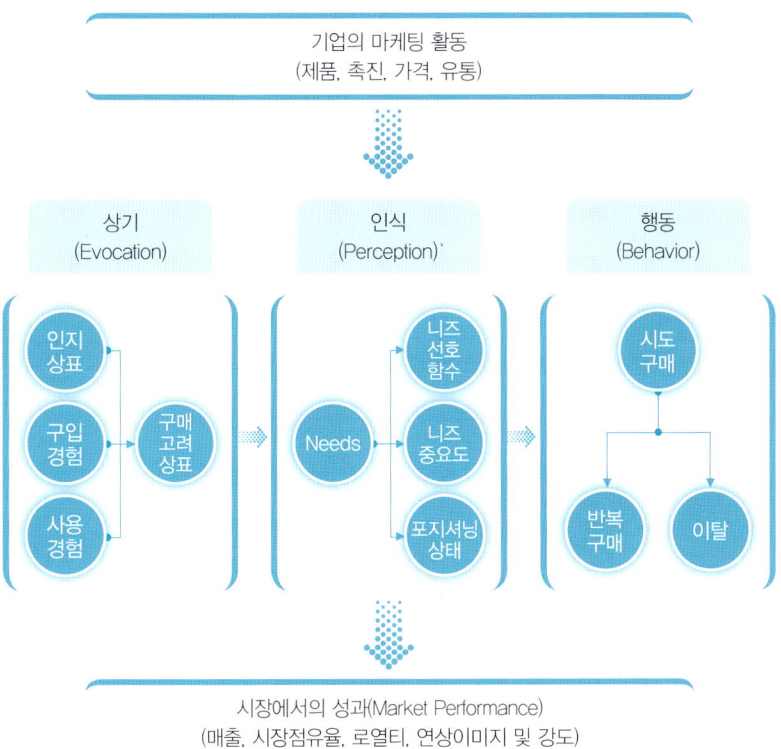

〈그림 12-2〉 소비자 구입의사 결정과정 (EPBM모형)

　이 모형은 소비자의 구매행동 과정을 상기(또는 환기)(Evocation) → 인식(Perception) → 행동(Behavior) → 시장성과(Market Performance) 즉, EPBM모델로 모형화한 것이다. 각 단계별로 좀 더 자세히 살펴보기로 한다.

### 상기

인지(awareness)는 신상품이 속한 카테고리에서 가장 먼저 떠올리는 최초상기 상표(top of mind), 머리속에 비보조로 떠올리는 상표(비보조상표 : unaided recall), 어떤 자극을 통해 알게 되는 보조상표(aided recall : 상표명을 알려주거나 제품 보여준 후 알고 있는지를 측정함)로 구성된다.

〈그림 12-3〉 상기(환기)를 형성하는 요인

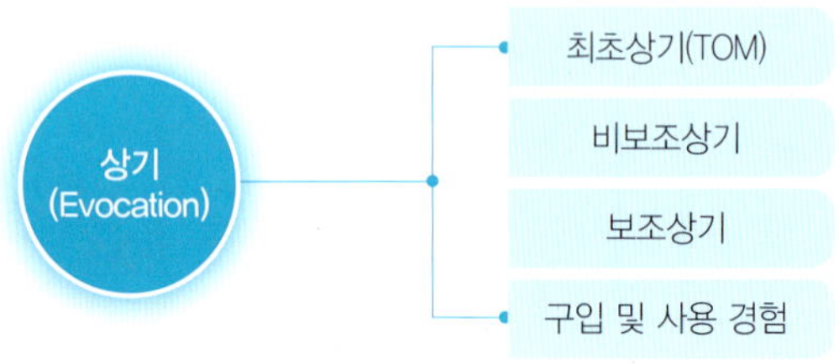

- 상기(Evocation)
  - 최초상기(TOM)
  - 비보조상기
  - 보조상기
  - 구입 및 사용 경험

이렇게 인지하게 된 상표는 소비자가 구매시점에서 구매를 하기 위해서 동시에 몇 개의 브랜드(evoked 브랜드)를 떠올리게 된다. 다음의 〈표 12-3〉과 같이 카테고리에 따라 고려상표 개수는 모두 다르며 경쟁이 심할수록 고려상표 개수가 많아지게 되며, 경쟁이 약할수록 고려상표 개수는 적어지게 된다. 따라서 신상품이 속하는 카테고리에서의 고려상표 개수를 측정하여 경쟁강도를 살펴보는 것은 큰 의미가 있다.

자동차의 경우에도 미국의 소비자들은 동시에 8대를 머리속에 떠올린 가운데 제품구매를 고려하며, 세탁세제도 구매시 5개의 브랜드를 고려하는 등 경쟁이 높은 카테고리인 것을 알 수 있다.

〈표 12-3〉 구매시 동시에 고려하는 상표의 개수

| 제품군 | 고려상표의 크기 (평균) | 제품군 | 고려상표의 크기 (평균) |
|---|---|---|---|
| 제산제 | 3.0 | 휘발유 | 3.0 |
| 자동차 | 8.1 | 세탁세제 | 5.0 |
| 맥주 | 3.0 | 마가린 | 4.3 |
| 커피 | 3.3 | 진통제 | 3.0 |
| 방취제 | 3.0 | 샴푸 | 4.0 |
| 식기세척기 | 5.6 | 음료수 | 5.0 |
| 패스트푸드식당 | 5.4 | 녹차 | 2.6 |
| 식품 | 2.9 | 치약 | 3.1 |

자료원: Hauser & Wernerfelt, "An Evaluation Cost Model of Consideration Sets", 1990.

상기 단계에서는 기존 상품의 경우 해당 카테고리 내에서 가장 먼저 상기되는 지표로 시장점유율과 가장 유사하다는 최초상기(top of mind)율이 있다. 그러나 신상품의 경우에는 최초상기율이나 비보조상기율에서의 비율은 매우 적기 때문에 소비자조사에서 잘 잡히지 않는다. 따라서 신상품 상기율의 지속적 관리를 위해서는 보조상기율을 관리하는 것이 좋다. 보조상기율도 햄소시지 같은 저관여 제품은 상표명의 인지 보다는 제품포장을 보고 인지하는 경우(recognition)도 많으므로 패키지가 눈에 띄는 정도가 매우 중요하다. 또한 비보조상기율을 보조상기율로 나누어 보조상기율이 비보조상기율로 잘 전환되는지를 살펴서 구매로의 연결이 잘 되고 있느지를 지속적으로 관리해야 한다.

### 인식

인식(Perception) 단계에서는 품질, 광고태도, 값어치, 포지셔닝 등이 중요하게 관리한 지표이다.

소비자가 신상품을 인지하게 되면 어떤 태도를 형성하게 된다. 태도란 상품이나 서비스에 대해 좋게 생각하거나 좋지 않게 생각하는 경향을 말한다. 소비자는 태도를 형성하는데 있어서 특정 제품이 속한 카테고리에 대해 어떤 니즈들을 가지고 있으며, 그 니즈를 가장 잘 충족시켜주는 브랜드를 선택하게 된다. 이때, 각 니즈간에는 소비자가 상대적으로 더 강하게 또는 더 약하게 생각하는 중요도라는 개념이 작용한다. 즉, 중요도와 니즈의 충족도가 큰 브랜드일수록 선호도가 높게 되고 결과적으로 구매가능성도 높아진다.

〈그림 12-4〉 인식을 형성하는 요인

품질평가를 위해서는 상표노출후 품질평가(branded test)를 하는 것이 바람직하다. 특히 품질 지표는 재구매에 결정적 역할을 하

기 때문에 철저히 관리해야 한다. 품질 중 절대품질력을 파악하기 위해서는 블라인드 테스트(blind test)를 하는 것이 가장 좋다. 특히 가장 중요하게 여기는 경쟁사와 비교하여 지속적으로 수치를 관리하는 것이 중요하다.

또한 광고를 하고 있다면 광고에 대해서 다른 광고들 대비 눈에 띄는 정도는 어떠한지(돌출도), 눈에 띄더라도 호감은 느끼는지(호감도), 호감을 느낀 후 실제 구입의사를 가지는 비율은 얼마나 되는지(설득도)를 측정하면서 전략적 우선순위에 따라 메시지의 강약이나 내용을 수정보완해야 한다. 이때, 값어치와 포지셔닝의 강도(전략적 니즈축에서 중요도와 충족도를 감안한 수치)와 경쟁 브랜드와의 차이를 지속적으로 모니터링해야 한다.

다음은 포지셔닝을 형성하는 요인과 포지셔닝 요인이 선호도에 미치는 영향, 브랜드별 포지셔닝 상태에 대해 좀 더 자세히 살펴본다.

### 1) 포지셔닝을 형성하는 소비자 니즈구조

다음은 소비자들이 가수시장에서 가수 개개인 즉, 가수 브랜드를 평가할 때 소비자가 가지고 있는 니즈의 종류와 그 중요도가 나타나 있다.

<표 12-4> 가수시장에 대한 소비자의 니즈구조

| 중요도 | 속성 | Factor loading | 평균 | 중요도 | 속성 | Factor loading | 평균 |
|---|---|---|---|---|---|---|---|
| (23.8%) | 친근·흥미 | | 3.69 | (8.7%) | 외관·외모 | | 3.59 |
| | 친근감이 느껴진다 | 0.736 | 3.76 | | 옷을 잘 입는다 | 0.779 | 3.55 |
| | 거부감이 없는 말투이다 | 0.685 | 3.65 | | 세련되었다 | 0.772 | 3.72 |
| | 흥미롭다 | 0.581 | 3.77 | | 몸매가 좋다 | 0.636 | 3.45 |
| | 신뢰가 간다 | 0.572 | 3.71 | | 호감가는 얼굴이다 | 0.575 | 3.60 |
| | 현명하다 | 0.509 | 3.55 | | 트랜드를 리드한다 | 0.496 | 3.63 |
| (18.6%) | 가창력 | | 3.67 | (7.1%) | 뮤직비디오 | | 3.51 |
| | 고음처리가 자연스럽다 | 0.780 | 3.71 | | 뮤직비디오를 잘 만든다 | 0.882 | 3.51 |
| | 발라드를 좋아하는 사람들이 좋아한다 | 0.731 | 3.40 | | | | |
| | 라이브도 잘 소화해 낸다 | 0.677 | 3.68 | | | | |
| | 목소리가 단조롭지 않고 감동을 준다 | 0.636 | 3.68 | | | | |
| (16.8%) | 무대장악력 | | 3.68 | (3.3%) | 방송출현·재치 | | 3.63 |
| | 강인함이 있다 | 0.776 | 3.63 | | 자기에게 맞는 방송코너에 잘 출연 한다 | 0.822 | 3.55 |
| | 목소리에 힘이 느껴진다 | 0.589 | 3.71 | | 재치가 있다 | 0.617 | 3.71 |
| | 무대 장악능력이 있다 | 0.565 | 3.91 | | | | |
| | 경외감이 든다 | 0.501 | 3.36 | | | | |
| | 롱런할 것 같은 가수이다 | 0.410 | 3.78 | | | | |
| (10.0%) | 연주·작곡능력 | | 3.37 | (1.4%) | 댄스 | | 3.40 |
| | 잘 다루는 악기가 있다 | 0.850 | 3.27 | | 댄스풍을 좋아하는 사람들이 좋아한다 | 0.797 | 3.46 |
| | 작사/작곡 능력이 있다 | 0.762 | 3.46 | | 춤을 잘 춘다 | 0.735 | 3.33 |
| (9.2%) | 가수와 어울리는 노래 | | 4.09 | (1.1%) | 소속사·매니저 능력 | | 3.62 |
| | 자기와 어울리는 노래를 부른다 | 0.704 | 4.09 | | 소속사/매니저가 능력이 있다 | 0.897 | 3.62 |

'친근·흥미', '가창력' 등은 전략적 니즈(1차 니즈, 또는 포지셔닝 축)라 할 수 있고, '친근·흥미'라는 전략적 니즈에는 '친근감이 느껴진다', '거부감이 없는 말투이다', '흥미롭다' 등의 전술적 니즈로 구성되어 있다. 따라서 전략적 니즈는 모두 10개이고, 전술적 니즈는 28개로 구성되어 있다.

여기서 전략적 니즈는 전술적 니즈를 소비자 평가를 기준으로 요인분석(factor analysis)을 실시하여 얻은 것이다. 또한 전략적 니즈를 구성하는 10개의 니즈에는 각각의 중요도가 나타나 있다. 예를 들어 '친근·흥미' 니즈는 중요도가 23.8%, '가창력'은 18.6%, '무대장악력' 16.8% 등으로 나타났다.

따라서 출시된 신상품도 소속 카테고리의 니즈구조를 파악하고 어느 니즈에서 충족도가 떨어지는지, 어떤 니즈를 더 강화해야 하는지를 지속적으로 추적하여 이에 대응해야 할 것이다. 만일 어느 브랜드도 중요한 니즈축에 대한 충족도가 떨어지게 되면 새로운 신상품기회가 오는 것이다.

### 2) 포지셔닝 요인과 선호도의 관계

다음은 니즈축과 가수 선호도에 관한 상관관계를 나타낸 것이다.

〈그림 12-5〉 포지셔닝축과 선호도의 상관관계

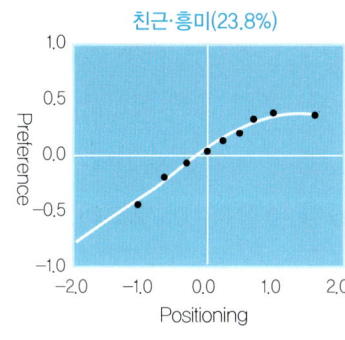
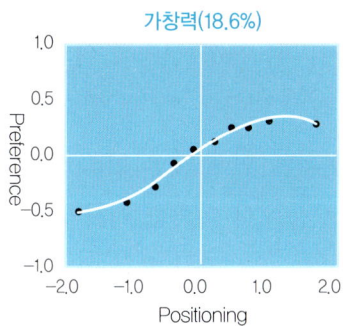

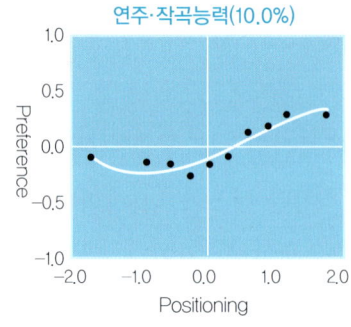
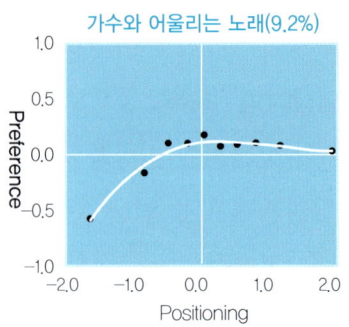

예를 들어 친근·흥미 축은 어떤 가수가 친근·흥미감을 소비자에게 줄수록 그 가수에 대한 선호도가 높아진다는 뜻이다. 반면에 '가수와 어울리는 노래'축의 경우 가수와 노래가 어울린다고 느끼면 선호도가 높기는 하지만 어울리는 강도가 높다고 해서 그 가수에 대한 선호도가 지속적으로 높아지지 않고 정체된다는 것을 보여준다.

따라서 특정 전술적 니즈축을 무한정 높이기만 하는 것은 바람직 하지 않음을 알 수 있다. 출시된 신상품에 대해 이러한 관계를 측정하여 현재 주요 니즈 축에서 신상품은 어떠한 위치에 있는지, 광고 등에서 어떠한 메시지를 더 강화할 것인지, 더 강조해도 되는 것인지 등을 판단할 수 있다.

### 3) 포지셔닝 상태

앞서 측정한 전략적 니즈축(즉 포지셔닝 축)을 중요도 순서대로 나열한 후 해당 브랜드가 어떤 위치에 있는지를 나타내는 포지셔닝 맵이며, 남성의류 시장의 사례이다.

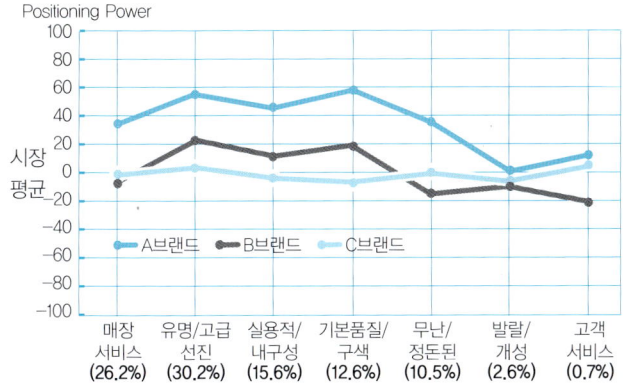

〈그림 12-6〉 브랜드 포지셔닝을 위한 스네이크 차트

예를 들어 'A'브랜드는 제일 중요한 매장서비스에서 경쟁 브랜드들을 큰 폭으로 앞서나가고 있음을 알 수 있다. 그러나 '발랄·개성', '고객서비스' 축에서는 '경쟁사 C'와 그리 차별화되지 않는 것으로 포지셔닝 되어 있음을 알 수 있다. 따라서 이같은 약점을 지속적으로 보완할 필요가 있음을 시사한다.

### 행동

소비자는 신상품을 인지하고 머리속에 강하게 상기하며, 포지셔닝에서도 강력한 위치를 차지한다면 실제로 구매행동으로 이어질 가능성이 매우 높다. 이러한 행동은 결국 시도구매로 나타나며, 시도구매한 제품의 품질이 좋다고 생각되면 추후 재구매로 이어진다.

<그림 12-7> 구매행동에 영향을 주는 요인

여러 번의 재구매와 경쟁제품간의 비교 구매에서도 만족도가 높아지면 그 브랜드에 대해서는 브랜드 로열티(Brand Loyalty)를 형성하게 되고 가격저항이 약해지며 주변에 그 브랜드의 좋은 점에 대해 얘기하거나 구매를 권유하는 등 구전효과도 발휘하게 된다. 애플의 아이폰 같은 경우는 사용 후 만족도가 스마트폰 브랜드들 중 지속적으로 1위를 하고, 이익률도 1위를 하고 있다는 사실이 이를 뒷받침한다.

'행동(Behavior)' 항목에서는 시도구매율(trial rate)의 추이를 잘 관찰해야 한다. 유사 카테고리나 경쟁브랜드의 과거 시도구매 추이와 비교하면서 이상유무를 체크하는 것도 좋은 방법이다.

만일 구입주기가 1년에 3번 이하로 변동성이 적으면 출시후 1년부터는 6개월~1년 단위로 침투율을 관리해도 좋지만, 음료나 제과 등 구입주기가 빈번한 제품은 3~6개월 단위로 침투율 추이를 관리하는 것이 좋다. 만일 FMCG(fast moving consumer goods)제품들 중 시도구매 중 재구매한 비율인 반복구매율의 경우 전체 시도구매자 중 30% 이하가 반복구매한다면 품질에 이상이 있는 경우일 확률이 높으므로 즉시 품질평가를 실시하는 것이 좋다.

또한 구매빈도가 카테고리 평균 보다 떨어지거나 타 브랜드로의 전환율이 높은 경우에도 품질이나 값어치를 확인하여 대응해야 할 것이다.

## 시장성과

시장성과(Market performance)의 경우에는 매출액이나 점유율을 관리하는 것도 중요하지만 증감 원인을 잘 파악해야 한다. 만일 점유율은 그대로인데 매출액이 떨어지고 있다면 제품이 타 카테고리와 대체관계에 있으며, 타 카테고리 브랜드 대비 경쟁력이 떨어지기 때문일 것이다.

〈그림 12-8〉 시장성과를 형성하는 요인

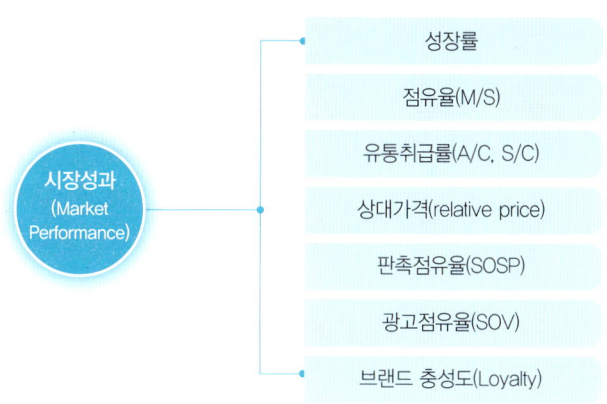

*유통취급률(A/C; All Commodity, S/C; Store Count), 판촉점유율(Share of Sales Promotion), 광고점유율(Share of Voice)

예를 들어 본원적 경쟁측면에서 볼 때, 등산복 후드점퍼는 캐주얼 브랜드의 후드점퍼와 경쟁할 것이며, 탄산음료는 생수와 경쟁할 수 있다. 따라서 스타벅스라고 해서 커피전문점의 커피만을 고려한다든지, 등산복 카테고리내의 브랜드만 파악한다든지, 탄산음료간의 브랜드만 파악하게 되면 소비자 니즈의 종류와 중요도, 강도를 제대로 파악하지 못해서 효과적인 대응이 어려울 것이다.

왜냐하면, 스타벅스는 경우에 따라 던킨도너츠나 크리스피크리미의 커피와 경쟁하고 있으며, 노스페이스는 캐주얼 의류와, 코카콜라는 웰치스, 제주삼다수와, 골프존은 당구장과 경쟁할 수 있기 때문이다.

또한 광고비와 판촉비를 충분히 사용했는데도 매출이나 점유율이 잘 오르지 않는다면, 광고점유율(share of voice)이나 판촉점유율(share of sales promotion), 상대가격(relative price : 자사 브랜드가격을 경쟁사 브랜드 가격으로 나눈 수치)을 확인해볼 필요가 있다. 즉, 절대적인 관점에서는 마케팅 비용을 충분히 집행하였더라도, 경쟁사 대비 상대적으로 낮은 비용을 집행했거나 덜 효과적인 방법을 사용했다면 매출액이나 시장점유율은 쉽게 오르지 않을 것이다. 광고점유율은 광고회사로부터, 판촉점유율은 소비자 패널자료로부터, 상대가격은 소매점지표나 소비자조사를 통해 얻을 수 있다.

따라서 EPBM(상기·인식·행동·시장성과) 모형은 이를 형성하는 주요 요인에 관한 지표를 지속적으로 산출하고 모니터링하면서 마케팅활동이 얼마나 효과적인지, 어떤 부분을 개선해야 하는지에 대한 지침을 명확히 해주는 모형이다. 이 모델의 활용을 통해 신상품의 조기철수, 마케팅 자원의 배분수준 등의 의사결정으로 브랜드 자산을 관리하여 스테디 셀러가 되도록 할 수 있다.

# 참고문헌

New Product Development Inspired by Consumer Needs

## 참고문헌

- Blackburn, Joseph D. and Kevin J. Clancy. "Awareness Forecasting Models Comment", Management Science, Vol 3, No.3, Summer 1984.

- Blackburn, Joseph D. and Kevin J. Clancy. "LITMUS: A New Product Planning Model", Marketing Measurement and Analysis 1980.

- Crawford Di Benedetto, New Products Management, McGraw-Hill, 2004.

- Claycamp, H., and L. E. Liddy, "Prediction of New Product Performance: An Analytical Approach", Journal of Marketing Research, 6(3), Nov., 1969.

- David A. Aaker, Brand Leadership, Free Press, 2000.

- David A. Aaker, Building Strong Brands, Free Press, 1996.

- David A. Aaker, Managing Brand Equity : Capitalizing on The Value of a Brand Name, 1991.

- David Taylor, Brand Stretch, John Wiley & Sons, 2004.

- David Schwartz, Concept Testing : How to Test New Product Ideas Before You Go to Market, Amacom, 1987.

- Dennis J. Cahill, Lifestyle Market Segmentation, The Haworth Press, 2006.

- Faith Popcorn & Lys Marigold, Clicking, 21st Century Books, 1999.

- Gary L. Lilien, Philip Kotler, and K. Sridhar Moorthy, Marketing Models, Prentice Hall, 1992.

- Gerald Celente, Trend tracking-The System to Profit from Today's Trends, Warner Books, 1991.

- Glen L. Urban and John R. Hauser, Design and Marketing of New Products, 1993.

- Golanti, John L. "Clarification of the TRACKER Methodology and Limitations", Marketing Science, 3, Summer 1978.

- H. Igor Ansoff, Strategic Management, Classic Edition, 2007.

- Howard R. Moskowitz, Sebastiano Porretta, and Matthias Silcher, Concept Research in Food Product Design and Development, Blackwell Publishing, 2005.

- Infosino, William J., "Forecasting New Product Sales from Likelihood of Purchase Ratings", Marketing Science, 5, Fall, 1986.

- Jakki Mohr, Marketing of High-Technology Products and Innovations, 2nd ed. Prentice-Hall, 2005

- James F. Engel, Roger D. Blackwell, and Paul W. Miniard, Consumer Behavior, Dryden Press, 1990.

- Jean-Noel Kapferer, Strategi Brand Management : New Approaches to Creating and Evaluating Brand Equity, Free Press, 1992.

- John T. Mentzer & Carol C. Bienstock, Sales Forecasting Management, SAGE Publications, 1998.

- Kano, N., Seraku, N. and Takahashi, F. "Attractive quality and must be quality," The journal of the Japanese Society for Quality Control, Vol. 14, No. 2, 1984.

- Kevin Drawbaugh, Brands in The Balance, Reuters, 2001.

- Kevin J. Clancy, Robert S. Shulman, Marianne Wolf, Simulated Test Marketing, Lexington Books, 1994.

- Kevin Lane Keller, Strategic Brand Management, Prentice Hall, 1998.

- Kim B. Clark & Steven C. Wheelwright, Managing New Product and Process Development, Free Press, 1993.

- Lynn B. Upshaw, Building Brand Identity-A Strategy for Success in a Hostile Marketplace, John Wiley & Sons, 1995.

- Lynn Ying-Shiang Lin, BASES : New Product Sales Forecasting Model.

- Mark E. Parry, Strategic Marketing Management, McGraw-Hill, 2001.

- Narasimhan, Chakravarthi and Subrata K. Sen. "New Product Models for Test Market Data", Journal of Marketing, 47, Winter 1983.

- Philip Kotler, Marketing Management, Prentice Hall, 2000.

- Pringle, Lewis G., R. Dale Wilson and Edward I Brody. "NEWS: A Decision-Oriented Model for New Product Analysis and Forecasting", Marketing Science, 1, Winder 1982.

- Robert Cooper, Product Leadership: Creating and Launching Superior New Products, 1998

- Rossiter & Percy, Advertising Communications & Promotion Management, McGraw-Hill, 1998.

- Shocker, Allan D. and William G. Hall, "Prestest Market Models: A Critical Evaluation", Journal of Product Innovation Management, 3, June 1986.

- Silk, Alvin J. and Glen L. Urban. "Pre-Test-Market Evaluation of New Packaged Goods: A Model and Measurement Methodology", Journal of Marketing Research, 15, May 1986.

- Spyros Makridakis, Steven C. Wheelwright, and Rob J. Hyndman, Forecasting-Method and Applications, 1998.

- Subhash C. Jain, Marketing Planning & Strategy, South-Western Publishing Co., 1993.

- Urban, Glen L. and Gerald M. Katz, Thomas E. Hatch, and Alvin J. Silk, "The ASSESSOR Pre-Teat Market Evaluation System", Interfaces, 13, Dec. 1983.

- Urban, Glen L. and Gerald M. Katz. "Pre-Test-Market Models: Validation and Managerial Implications", Journal of Marketing Research, 20, May 1983.

- 김영채, 창의력의 이론과 개발, 교육과학사, 2007.

- 박용태, 서비스공학, 생능출판사, 2010.

- 박흥수, 하영원, 신제품마케팅, 학현사, 2004.

- 안광호, 한상만, 전성률, 전략적 브랜드관리, 학현사, 2010.

- 페이스 팝콘, 애덤 한프트 지음, 인트랜스번역원 번역, 미래생활사전, 2003.

- 하워드 모스코비츠, 알렉스 고프먼 지음, 박주영, 박광태 옮김, 블루 엘리펀트 : 블루오션을 창조하는 실행 전략, 럭스미디어, 2010